MÉMOIRE
SUR
L'ANGOUMOIS

PAR

JEAN GERVAIS

LIEUTENANT-CRIMINEL AU PRÉSIDIAL D'ANGOULÊME

Publié pour la première fois d'après le manuscrit de la Bibliothèque Impériale

PAR

G. BABINET DE RENCOGNE

ARCHIVISTE DE LA CHARENTE

orsqu'en 1857, nous commencions à réunir des documents historiques sur notre province, un érudit bienveillant eut l'attention de nous indiquer, à la Bibliothèque impériale (Supplément français, n° 49), un manuscrit intitulé : *Mémoire sur l'Angoumois*, et rédigé par un compatriote, Jean Gervais, lieutenant criminel au présidial d'Angoulême (1). Après nous être assuré de la valeur réelle de ce mémoire, nous le fîmes transcrire pour notre usage, et, dans les premiers mois de l'année 1859, nous en communiquâmes quelques fragments à la Société archéologique et historique de la Charente, qui, dans sa séance du 4 février, voulut bien en voter l'impression à ses frais. C'est en vertu de cette décision que la présente publication est entreprise.

Le manuscrit de la Bibliothèque impériale n'est point un original. C'est une copie d'une grande et belle écriture du XVIIIe siècle, qui forme 1 vol. in-folio mediocri, relié en veau brun et contenant 546 pages de texte, plus 7 pages de table et 2 pour l'épître dédicatoire. — Il existe aussi à Angoulême, dans le cabinet de M. E. Castaigne, bibliothécaire, une copie du *Mémoire sur l'Angoumois* (pet. in-fol. de 98 pages),

---

(1) Un récent classement lui a fait donner le n° 8,816 du fonds français.

qui nous a été obligeamment confiée; mais elle est incomplète et souvent tronquée à dessein. Elle fut exécutée de 1750 à 1760, par J. Collain, curé de Saint-Angeau, mort en 1772. Cet ecclésiastique, trop peu scrupuleux, n'a pas craint de s'attribuer la paternité de l'œuvre de Gervais en inscrivant son nom en tête du manuscrit, et pour assurer dans l'avenir l'impunité à son usurpation, il a pris soin de supprimer dans son infidèle copie la dédicace au comte de Saint-Florentin et les nombreux passages qui désignent le véritable auteur (1). Une fraude exécutée avec tant de prévoyance devait forcément s'imposer à la postérité et défier les recherches de la bibliographie la mieux informée (2), jusqu'au jour où l'examen comparé des manuscrits de Paris et d'Angoulême permettrait de la dévoiler en toute assurance. Nous sommes heureux de pouvoir la signaler ici pour la première fois.

Jean Gervais naquit à Angoulême, dans la paroisse Saint-André, le 5 juillet 1668. Il appartenait à une famille honorable et aisée que l'on trouve établie dès le commencement du XVIIe siècle dans la paroisse Saint-Antonin. François, son père, l'un des membres du Corps de ville (3), fils d'autre François, procureur au présidial, et de Marguerite Arnauld, exerçait la profession d'avocat, et avait épousé Marie Pichot, d'une maison de robe avantageusement connue dans la province (4). Destiné à la magistrature, qui était alors le point de

---

(1) Nous remarquerons toutefois qu'il y a inséré, à de très-rares intervalles, quelques observations particulières, et la mention de certains faits accomplis depuis l'époque où fut achevé le *Mémoire*, c'est-à-dire depuis la fin de l'année 1726.

(2) V. dans l'*Essai d'une Bibliothèque historique de l'Angoumois*, publié par M. Castaigne, l'art. 5 du § 1er intitulé : *Description générale de l'Angoumois*.

(3) Il fut pair pendant trente ans, puis conseiller. Né en mai 1640, il mourut le 16 janvier 1696.

(4) Arch. de l'Hôtel de ville : registres de l'état civil des paroisses Saint-Antonin et Saint-André.

mire de la plupart des jeunes gens riches de la bourgeoisie, Gervais fit ses études de droit et fut reçu avocat en Parlement. Il n'avait pas encore vingt-quatre ans révolus, lorsque se présenta pour lui une occasion favorable d'entrer dans la compagnie du présidial. Étienne Chérade, l'auteur des comtes de Montbron actuels, avait résigné sa charge de lieutenant particulier, assesseur criminel et premier conseiller, et venait de remplacer dans celle de lieutenant général civil Marc de Voyer de Paulmy, marquis d'Argenson. Notre jeune avocat sollicita sa nomination à l'office vacant. Présenté au roi le 22 février 1692, il fut pourvu le 21 mars et installé le 14 juillet au présidial (1). L'année suivante et le 24 mars, il épousa la fille unique de Jean Boisson de Boislonnier, Lucrèce, riche héritière des mieux apparentées.

Dans la vie affairée du palais, il s'attira promptement l'estime de ses collègues, la considération publique et la bienveillance de ses chefs. Sa réputation de bon magistrat et les espérances qu'il faisait concevoir étaient consacrées, dès l'année 1698, par un éloge parti de haut. « Le sieur Gervais, écrivait l'intendant de Bernage dans son *Mémoire sur la généralité de Limoges*, est aussi habile que son âge le peut permettre. Il est appliqué, sage et bon juge; il a l'esprit net et précis et tout ce qu'il faut pour faire un bon sujet (2). »

---

(1) Arch. départementales : registre de provisions de messieurs du présidial.

(2) Il ne manquait pas non plus d'ambition. Un édit du mois de mars 1696 ayant créé 500 lettres de noblesse, moyennant finance, Gervais s'empressa de verser à Paris, entre les mains du sieur Brunet, garde du trésor royal, la somme de 6,000 livres, montant de la finance exigée, et reçut en échange, au mois de janvier 1697, des lettres patentes d'anoblissement, en même temps que le règlement de ses armoiries, ainsi décrites par Charles d'Hozier, juge d'armes de France : « d'azur, à deux palmes d'or entrelacées et posées en sautoir; l'écu timbré d'un casque de profil, orné de ses lambrequins d'or et d'azur. » — Il ne jouit pas longtemps des privilèges qu'il avait acquis. Le roi, par un édit d'août 1715, révoqua, dans un intérêt purement fiscal, toutes les lettres de noblesse accordées depuis le 1er janvier 1696, confisquant ainsi déloyalement la chose vendue, sans restituer le prix de la vente.

Le 14 juillet 1712, il succéda à Jean Souchet, sieur des Doucets, dans l'office de lieutenant criminel au présidial ; et, le 29 novembre suivant, les lettres de vétérance les plus honorables lui furent accordées, en témoignage de ce qu'il avait exercé avec distinction pendant vingt ans entiers la charge d'assesseur (1). — Nommé maire d'Angoulême le 13 décembre 1717, sur la présentation du Corps de ville, et malgré les protestations de quelques mécontents (2), il entra en fonctions le 1ᵉʳ janvier 1718. Son administration fut accueillie dès les premiers jours par les manifestations bruyantes de l'enthousiasme populaire, et se termina le 30 mars 1721, au milieu des regrets unanimes de la cité.

Ce fut quelques années plus tard qu'il conçut le projet d'écrire un mémoire historique sur l'Angoumois. Il s'en ouvrit au comte de Saint-Florentin, qui lui donna ses encouragements, et de 1725 à la fin de 1726 il remplit la tâche qu'il s'était imposée. — L'ouvrage de Gervais, inspiré tout entier par un amour éclairé du pays natal, nous semble offrir un intérêt véritable. Les nombreuses notices dont il est composé sont remplies de faits que l'on chercherait vainement ailleurs ; elles forment une suite d'études attrayantes sur les productions et la culture du sol, l'état du commerce et de l'industrie, l'organisation des diverses branches de l'administration publique en Angoumois ; et, considérées dans leur ensemble, elles présentent un tableau complet et vivant de cette province au commencement du règne de Louis XV.

---

(1) Arch. départementales : registre de provisions de messieurs du présidial.

(2) V. aux Archives de l'Hôtel de ville : 1º une pièce intitulée : *Signification d'opposition à la présentation et nomination de M. Gervais* (1ᵉʳ septembre 1717) ; 2º dans le registre de délibérations coté C, la *Relation de ce qui s'est passé au sujet de la mairie de M. Gervais.* — Ce récit fournit les plus curieux détails sur les mœurs de l'époque et les usages locaux.

Ce travail couronna dignement une honnête et laborieuse carrière, que les fatigues des emplois publics arrêtèrent prématurément. Gervais mourut à Angoulême, le 23 août 1733, au début de sa soixante-sixième année, et fut inhumé au devant de la chaire, dans l'église Saint-André, dont il était un des fabriciens d'honneur. Quelques mois auparavant, il avait résigné son office de lieutenant criminel en faveur de Jean, son fils (1), écuyer, sieur du Châtenet, qui le remplaça au présidial.

Puisse le livre que nous publions perpétuer la mémoire de Gervais ! Puisse-t-il surtout répandre dans la génération présente de notre pays, si insoucieuse des choses du passé, les souvenirs historiques de ce petit coin de terre qui nous a vu naître, et rappeler à tous ce qu'il y avait encore au XVIIIe siècle de force et d'originalité dans la vie provinciale, aujourd'hui si effacée !

G. B. DE R.

Montaigon, le 13 décembre 1864.

---

(1) Né le 3 mai 1702, il mourut le 23 septembre 1774, ne laissant pour toute postérité qu'une fille d'un second lit, nommée Marie, qui décéda à Angoulême le 9 juillet 1828, âgée de soixante-douze ans. Plusieurs personnes de la ville se souviennent encore d'avoir connu cette vieille demoiselle, qu'on appelait communément *la lieutenante*.

Lettre écrite à Monseigneur le Comte de Saint-Florentin (1), *par le sieur Gervais, Lieutenant Criminel au Présidial d'Angoulesme, et auteur du présent Mémoire.*

Monseigneur,

J'ai l'honneur de vous offrir les Mémoires de la province d'Angoumois que j'ai rédigés sur le projet qu'il vous avoit plu d'en agréer. Cet ouvrage est le fruit de mes occupations aux affaires publiques depuis plus de trente ans. J'ai été excité, Monseigneur, à vous le présenter par le désir d'attirer votre favorable attention sur ma patrie. En en traçant l'histoire aux yeux du Ministre chargé du soin de la régir, j'ai en vue de mettre en tout son

(1) Louis Phélypeaux, comte de Saint-Florentin, marquis de la Vrillière et de Châteauneuf-sur-Loire, etc., fils d'autre Louis Phélypeaux, marquis de la Vrillière, et de Françoise de Mailly, né en 1705, mort en 1777. Il fut successivement secrétaire d'État et des commandements et finances de Sa Majesté, par lettres du 17 février 1723, chancelier de la reine, commandeur chancelier des ordres du roi, ministre d'État et membre honoraire de l'Académie des sciences et de celle des belles-lettres.

jour l'ancienne fidélité des Angoumoisins et leur zele héréditaire pour le service de nos Rois. Le peu d'étendue du pays, Monseigneur, sa stérilité en beaucoup de cantons, les bornes étroites de son commerce et la pauvreté de ses habitants vous étant connus, votre cœur, sensible aux miseres des peuples, et touché de compassion pour ceux de cette partie de votre département, se prêtera sans doute à leurs besoins et vous portera à en représenter l'état à Sa Majesté, pour obtenir leur soulagement. Pour moi, Monseigneur, dévoué dès mes prémices à notre grand ex-Chancelier (1), qui m'honoroit de sa protection particuliere; ayant consacré à sa mémoire et aux personnes de son illustre nom un attachement inviolable, j'ai saisi avec empressement cette occasion de renouveler mes sentiments et de les rendre publics. J'ai l'honneur d'être, avec un très-profond respect, de votre Grandeur,

Monseigneur,

Le très-humble et très-obéissant serviteur.

Signé : GERVAIS,

Lieutenant Criminel au Présidial d'Angoulesme.

(1) Louis Phélypeaux, chevalier, comte de Pontchartrain, fils de Louis Phélypeaux, seigneur de Pontchartrain, et de Marie-Suzanne Talon, né le 29 mars 1643. Après avoir exercé avec distinction les charges de conseiller au parlement de Paris et de premier président au parlement de Bretagne, il fut nommé intendant des finances en 1687, contrôleur général en 1689 et secrétaire d'État en 1690. Il devint chancelier et garde des sceaux de France en 1699. Il se retira des affaires en 1714 et mourut le 22 décembre 1727.

MÉMOIRE

SUR

L'ANGOUMOIS

Situation du pays.

L'Angoumois est situé entre le Limouzin, le Poictou, la Xaintonge et le Périgord.

Limites.

Il a le Limouzin au levant, le Poictou au septentrion, la Xaintonge au couchant et le Périgord au midi.

Étendue.

Cette province est petite, puisqu'elle n'a pas plus de quinze à dix-huit lieues de long et quinze ou seize de large, si on la considere par l'étendue de son Gouvernement.

Rivieres.

La Charente est la riviere principale qui l'arrose. Elle prend sa source en Poictou, au lieu appelé Chéronnac, où elle est fort petite, passe à Sivray, en la même province, et entre ensuite, par Verteuil, dans l'Angoumois, qu'elle traverse par Manle, la Terne, Montignac et Vars. Elle se grossit jusque-là par les eaux de plusieurs petites rivieres qu'elle reçoit, sans être néanmoins navigable que sous Angoulesme, où elle commence à porter bateaux, et où se trouve la tête de sa navigation ; continue son cours du septentrion au couchant, par Châteauneuf, Jarnac et Coignac ; et sort ensuite de l'Angoumois, en descendant par Xaintes, Taillebourg, Saint-Savinien, Charente, jusqu'à Soubize, où elle a son embouchure dans l'Océan. Son cours de navigation, depuis Angoulesme jusqu'à la mer, est de trente et quelques lieues de pays, qui en sont plus de cinquante de France.

On a souvent proposé de rendre la Charente navigable en remontant jusqu'à Verteuil. Il en avoit été fait quelques essais, il y a plus de soixante ans, sur les mémoires de Messieurs de la Rochefoucauld ; et les tentatives en avoient été renouvelées par les soins du seigneur de ce nom, dans les derniers temps. Les avantages certains que les navigations poussées procurent en général, la facilité que celle-ci en particulier auroit donnée à remonter les sels de Xaintonge et les vins et eaux-de-vie d'Angoumois, pour l'usage du haut Poictou et du Limouzin, et à en descendre les grains et les bois nécessaires pour les pays inférieurs, avoient donné lieu à former ce dessein ; mais les oppositions des habitants d'Angoulesme, alarmés pour le commerce de leur capitale, des marchands de son faubourg de l'Houmeau, attentifs à l'entrepôt de leurs chais, de quelques seigneurs de terres et de quelques propriétaires de moulins qu'il falloit dédommager, les grands frais à faire, les inconvénients à craindre des inondations dans les domaines plats, et d'autres obstacles joints aux circonstances des temps, ont arrêté l'exécution de ce projet (1).

La Touvre prend sa source à une lieue d'Angoulesme, dans une espece de baie enceinte d'une chaîne de coteaux escarpés, au pied d'un ancien château en masure, qui avoit été bâti par un ancien évêque d'Angoulesme (2). Sa profondeur, qui y est presque inconnue, le bouillonnement de ses

---

(1) V. la note I à la fin du mémoire.
(2) Ce château fut bâti avant l'année 1074 par Guillaume II, frère du comte Foulque Taillefer et évêque d'Angoulême (1043 — 20 septembre 1076).

eaux et l'étendue spacieuse de son lit y attirent la curiosité des voyageurs. Elle fait ensuite tourner quantité de moulins pendant son cours, qui est d'une lieue et demie, ou environ, jusqu'au Gond, près d'Angoulesme, où elle se joint à la Charente. Quoique la Touvre ne porte que de petits bateaux ou nacelles, propres seulement à l'usage des pêcheurs, à cause que la largeur de son canal et les différents rameaux qui la coupent rendent ses eaux fort basses, elle est néanmoins recommandable par la beauté de sa source, dont l'abondance est égale au reste de son cours, par la netteté et la fraîcheur de ses eaux, qui ne le cedent en rien aux plus pures fontaines et qui y fournissent une quantité prodigieuse de truites.

La singularité de cette source a fait dire qu'elle étoit formée ou grossie des eaux du Bandéat et de la Tardoüere, qui se perdent en été à quelques lieues au-dessus, et qui viennent renaître, à ce qu'on croit, sous cette montagne. Le trouble qui paroît en celle-ci, dans les temps du débordement des autres, a donné lieu à cette opinion, qui n'a peut-être pas de fondement plus solide que la fable d'Alphée et d'Aréthuze. Ces deux rivieres sont bordées, tantôt d'assez belles prairies et tantôt de coteaux en vignobles ; et elles serpentent en différents lieux, où leurs curiosités forment quantité de petites îles couvertes en bosquets ; ce qui, joint à la douce majesté de leurs flots, en rend l'objet des plus agréables.

Nos poetes(1), qui les ont chantées, en parlant de

(1) On pourrait faire un assez long article bibliographique en donnant l'indication de tous les poëtes et écrivains qui ont fait l'éloge de la Touvre.

la lenteur de leur cours, ont feint qu'un sentiment presque animé leur faisoit regretter le séjour de ces beaux lieux, et un historien du pays (1), dans ses expressions figurées, a dit de Touvre en particulier, qu'elle étoit autrefois bordée d'écrevisses, lardée d'anguilles, pavée de truites et couverte de cygnes.

On ne peut faire ici qu'une légere mention de la Vienne, qui ne coule que pendant quelques lieues dans la partie de l'Angoumois qui confine au Limouzin et au Poictou, et dont le canal y est si rempli de rochers qu'on n'y peut pratiquer aucune sorte de navigation ni de flottage.

Les autres rivieres de la province sont fort petites et ne doivent être considérées que par rapport à la fabrication des papiers, à quoi leurs eaux sont d'un excellent usage et ont la propriété, aussi bien que celles de Charente et de Touvre, d'en faire les meilleurs du monde.

Chemins publics.

Les chemins ne sont pas trop praticables pour les voitures, par terre, en Angoumois, à cause que le pays y est assez pierreux et communément montueux (2). L'usage des chariots attelés de chevaux n'y est presque pas connu, et des mulets encore moins. Le Réglement porté pour ces sortes de voitures par l'arrêt du Conseil du 14 novembre 1724, y de-

---

Il nous suffira de signaler parmi les chantres de cette gracieuse rivière, Gabriel de La Charlonye, Mathurin Martin et Paul Thomas.

(1) André Thevet, dans sa *Cosmographie universelle*.

(2) V. la note II à la fin du mémoire.

vient fort inutile ; on s'y sert ordinairement de charrettes tirées par deux ou quatre bœufs, qui portent environ quinze cents pesant et ne peuvent faire que quatre lieues par jour. On s'y sert aussi de mulets et autres bêtes de charge pour les voitures venant du Limouzin ou y allant. La charge ordinaire d'un mulet est de deux cents.

Bois et Forêts.

L'Angoumois étoit autrefois fort couvert de bois. Il fut dans la suite défriché, et presque entierement mis en culture. Il y avoit encore, dans les derniers temps, plusieurs bois de futaie, mais ils ont été quasi tous épuisés depuis l'établissement du port de Rochefort, et pour en tirer le merrain, dont la quantité des vignes nouvellement plantées a causé de si grandes consommations qu'il ne reste plus que des bois de chauffage aux particuliers ; et l'on peut dire qu'il n'y a que le seigneur de la Rochefoucauld qui en ait d'une autre qualité et de beaux, dans les parcs de ses châteaux.

La forêt de Boixe, qui lui appartient en partie à cause de sa terre de Montignac, est d'une assez grande étendue ; mais, si on en distrait le bois appelé des Moines, dépendant de l'abbaye de Saint-Amant, qui se coupe journellement, tant par les exploits d'un grand nombre d'usagers qu'autrement, le reste, qui est assis sur un terrain sec et pierreux, se trouve ne produire que des arbres d'une médiocre grosseur, dont on ne peut pas faire grand usage pour la construction des vaisseaux, ni pour les charpentes de quelque importance, et encore moins pour les bois merrains. La dureté et les nœuds de celui qui y croît, et sa qualité arre (1), le rendent impropre à fendre, en sorte qu'il n'est ordinairement employé qu'à des rais et autres ouvrages d'un service commun, où sa fermeté le rend utile, quoique le long temps nécessaire pour le mettre en œuvre et les peines extraordinaires des ouvriers qui le travaillent en diminuent le prix.

Le Roi a des bois dans la Maîtrise particuliere d'Angoumois; mais on peut dire qu'il n'y a que la Braconne qui puisse mériter le nom de forêt. Elle a plus de dix mille arpents d'étendue, et le bois qui y croît est presque tout chêne et de bonne qualité. Il ne s'y trouve néanmoins que fort peu de bois d'ouvrage, soit à cause de la maigreur du terroir, qui n'a pu y produire de beaux arbres, soit par le peu d'attention qu'on a eu autrefois à y élever des futaies. Il n'y paroît aucun arbre de la premiere tige, et les plus anciens rejets ne sont que de quarante années. Les usagers de cette forêt sont réduits à un très-petit nombre depuis la réformation du sieur de Froidour, en 1674. Les fermiers du Domaine s'étoient mis en une possession de sous-affermer les paissons et glandées de cette forêt à quantité de particuliers, qui les sous-affermoient ensuite à

---

(1) Terme de la langue vulgaire, généralement usité dans l'Angoumois, la Saintonge et le Poitou. Un morceau de bois est arre s'il ne peut se ployer légèrement sans se rompre, ou bien si, étant nouvellement scié, il s'écaille ou se fend irrégulièrement sous l'influence du grand air. — On dit aussi d'une personne qu'elle a la peau, les mains arres, lorsqu'elle les a rugueuses, rudes au toucher.

une infinité d'autres, ce qui donnoit lieu à quantité d'abus, même dans les rejets. Cette faculté leur fut interdite, il y a environ quinze ans, par un arrêt du Conseil, qui fut rendu à la poursuite des officiers des eaux et forêts.

Le bois de la forêt de Braconne est principalement employé en charbon, à quoi il est très-propre. Il est particulierement destiné à l'usage de la forge de Rancogne, qui est à portée pour l'enlever; et lorsque les travaux y sont plus grands et que les coupes ordinaires n'y suffisent pas, on en accorde d'extraordinaires pour y suppléer.

Il ne seroit pas aisé d'en tirer un produit plus utile, à cause que l'éloignement de plus de quatre lieues de pays de la Charente, et la distance infinie de toute autre riviere navigable ou flottable, nécessiteroient à se servir de charrois pour un transport de bois de simple chauffage, ce qui causeroit des frais qui en excéderoient la valeur.

La forêt de Bois-Blanc, plus près d'Angoulesme, n'est que d'une très-petite étendue et ne produit aussi que des bois à brûler.

Celles de Malestrade, près de Châteauneuf, de Chardin et de Marange, situées sur les confins de la partie d'Angoumois qui avoisine la Xaintonge, ne sont proprement que des bosquets; mais leur produit en est à proportion plus utile au Roi que celui de la Braconne, à cause qu'elles sont environnées de pays découvert et de vignobles, où il se fait de très-grandes consommations de bois, tant pour le service public que pour les chaudieres à eaux-de-vie, ce qui en fait rechercher et enchérir les coupes.

Il est presque inutile de parler ici d'un bois en coupe que le Roi possède près d'Angoulesme, de l'étendue de cinq cents arpents, sous le nom de Garenne, puisque une partie consiste en quartiers assignés, l'un à M. l'évêque d'Angoulesme et l'autre à Mme l'abbesse de Saint-Ozonne ; le surplus, en coupes réglées, étant consommé pour le chauffage des habitants de la ville.

Le grand besoin qu'on a de bois dans l'Angoumois, soit pour le logement et brûlement des vins qui s'y récoltent, soit pour les forges ou pour les autres usages, et pour ce qu'on en fournit à la Xaintonge et au port de Rochefort, qui en tire continuellement de toute qualité, a fait penser souvent aux moyens de l'y multiplier, ou du moins de l'y conserver ou rétablir. Il seroit à désirer que l'article... (1) de l'ordonnance de 1669, qui prescrit la réserve des baliveaux, y fût plus exactement observé.

L'arrêt du Conseil du 18 août 1722, qui défend le transport des bois dans les pays étrangers, n'arrête pas la sortie de ceux qui descendent en Xaintonge et à Rochefort.

---

(1) Les dispositions de l'ordonnance de 1669, relatives à la réserve des baliveaux tant dans les bois du Domaine que dans ceux des ecclésiastiques et des particuliers, se trouvent consignées aux articles 11 du tit. 15, 3 du tit. 24, 3 du titre 25, et 1 du titre 26.

Voici les termes de ce dernier article, qui résume à peu près les prescriptions de tous les autres : « Enjoignons à tous nos sujets, sans « exception ny différence, de régler la coupe de leurs bois taillis au moins « à dix années, avec réserve de seize baliveaux en chaque arpent ; et se- « ront tenus d'en réserver aussi dix ès ventes ordinaires de fustaye, pour « en disposer néanmoins à leur profit, après l'âge de quarante ans pour « les taillis et de six vingts ans pour la fustaye. »

L'établissement des pépinieres n'a presque pas encore eu lieu, et l'effet n'en peut être que si incertain, si lent et si reculé, qu'on ne doit s'en proposer un grand avantage.

L'article 6 de l'arrêt du 3 mai 1720, qui ordonne des plantations d'arbres sur les chemins, semble n'avoir pas été rendu pour cette province, où l'inégalité du pays montueux, la qualité du terroir, qui y est communément pierreux, et les autres obstacles de la nature, joints à la négligence habituelle des habitants, en rendent l'exécution comme impossible. Aussi le Roi n'y a-t-il point fait exécuter les dispositions ordonnées pour les chemins par les 2e et 3e art. du même arrêt. D'un autre côté, quelque utilité que promettent les plantements ou ensemencements des bois, les particuliers ne s'y donnent point à cette culture. L'attente de son produit est trop éloignée, les besoins du secours des revenus sont trop pressants, et l'objet des productions annuelles de la terre, soit en grains, en vins ou autres fruits d'une prompte utilité, a quelque chose de plus intéressant. Le goût moderne des peuples, en général, s'éloigne à cet égard de celui de nos peres, dont l'attentive prévoyance portoit davantage leurs soins et leurs vues sur l'avenir.

Le principal bois qui réussit en Angoumois est le chêne, qu'on ne transplante point, et qui doit être semé ; mais son germe est si lent que personne ne s'avise plus de le faire venir.

L'ormeau y est rare, à cause de la sécheresse du climat. Les bords de la Charente y nourrissent des peupliers d'une assez belle hauteur; mais le prix excessif et la rareté des planches de sapin, qu'on a cessé de tirer de Hollande depuis l'augmentation des especes, sont cause qu'on les a épuisés.

On n'y connoît presque point d'autres bois d'ouvrage et de charpenterie; et, à l'égard des arbres fruitiers, il s'y en éleve peu, le terroir sec et pierreux et la chaleur du climat y résistant. Quelques particuliers, curieux des jardinages, y ont seulement le soin de les peupler de greffes d'Orléans.

Le pays étoit au passé assez couvert de noyers, qui y croissoient de belles tiges et y étoient d'une grande utilité pour le peuple; mais l'hiver de 1709 les fit tous périr. L'attente de les voir reproduire ne peut être qu'un objet pour nos neveux, et il paroît difficile d'en réparer la perte par une égale quantité, depuis que les bestiaux, répandus dans les campagnes en plus grand nombre qu'ils ne l'étoient sans doute autrefois, en détruisent l'élévation.

Mines.

Il s'y trouve quelques mines de fer dans le canton qui avoisine le plus le Périgord. Elles sont assez abondantes, mais elles ne sont pas toutes d'une même qualité. Celles de Vergnaz et de Bachalou, en la paroisse de Montbron, sont assez riches, mais la fonte en est aigre. Celles de Russas, en la paroisse de Saint-Vincent, ayant le même défaut et étant d'ailleurs stériles, ont été abandonnées depuis quelque temps.

Celles de Feuillade, sur les confins de l'Angoumois et du Périgord, sont peut-être les plus douces qu'il y ait au monde. Elles font d'excellents fondages d'artillerie, et on ne s'en sert point d'autres à la forge de Rancogne, qui n'en est qu'à deux lieues de distance.

On prétendoit bien avoir découvert, il y a environ quarante ans, une mine d'argent à Menet, près Montbron. La couleur de la mine qu'on y trouva, en tirant celle de fer, put donner lieu à le croire, mais il y a apparence que c'étoit une erreur ; ou, en supposant qu'il y eût de la mine d'argent, elle se trouvoit si stérile que la dépense en excédoit le produit, ce qui fut cause qu'on l'abandonna presque aussitôt qu'elle eut été découverte, et on n'y a pas touché depuis.

Quelques gens ont néanmoins prétendu qu'elle pourroit réussir si le Roi en vouloit faire les frais, et que la véritable raison pour laquelle les fondeurs n'y ont jamais pu rien faire, c'est qu'il y a beaucoup d'antimoine, et qu'on n'y employoit pas d'assez bons chimistes pour faire la séparation des métaux. C'est par ce même défaut, disoient-ils, qu'on réussissoit bien en petit et dans le creuset, mais non pas dans la grande fonte. On doute cependant de la vérité de cette observation.

Forges.

Il y a cinq forges en Angoumois, sur les frontieres du Périgord et du Limouzin, savoir : celle de Rancogne, celle de Planchemenier, celle de Combiers, celle de Montizon, dans la paroisse de Roussines, au-dessus de Montbron, et celle de

Champlaurier, sur la petite riviere de la Sonnette, auprès du bourg de Saint-Claud. La forge des Pins, quoique en la paroisse de Chasseneuil, à l'extrémité de l'Angoumois, est en Poictou.

La forge de Rancogne est la principale de toutes. Elle avoit été mise en très-bon état par feu M. de Logiviere, inspecteur de l'artillerie des mers du Ponant, qui l'avoit embellie d'un bâtiment très-logeable. Mlle de Logiviere, sa fille, qui joint aux agréments de son sexe la force d'esprit, le génie supérieur et le courage du nôtre, l'a perfectionnée dans les derniers temps, y ayant rétabli à neuf quatre fourneaux magnifiques.

On fabrique à cette forge des canons d'une excellente qualité, et des bombes et boulets, qui sont ensuite transportés pendant cinq lieues par charrois jusqu'au Gond, près Angoulesme, où la demoiselle de Logiviere tient un entrepôt, à l'embouchure de la Touvre dans la Charente, où on les embarque sur les bateaux du pays, vulgairement appelés gabarres, pour les descendre à Rochefort.

La situation de la forge de Rancogne, à portée de la forêt de Braconne, dont elle n'est qu'à une lieue de distance par un côté, est heureuse pour se fournir avec plus de facilité des quantités de charbon nécessaires pour son exploitation, ce qui met ceux qui l'exploitent en termes d'y pouvoir faire fabriquer promptement un grand nombre de canons de tout calibre, communément de vingt-quatre livres de balles, et jusqu'à trente-six, ou plus, selon le besoin, lorsque les eaux sont bonnes; mais le cours de la Tardoüere, qui la fait aller, ayant été arrêté, les deux dernieres années, à cause des excessives sécheresses, on y a été forcé de mettre hors (1) au milieu des plus belles saisons, ce qui a causé des préjudices infinis aux fondages que la demoiselle de Logiviere avoit entrepris pour fournir au Roi le nombre de trois cent soixante-seize pieces de canon, dont elle s'est chargée pour le port de Rochefort.

Celle de Combiers, appartenant au seigneur comte de Brassac, à quatre grandes lieues du port de l'Houmeau, se fournit de bois suffisamment dans les forêts de ce seigneur à la Rochebeaucourt. On y fabrique aussi des canons de médiocre grandeur, et souvent pour le compte de la demoiselle de Logiviere, lorsque le manquement des eaux fait cesser ou diminuer les travaux de celle de Rancogne. On se sert aussi, à Combiers, des mines de Feuillade, qui en sont encore plus proches que de la forge de Rancogne.

Celle de Planchemenier, appartenant au sieur de la Lande, située sur un étang, à trois lieues d'Angoulesme, prend ses bois dans la forêt de Marthon, terre appartenant au sieur de Saint-Martin, conseiller en la grand'chambre du Parlement de Paris, dont elle n'est éloignée que d'une lieue.

Les autres forges, à six lieues d'Angoulesme, étant obligées de tirer leurs charbons des bois des particuliers, bois qui sont quelquefois hors d'état d'en fournir, ou qui sont enlevés pour d'autres usages, sont sujettes à cesser; joint que ceux qui les

(1) Expression ordinairement employée dans les usines métallurgiques, pour indiquer l'interruption des travaux.

exploitent ne sont pas assez aisés pour les faire aller aussi continuellement que va celle de Rancogne. Elles sont même abandonnées fort souvent pendant plusieurs années; elles l'ont été pendant ces trois dernieres, et pourroient enfin l'être absolument à l'avenir.

En général, tous les maîtres de forges se plaignent que depuis l'année 1691 les droits qu'on leve à la rigueur sur les fers en emportent le profit le plus net. Avant ce temps-là, on les abonnoit avec facilité.

Fers.

Les fers qu'on fabrique dans les provinces voisines ne sont pas si doux ni si propres à beaucoup d'usages que ceux de l'Angoumois. Ceux du Périgord et du Limouzin sont moins chers par cette raison, et parce que la commodité des bois et des mines diminue les frais de leur fabrication.

La livre de fer, qui s'est vendue au passé, à Angoulesme, jusqu'à huit sols, se donne à présent pour quatre sols. Cependant les maîtres de forges se plaignent que le prix des bois et charbons leur augmente tous les jours.

Papeteries (1).

La manufacture de papiers d'Angoumois étoit autrefois une des plus considérables du royaume. Ils passoient avec raison, comme ils font encore,

(1) Outre le mémoire manuscrit sur la Généralité de Limoges, rédigé par M. de Bernage, l'ouvrage de Munier intitulé : *Essai d'une méthode générale propre à étendre les connaissances des voyageurs*, et la Statistique de

pour les meilleurs du monde. Rien n'égale la fermeté et la blancheur qu'ils acquierent en vieillissant, à la différence des autres, qui déchoient et qui se coupent avec le temps. Les étrangers les enlevoient avec empressement; mais depuis que les longues guerres interrompirent le commerce, sous le regne de Louis XIV, les Hollandois, forcés de s'en passer et devenus les singes de l'industrie des autres nations, s'aviserent de construire des moulins à papier chez eux, et y appelerent de nos ouvriers pour s'instruire à cette fabrique. Quoique leurs papiers fussent infiniment au-dessous des nôtres, soit à cause de la qualité des eaux ou par la différence du cabal (1), ils ne laisserent pas de s'en servir, ce qui fit si fort tomber nos papeteries que plus de cinquante moulins qui battoient auparavant en Angoumois furent bientôt réduits à douze ou treize, le reste ayant été abandonné; et presque tout ce qui s'appeloit gens de cette profession devinrent ruinés, la plupart ayant fait faillite ou étant morts insolvables, ce qui porta un dommage d'autant plus irréparable à la province qu'une infinité de pauvres gens subsistoient à la faveur de cette manufacture, où on est obligé d'employer beaucoup d'ouvriers.

Il est vrai que l'augmentation des especes ayant

Quénot, on peut encore consulter sur ce sujet l'intéressant travail publié par notre compatriote M. Auguste Lacroix, fabricant de papiers, sous ce titre : *Historique de la papeterie d'Angoulême, suivi d'observations sur le commerce des chiffons en France.* Paris, Lainé et Havard, 1863, in-8.

(1) Capital fourni par le propriétaire d'une usine à papier au maître-fabricant. Le cabal, fixé généralement à 3,000 livres pour chaque cuve en Angoumois, devait être représenté intact, lorsque le maître-fabricant quittait le moulin.

excité l'étranger à se fournir de marchandises de France, sembloit avoir ranimé le commerce de nos papiers dans les derniers temps ; mais les diminutions survenues depuis l'ont fait tomber de nouveau, de maniere qu'une partie des moulins qu'on avoit rétablis à cette occasion commencent à être délaissés.

Les droits de sortie qu'on a imposés sur les papiers en ont encore affoibli le débit, et les choses sont à présent en termes que les moulins à papier, qui s'affermoient autrefois jusqu'à dix-huit cents livres, ne s'afferment à présent que cinq cents livres au plus, sur quoi le propriétaire est tenu des grosses réparations, qui consomment souvent ce revenu, en sorte qu'après le cours de plusieurs années il se trouve quelquefois n'avoir eu aucun produit net.

Cette cruelle expérience a découragé tout le monde de bâtir de ces sortes de moulins ; personne n'en construit plus, et ceux qui le sont déjà, venant insensiblement à se détruire par l'impuissance des propriétaires à les conserver, il ne s'en verra plus dans la suite.

On sent néanmoins assez l'importance qu'il y auroit à soutenir une manufacture si utile, surtout si l'on considere que la fabrique n'y consomme que des matieres viles, et qu'on y emploie au travail des personnes de tout âge et de tout sexe, et impropres à tout autre labeur, sans que les produits précieux de la terre et les autres richesses de la nature y soient diverties, à la différence des autres marchandises.

Le peu de profit que font les maîtres papetiers, joint aux grandes dépenses dont ils sont chargés pour les salaires et la nourriture des ouvriers, depuis que les gens de main-d'œuvre sont devenus plus rares et les choses les plus nécessaires à la vie plus cheres, est peut-être cause qu'ils se sont relâchés de leur application à ce travail; ou peut-être aussi que l'augmentation du prix de la peille et de la colle est cause que ces matieres y sont épargnées ou de moins bonne qualité. Quoi qu'il en soit, le papier qu'on fabrique à présent n'a plus la même fermeté ni netteté, et n'est plus si bien collé qu'au passé, ce qui, tendant à le confondre avec tout autre, fera éclipser cette singularité et cette préférence qui le faisoient si fort rechercher dans ce pays.

Verreries.

Au commencement de l'année 1718, le Conseil de commerce envoya ses ordres dans la province pour être informé du nombre des verreries qui y étoient établies, par lettres patentes ou autrement; de la quantité des ouvrages qu'on y fabriquoit; si la fabrique en étoit augmentée ou diminuée, par rapport aux années précédentes; des noms des propriétaires, des entrepreneurs et de leurs associés; du progrès ou de la décadence de ces manufactures, et des moyens qu'on jugeroit les plus propres pour les encourager ; et enfin des exemptions dont jouissoient les propriétaires, entrepreneurs ou associés des verreries, soit pour leurs personnes, soit pour leurs ouvrages ou pour les matieres qui y entrent.

Il fut répondu qu'il y avoit alors deux verreries où l'on travailloit actuellement, l'une au village de l'Hermitte, paroisse de Grassac, châtellenie de Marthon, et l'autre en la paroisse de Nonnac, châtellenie de Blanzac, toutes deux sans lettres patentes ni autres titres; qu'on n'y fabriquoit que de petits verres de pieces de fougere et des bouteilles de peu de force pour l'usage du pays, et principalement de la campagne; que le débit en déchoyoit; que c'étoit le sieur Henry de Chazelles de Vaumort qui travailloit à la premiere, et le sieur François Ferret de la Grange et ses freres à l'autre, sans aucun associé.

On ajouta que ces entrepreneurs ne pourroient se soutenir sans secours; que s'ils étoient aidés de quelques avances, ils pourroient mettre leurs verreries sur un meilleur pied; qu'ils y feroient fabriquer des verres d'une plus belle forme, plus nets, d'un plus beau blanc, et que leurs ouvrages seroient mieux conditionnés et d'un meilleur débit; qu'il seroit à propos d'ailleurs d'envoyer dans la province de bons ouvriers de Paris, d'Orléans ou de Nevers, qui pourroient se joindre à ceux qui y étoient déjà, et établir de nouvelles verreries dans le pays, où ils trouveroient un assez grand débit de leurs ouvrages s'ils étoient perfectionnés, ce qui ne pourroit procurer qu'un grand avantage à la province, de laquelle il ne laisse pas de sortir un argent considérable pour l'achat de ces sortes d'ouvrages, qui y sont conduits tous les ans sur des chariots par des marchands des autres provinces et y sont vendus fort cherement; que pour exciter ces entrepreneurs et ouvriers forains à venir et à soutenir leurs manufactures, on pourroit accorder quelques pensions ou gratifications aux maîtres, outre celles dont jouissent ordinairement les gentilshommes verriers, avec le droit d'exclusion pour les ouvrages d'une certaine fabrique et qualité; et enfin qu'ils pourroient établir leurs verreries dans les cantons d'Angoumois, où il se trouve plus de bois hors de portée de déboucher par les navigations ou flottages, ou éloignés des forges, ce qui en produiroit d'ailleurs une consommation utile à la province.

On a cru devoir rapporter ici tout au long les observations qui furent faites alors sur cette matiere, parce qu'elles peuvent avoir encore leur application au temps présent. Il sera seulement remarqué de nouveau que les deux manufactures de verres de l'Hermitte et de Nonnac ne subsistent plus; que les sieurs Ferret ont passé en Périgord; et que la veuve du sieur de Vaumort a établi une verrerie à Blanleuil, paroisse de Gardes, et le sieur Morel Ducluzeau une autre à Lafestau, l'une et l'autre près de la Valette.

Le débit de ce qu'on y fabrique, toujours de la qualité prédite, diminue avec le prix journellement, soit par la rareté de l'argent, soit à cause des grandes voitures d'ouvrages de cette nature qui sont arrivées dans les derniers temps d'autres provinces à Angoulesme, même d'Angleterre par eau, en sorte que les maîtres de ces deux verreries, se trouvant cependant obligés aux mêmes dépenses par la cherté des bois, et des salaires et nourriture des ouvriers, qui n'ont que très-peu diminué, ne pourront plus se soutenir. L'arrêt du Conseil du 24 mars 1725, qui proroge les défenses de sortir des verres à vitres, ou autrement, hors du royaume, et celui du 17 avril suivant, qui en fixe le prix, n'encourageront pas ces manufactures. Au reste, les matieres qui entrent dans la composition des ouvrages de verre sont le salicor (1), qui se tire des pays de Toulouze et de Narbonne, et une pierre de couleur qu'on tire de la province de Périgord, le brûlis de fougere avec l'azur. On ne paye aucuns droits d'entrée ni autres pour aucune de ces matieres.

Manufactures.

Il n'y a aucune autre sorte de manufacture dans la province. Il s'y fabrique seulement dans une paroisse près d'Angoulesme, quelques étoffes de laine à l'usage du commun peuple, connues sous le nom de bure de Nersac, et quelques toiles à Ruffecq et à Aubeterre, qui sont les deux extrémités opposées de la province, l'une sur la frontiere du Poictou et l'autre sur les confins du Périgord.

Le Conseil ayant jugé à propos, en l'année 1722, de restreindre les manufactures des ouvrages de fil et de coton, qui s'étoient trop multipliées dans la généralité de Rouen, et de porter dans les autres provinces du royaume les métiers de ces petites étoffes, pour ne pas perdre dans l'État une fabrique

(1) Nom vulgaire donné à certaines plantes maritimes, qui, coupées pendant leur végétation, puis desséchées, donnent par l'incinération une grande quantité de soude.

qui mérite quelque sorte d'attention, ordonna d'examiner si on ne pourroit en établir en Angoumois sans interrompre les autres sortes de commerce qui pourroient y être. Il y fut répondu par des observations de faits et par quelques réflexions qui, se trouvant communes pour tous les établissements nouveaux qu'on pourroit proposer sur pareille matiere, semblent mériter d'être rapportées ici.

On observa que, quelque importantes que soient en général les manufactures d'ouvrages de fil et de coton, et de quelque utilité qu'elles pussent être dans la province, il ne paraissoit pas néanmoins convenable d'y tenter un établissement de ce genre, qui y trouveroit son impossibilité ou qui entraîneroit de trop grands inconvénients; qu'il n'y a pas dans le pays d'ouvriers qui sachent travailler à ces sortes d'ouvrages; qu'ils ne sont pas propres, par leur grossiereté ou autrement, à s'y former; et que tout ce qu'il y a de gens de labeur y sont occupés à d'autres sortes de travaux, dont le produit leur est plus utile et est en même temps plus essentiel à la province. Ceux qui résident dans la capitale et dans les petites villes ou chefs-lieux du plat pays sont des artisans occupés à des travaux plus communs, mais aussi plus nécessaires, et desquels il ne seroit ni possible ni convenable de les distraire.

A l'égard de ceux qui habitent la campagne, ils y sont livrés à la culture des terres labourables ou des vignes.

Il n'est pas proposable de tirer les laboureurs de la charrue pour entreprendre de les styler à des manufactures d'étoffes; car, outre qu'ils n'y réussiroient pas, il est du premier intérêt et du bien public de multiplier plutôt que de retrancher cette sorte de travailleurs, surtout en Angoumois, où le produit des grains suffit à peine pour la nourriture des habitants, même dans les années de la plus grande fertilité.

On ajouta que ceux qui travaillent aux vignes méritent une pareille attention; leur nombre n'y suffit pas, surtout depuis que les plantements des vignes s'y sont multipliés; et pour peu qu'on le diminuât par quelques diversions de ces gens-là à des manufactures, il arriveroit, d'un côté, que ce qui en resteroit augmenteroit leurs salaires, qui sont déjà excessifs et à un prix outré; et que, d'un autre, les vignobles venant à manquer de vignerons, la province, qui y trouve sa ressource, ne pourroit plus se soutenir.

Il est vrai que les papeteries de l'Angoumois occupent beaucoup de gens; mais, outre que ceux qui y travaillent ne seroient ni de volonté ni propres à se donner à d'autres manufactures, il seroit d'ailleurs dangereux, si on en tiroit des ouvriers, de faire tomber une manufacture ancienne, essentiellement utile à la province, et qui mérite d'être soutenue par l'excellence et la réputation des papiers qu'on y fabrique.

Le parti qu'on proposoit de faire venir des ouvriers d'ailleurs pour travailler dans l'Angoumois aux ouvrages de fil et de coton, ne réussiroit pas, selon toute apparence. Ces ouvriers, se trouvant comme transplantés, y prendroient du dégoût; leur colonie dépériroit insensiblement; et ces manufactures deviendroient à la fin désertes et tomberoient absolument.

Les frais d'établissement et d'entretien des manufactures proposées en épuiseroient le produit, ce qui en entraîneroit bientôt la chute, une pareille chose ne se pouvant soutenir que par les profits. On a vainement tenté d'instituer dans le grand hôpital d'Angoulesme (1) des manufactures de lainage; l'édifice élevé à cette fin aux dépens d'une personne charitable subsiste encore, aussi bien que quelques métiers qu'on y avoit placés. Il n'a pas été possible de parvenir à rien de plus.

Le mémoire finissoit par remarquer que tout ce qui s'appelle établissement nouveau a souvent quelque chose qui frappe et qui éblouit d'abord; mais que, tout bien considéré, l'expérience faisoit connoître qu'il en faut toujours revenir aux anciens usages pratiqués dans chaque pays.

On reconnoît que ce que nos peres observoient étoit convenable au climat, une longue épreuve ayant fait sentir ce qui étoit le plus avantageux. On devoit s'en tenir à ce que la plus commune collaboration des peuples a autorisé en chaque lieu, comme plus conforme à leurs talents et aux dispositions marquées de la nature.

Ces motifs, ou d'autres considérations qui firent alors rejeter l'établissement proposé, peuvent dé-

(1) Le grand hôpital dont parle Gervais est l'hôpital général fondé vers la fin du XVIIe siècle, près le faubourg l'Houmeau, par François de Péricard, évêque d'Angoulême, réuni en 1828 à l'hôpital de N. D. des Anges, et dont les bâtiments servent aujourd'hui à la gare des marchandises du chemin de fer.

terminer, en d'autres occasions, à s'en tenir aux sources ordinaires du commerce qui se trouve établi dans la province.

Climat.

Le climat d'Angoumois est, généralement parlant, plus chaud que celui de Paris; aussi est-il plus près de la ligne. Il est, par cette raison, plus tempéré que le Périgord et le Bourdelois. Le pays est assez montueux et inégal.

Grains.

Les cantons qui avoisinent le Poictou et le Périgord produisent des froments d'assez bonne qualité, mais non pas en grande abondance; celui qui est sur les confins du Limouzin produit du seigle.

Il croît, dans le cœur du pays, des baillarges (1), connues à Paris sous le nom d'orges carrées.

On s'est avisé, depuis quelques années, d'y cultiver une si prodigieuse quantité de blé d'Espagne, qu'il semble qu'on veuille abandonner la culture des autres grains pour se livrer uniquement à celle-là.

Les laboureurs, qui se sont rendus comme les maîtres de la campagne, ont été excités à cette sorte d'ensemencement par le peu de semence qu'on emploie, par l'abondance de la récolte de cette espece de blé, et par la facilité d'y faire travailler les

---

(1) On appelle vulgairement *baillarge* en Angoumois l'orge à deux rangs, *hordeum distichum* (L.).

plus foibles journaliers et les plus impropres à autre chose, même les vieillards, les femmes et les enfants, ce qui a tiré une infinité de familles de la misere.

Mais l'expérience fait connoître que ce grain est pernicieux à la terre. Les profondes racines qu'il y jette et la largeur de sa cépée en épuisent la substance; sa culture dans les plus chaudes saisons de l'année en altere l'humeur, ce qui est cause que les terroirs les plus gras deviennent si desséchés qu'ils sont incapables de rapporter une bonne récolte de blé.

Dans les années qui suivent les cultures du blé d'Espagne, ce que la terre lasse produit de grands blés se trouve punais, le grain menu et peu nourri, et de mauvaise garde. On s'est aperçu que les métairies et autres domaines qui en rendoient autrefois une certaine quantité, en donnent à présent la moitié ou les deux tiers moins; et d'ailleurs les propriétaires ne devant lever que la moitié du produit, il arrive que le métayer ou colon ordinaire, donnant une partie des terres de la métairie à faire valoir en blé d'Espagne à des laboureurs étrangers, qui prennent quelquefois les deux tiers pour leurs droits de culture, ce qui reste étant encore subdivisé entre le propriétaire et le métayer, il se trouve que le maître n'a de quitte qu'une très-petite quantité d'un grain dont le prix est fort inférieur à celui des grands blés, et dont il tient néanmoins lieu.

Un objet plus important doit réveiller à ce sujet l'attention publique : c'est qu'on a remarqué que le trop fréquent usage de ce grain épaissit extrêmement le sang, engendre le scorbut et les écrouelles, et cause d'autres maladies fâcheuses et populaires.

D'ailleurs il affainéantit les rustiques, et les occupe par préférence à une culture qui leur fait négliger si fort les autres travaux plus rudes, et principalement celui des vignes, qu'on ne trouve pas la moitié des vignerons qui seroient nécessaires.

Cependant le produit de cette espece de grain étant fort casuel, à cause des fréquentes rosées dont il a besoin pendant qu'il est en vert, et du soleil qui lui est nécessaire sur l'arriere-saison pour le mûrir, il arrive souvent que les saisons n'y répondant pas, la récolte en devient très-stérile, ce qui, joint au peu de grains d'autres especes qui se recueillent communément dans la province, réduit souvent les peuples presque à la famine; à quoi l'on ne peut pas suppléer d'une année à l'autre, le blé d'Espagne ne pouvant pas se conserver plus d'un an. Il semble que l'autorité du Roi pourroit être interposée fort à propos pour réformer un si grand abus, en faisant un réglement qui fixeroit un usage plus modéré de cette peste publique. On a envoyé au Conseil, dans ces derniers temps, des mémoires plus étendus sur cette matiere, qui établissent assez solidement la nécessité de remédier à un mal dont les conséquences sont si importantes (1).

---

(1). V. la note III à la fin du mémoire.

Vignobles.

En général autrefois l'Angoumois ne produisoit ordinairement que les grains nécessaires pour la subsistance de ses habitants, même dans les plus grandes récoltes. On étoit obligé, en d'autres temps, de tirer des blés des provinces voisines, et principalement du Poictou. Cette traite est devenue continuelle depuis que les grands plantements de vignes et la culture des blés d'Espagne y ont rendu les grands blés si peu communs, et en particulier les froments si rares, que les marchés en manqueroient sans le secours de nos voisins. Mais cette rareté et les frais des voitures, qui ont augmenté, en soutiennent un prix très-onéreux au public.

Le canton d'Angoumois qui joint la Xaintonge est presque tout en vignobles. Il y avoit autrefois beaucoup moins de vignes dans cette partie de la province, et quasi point dans le reste. L'augmentation du commerce maritime et de la navigation en général, a donné lieu à les multiplier en France; mais l'établissement du port de Rochefort y a particulierement influé, en Angoumois. La facilité d'y descendre les vins et les eaux-de-vie par la riviere, et la grande consommation qui s'y faisoit, surtout dans les temps des travaux, des constructions et des armements, débouchoient une prodigieuse quantité de cette denrée.

Les étrangers, et particulierement les Hollandois, en enlevoient encore infiniment au port de Charente. Les provinces de Limouzin et de Poictou tiroient aussi des vins rosés et des eaux-de-vie qu'ils rouloient par terre à Châtellerault, où on les embarquoit sur la Vienne, pour les faire descendre ensuite par la Loire à Orléans, qui est l'entrepôt pour les faire passer à Paris et en Flandre, et principalement en temps de guerre. L'usage de l'eau-de-vie, presque inconnu à nos peres, étant devenu fort commun dans cette capitale, aussi bien que dans les autres villes du royaume, où on s'en sert à plusieurs choses, et les consommations immenses qui s'en faisoient dans les armées en produisant un grand débit, lui donnoient un grand prix.

L'augmentation des especes ayant excité, en dernier lieu, l'étranger à les convertir en eaux-de-vie, il en est sorti de nos ports au delà de ce qu'on sauroit dire pendant qu'elle a eu cours. Celle de Coignac passant pour la meilleure du monde, on enlevoit sous ce nom toutes celles qui se faisoient dans les différents cantons de la province.

Toutes ces causes concourant au débit et conséquemment au prix excessif de la denrée, en sorte que le produit des vignobles excédoit presque à l'infini le revenu des terres labourables, les propriétaires ont été encouragés à la culture des vignes, au point d'y convertir leurs meilleures terres, principalement dans la partie xaintongeoise, qui est de la généralité de la Rochelle. On a fait aussi des plantements dans les autres parties, qui sont dans le Poictou et le Limouzin, et même à l'entrée de cette derniere province, où ils ont réussi malgré les froideurs du climat. On y a même établi des chaudieres à eau-de-vie, et elles sont si fort multipliées dans tous les cantons de la province, même en ceux où elles étoient auparavant inconnues, qu'on peut dire qu'il se fait à présent plus d'eau-de-vie en Angoumois qu'il ne s'y recueilloit autrefois de vin.

Mais les profits des vignobles, qui avoient au passé attiré tant de biens dans la province et enrichi un si grand nombre de familles, commencent à s'éclipser. Les frais de culture des vignes ont plus que doublé par les salaires outrés des vignerons; encore en trouve-t-on à peine pour fournir à leur labourage depuis qu'elles se sont si fort multipliées. Ce n'étoient autrefois que les gros bourgeois et les gens les plus aisés qui tenoient des vignes à leur main ; à présent, presque tous les paysans et simples rustiques en ont planté pour eux-mêmes, ce qui les occupe à leur culture et rend les journaliers pour autrui si rares que le peu qu'il en reste, recherchés de tous côtés, ne donnent la préférence de leur labour qu'à ceux qui le payent à l'excès, ce qui est cause, d'un côté, que ceux qui sont obligés de faire valoir leurs vignobles à force d'argent se trouvent épuisés; que, d'un autre côté, l'impuissance à y fournir tend à la dépérition des vignes des propriétaires les moins aisés.

Le prix des bois est devenu d'ailleurs si excessif qu'il en coûte des frais immenses pour loger et brûler les vins.

Et enfin la trop grande abondance de la denrée se nuisant à elle-même, et le grand nombre des vendeurs, pressés de leurs besoins, s'empressant pour le débit, se porteront à l'envi à lâcher cette marchandise au plus vil prix, de maniere que, selon toute apparence, il arrivera que, distraction faite des frais, le produit des vignes sera enfin plus à charge qu'à profit aux propriétaires (1).

D'un autre côté, se trouvant infiniment moins de terres labourables en culture, et celles qui étoient les plus propres aux grains étant négligées et d'autres remplies de blé d'Espagne, les blés ordinaires deviennent extrêmement rares et conséquemment d'un prix outré, surtout par la nécessité où on se trouve d'en tirer des autres provinces pour la subsistance de celle d'Angoumois.

Comme il ne se trouve plus de bois merrains en Angoumois, et que ceux qu'on tiroit du Limouzin, d'une propriété excellente à cet usage, commencent aussi à manquer, on est obligé de se servir de ceux que les marchands font venir depuis quelque temps de Hambourg, qui sont moins chers, quoique beaux et bons, par le peu de frais du fret, qui n'excede pas le coût des voitures ordinaires du premier; mais c'est aussi un argent qui sort du pays pour n'y plus rentrer.

Ce qui avoit rendu la situation et l'état du royaume jusqu'à présent si florissants, c'est que son heureuse disposition le mettoit en termes de se passer de ses voisins, et que les étrangers étoient au contraire obligés de venir chercher dans son sein les choses qui leur étoient nécessaires. Ils apportoient dans nos ports leurs trésors, leur or et leur argent tout monnoyés. Un bonheur si distingué seroit suivi d'une

(1) V. la note IV à la fin du mémoire.

triste révolution si nous nous trouvions engagés, à notre tour, de leur porter notre fortune pour tirer d'eux les grains et les bois que l'excès outré de nos vignobles auroit épuisés en France. On fait ici cette réflexion générale pour tout le royaume, parce que l'état présent de toutes les provinces où il se recueille des vins y conduit.

Il a été proposé, dans ces derniers temps, de prévenir un si grand mal en réduisant l'excès immodéré du plantement des vignes. L'abus en étant universellement reconnu, il n'est question que des moyens qu'on doit employer pour le réformer.

Cette attention n'est pas nouvelle. L'ordonnance de Charles IX de 1567, et celle de Henri III du mois de novembre 1577, y pourvoient en réduisant les plantements des vignes au tiers des terres, et en les défendant dans les lieux propres aux pâturages. Si dans des temps où la consommation des boissons étoit infiniment moins grande qu'aujourd'hui et l'usage des vignes presque inconnu, on a pu penser qu'une entiere liberté d'en planter pourroit amener une diminution dangereuse sur la culture des blés, que ne doit-on pas craindre à présent des suites de cette même liberté dans des pays où les vignobles, de nos jours, excedent l'étendue des terres labourables ?

Le parti d'ordonner l'arrachement des vignes plantées depuis quinze à vingt ans, dont le bruit s'étoit répandu, n'est pas proposable. Il renfermeroit une injustice criante à l'égard des particuliers qui, sur la bonne foi publique, ont cru pouvoir changer la surface de leurs biens, et entraîneroit la ruine d'un grand nombre de familles, propriétaires de vignes, qui, après s'être épuisées pendant une longue suite d'années, tant par la cessation du revenu de leurs terres que par les grandes dépenses où les plantemens et cultures de leurs vignes les ont jetées, se trouveroient tout d'un coup privées d'un produit capable de réparer leurs pertes, et sur l'espérance duquel elles s'étoient engagées à des avances si ruineuses.

L'hiver de 1709 ayant d'ailleurs emporté presque toutes les vieilles vignes, et ce qui en étoit resté ayant été en partie arraché à cause de leur peu de produit, pour en planter de nouvelles plus revenantes, depuis que le grand débit et le prix de la denrée en ont fait rechercher l'abondance, on sent assez qu'une loi destructive, en introduisant un remede pire que le mal même, tendroit à priver l'État d'une de ses plus utiles ressources.

Celui d'assujettir les plantemens de vignes aux terroirs qui y sont propres sembleroit le plus naturel s'il étoit possible d'en bien déterminer l'exécution; mais les discussions infinies dans lesquelles il faudroit entrer pour connoître les terres de cette qualité, le grand nombre des commissaires qu'on seroit obligé d'employer à cet égard pour en déclarer la consistance, et les doutes raisonnables sur la probité ou l'intelligence de tant d'arbitres, font évanouir l'idée d'un tel projet.

Un réglement général, qui fixeroit le nombre des arpents ou journaux de terre que chaque particulier pourroit planter en vignes à proportion de l'étendue de ses domaines, seroit sujet à une infinité d'inconvénients, soit à cause des différentes qualités des terroirs, soit par les mutations fréquentes qui surviennent dans la propriété des biens, ou enfin par le grand nombre de gens qu'il faudroit employer pour arpenter et mesurer successivement et perpétuellement les terres de chaque particulier, ce qui tendroit continuellement à gêner la liberté publique sur le commerce des ventes et achats, échanges et aliénations des fonds de terre, par la crainte de tomber dans la prohibition de la loi, et procureroit, par une conséquence nécessaire, une diminution du prix et de la valeur d'une nature de biens qu'il est de l'intérêt public de soutenir, surtout dans une province où elle forme la seule richesse réelle des particuliers.

Il ne paroît donc rester qu'un seul expédient pour arrêter le cours du mal qu'on voudroit éclipser, ce seroit d'interdire les plantements de vignes en Angoumois, ou peut-être même dans toutes les autres provinces de vignobles, pendant sept années, à compter depuis la derniere feuille, avec injonction d'arracher les broches qui ont été mises depuis, en vue d'éluder par avance la disposition d'une loi dont le bruit s'étoit répandu depuis quelques mois, sauf encore à proroger la défense s'il convenoit de l'ordonner après ce délai.

Ce tempérament arrêteroit la continuité du désordre, fixeroit l'état public, mettroit les particuliers en regle, et, en arrêtant la licence effrénée des plantements de vignes, assureroit d'un côté la culture des grains nécessaires à la vie de l'homme, et redonneroit, d'un autre, prix et valeur aux vignobles, dont l'augmentation se trouveroit interdite, et soutiendroit celui d'une denrée qui fait notre richesse, et que nous aurons d'autant plus d'intérêt de soutenir que c'est principalement à l'étranger que le débit s'en fait.

Bestiaux.

Il s'éleve dans les châtellenies de la Rochefoucauld, Confolant et Chabanois, situées dans la partie de l'Angoumois qui avoisine le Limouzin, du gros bétail que les marchands de cette derniere province enlevent ensuite dans les foires du pays, pour les conduire chez eux, où ils l'engraissent pour Paris, ce qui étoit la principale ressource, pour ne pas dire la seule, de ces cantons; mais depuis la diminution des especes, Paris se fournissant de bœufs étrangers, que les marchands de cette capitale, aussi bien que ceux de Normandie, font venir de Hongrie et d'Irlande, ce commerce, qui s'étoit fort soutenu les dernieres années, est presque entierement tombé.

On y éleve aussi quelques chevaux de même qualité que ceux du Limouzin, principalement dans les extrémités de ces deux dernieres châtellenies, qui y sont contiguës. On connoît la bonté et beauté des chevaux du Limouzin, qui passent avec raison pour plus commodes et de plus grande ressource que ceux de tous les autres pays de France. Ils veulent être attendus, ils ne sont bons qu'à l'âge de sept ans; mais ils durent ensuite plus que les autres. Les chevaux que le Roi y avoit envoyés autrefois pour servir de haras, et dont quelques-uns avoient été distribués dans cette partie de l'Angoumois, n'étoient pas propres pour le pays; il y faut des étalons déchargés. Les barbes et les chevaux d'Espagne, joints aux juments du Poictou, y forment des poulains qui réussissent bien. Les haras ayant été fort négligés dans les derniers temps, ont besoin d'être rétablis, ce qui seroit important et très-utile à faire. Le reste de la province ne produit d'ordinaire que des chevaux dégénérés et de mauvais service, et de foibles bidets, avec quelques petits mulets du côté qui joint au Poictou.

Safrans.

Il se faisoit autrefois un commerce assez considérable de safrans en Angoumois, principalement dans le canton qui tire vers le Poictou; mais depuis que l'on s'est avisé d'en planter en Bourgogne, dans l'Orléanois et autres provinces où la production en étoit auparavant ignorée, que l'hiver de 1709 en a fait périr presque toute la gousse, et qu'on s'est adonné, dans la province, à la culture des vignes et des blés d'Espagne, celle des safrans n'y est plus d'un si grand objet.

Commerce du sel.

Il se faisoit aussi un grand trafic de sel et de bois merrains, qui continue encore en partie au faubourg de l'Houmeau sous Angoulesme, mais seulement par entrepôt, à l'occasion de la tête de la navigation de la Charente, puisque l'une et l'autre de ces marchandises se tirent des provinces voisines, c'est-à-dire le sel de Xaintonge et le merrain du Limouzin. Les voitures de cette derniere province conduisoient les bois merrains dans les chais de ce faubourg, situé sur le port de la Charente, par où on les faisoit descendre dans la partie de l'Angoumois qui est de la généralité de la Rochelle, et en Xaintonge par les bateaux ou gabares, qui en remontoient avec leur charge de sel, dont les voitures limouzines se chargeoient à leur tour, soit sur des charrettes, soit sur des mulets ou autres bêtes de charge, ce qui donnoit lieu aux marchands de ce faubourg de commercer sur le tout et contribuoit en même temps à la richesse de la ville.

Cet entrepôt s'est affoibli depuis quelques années et semble avoir été porté à la petite ville de Jarnac, sur les confins de l'Angoumois et de la Xaintonge. Les conducteurs de bois merrains du haut Limouzin ont quitté en partie la route d'Angoulesme, qu'ils laissent à gauche pour percer jusqu'à Jarnac, où le voisinage des plus grands vignobles leur fournit l'occasion d'un débit plus prompt et plus utile, et où ils se chargent en même temps de sel à bien meilleur marché qu'à Angoulesme, ce qui les dédommage avec usure de quelques lieues de plus qu'ils sont obligés de faire par cette route. La profondeur des eaux, qui regne toujours depuis le port de Jarnac, à cause que la Charente y est plus proche de son embouchure, les rendant fortes en tout temps et capables de porter continuellement bateaux, y fait abonder les sels, qui, y étant transportés aussi de moins loin, se trouvent affranchis de plus de droits de coutume et coûtent moins de frais, ce qui met les marchands de ce lieu-là en termes de les donner à meilleur marché que ne peuvent faire ceux d'Angoulesme, où les gabares communes ne peuvent monter qu'avec une nouvelle dépense et pendant une partie de l'année seulement.

Les marchands de Jarnac et de la basse Charente se sont encore avisés, dans ces derniers temps, de faire construire des gabares à sel d'une grandeur démesurée, et qui portent jusqu'à quatre-vingts muids et plus, au lieu qu'elles n'étoient ordinairement que de seize à dix-sept. Ceux d'Angoulesme ne sauroient faire les mêmes changements aux leurs, qui ne remonteroient pas à cause de la foiblesse des eaux de la haute Charente. On est obligé de s'y servir de celles de l'ancienne capacité, qui ne sont que de soixante-dix à soixante-quinze pieds de longueur et de douze à treize pieds de largeur; encore est-on obligé très-souvent de les faire tirer ou alléger pour arriver.

Cette nouveauté donna lieu, il y a deux ans, à M. le prince de Talmon, de se plaindre au Conseil de ce qu'on fraudoit, par ce moyen, le droit de péage qui lui est dû, dans le parcours de vingt lieues, à raison de quatre sols six deniers pour chaque gabare ou bateau plat chargé de sel remontant la Charente et passant les ponts de sa terre de Taillebourg, et à demander que ce droit fût augmenté de vingt sols par muid.

Les marchands d'Angoulesme se sont joints à la

demande de M. le prince de Talmon, ou du moins ont fait faire, à cette occasion, leurs remontrances, qui consistent à dire que les marchands de Jarnac, Coignac, Xaintes et autres de la basse Charente, s'affranchissant, par cette entreprise, des deux tiers ou plus des droits de ce péage, se trouvent en état de livrer leurs sels à beaucoup plus bas prix que ceux d'Angoulesme, qui ne peuvent employer que des bateaux de l'ancienne grandeur, c'est-à-dire de la contenance de vingt muids au plus, ou de trente-cinq à quarante tonneaux en descendant et de vingt à vingt-quatre tonneaux en remontant, dans le temps des plus fortes eaux, ou du tiers moins lorsque les eaux sont basses.

Et dans la vue de parvenir à faire réduire une chose qui leur est si préjudiciable, ils ont ajouté, dans leur mémoire, que l'augmentation proposée, de vingt sols par chaque muid de sel excédant le nombre de vingt, qui est la charge commune, et la plus ordinaire des bateaux, remédieroit aux fraudes pratiquées non-seulement contre les droits du seigneur de Taillebourg, mais encore contre les droits du Roi, par rapport au parisis dû sur les péages, dont la perception doit aussi augmenter à proportion de la contenance de la gabare.

Et ils ont enfin observé que cette juste augmentation rétabliroit l'égalité entre les marchands d'en haut et d'en bas, rendroit le débit du sel plus uniforme et plus étendu, plus généralement utile, et que son prix plus proportionné remettroit les choses dans leur premier état, dont elles n'ont été tirées que par le changement survenu depuis peu d'années seulement par l'entreprise abusive de quelques particuliers.

Navigation de la Charente (1).

On peut dire ici, à ce sujet, que la négligence publique à contenir le cours de la Charente, depuis Angoulesme jusqu'à Jarnac, où l'écoulement en est trop rapide, peut-être depuis la trop grande démolition de plusieurs pas, avances, chaussées et écluses, faite en exécution d'un arrêt du Conseil du 30 août 1662, et d'une ordonnance trop étendue, de M. Lejay, du 30 juin suivant, borne la navigation de la capitale de maniere à y interrompre pendant les deux tiers de l'année tout le commerce qu'il s'y peut faire. Il semble que l'autorité du Roi pourroit être fort essentiellement interposée pour remédier à un si grand inconvénient, en faisant rétablir des chaussées et empellements tant au-dessous qu'au-dessus d'Angoulesme, pour retenir les eaux en certaines saisons, jusqu'à l'embouchure de la Touvre et plus haut; ce qui ne pourroit être que d'une médiocre dépense et d'un objet fort inférieur, tandis que le haut Angoumois en général et la ville d'Angoulesme en particulier en retireroient un grand avantage.

On ne sauroit porter trop avant la tête des navi-

---

(1) On peut consulter sur cette question l'excellent article qui lui a été consacré par Munier dans son *Essai d'une méthode générale propre à étendre les connoissances des voyageurs*, l'important travail publié par notre compatriote M. Henri Chaloupin, avocat, sous ce titre : *De la navigation de la Charente* Angoulême, impr. Nadaud, 1861, in-4), et la note 1 à la fin du mémoire.

gations. Le commerce se répand par ce secours dans les climats les plus éloignés des ports maritimes ; il produit et entretient l'abondance dans les lieux les plus ingrats ; il fertilise la stérilité même ; et les rivieres, devenues navigables, débouchent à peu de frais les denrées et les marchandises du plus difficile transport, dont les pays qui en regorgent se trouvoient auparavant chargés par le manquement du débit. C'est ainsi que l'industrie et le travail des hommes, en aidant à la nature, ont suppléé à ses défauts. Des nations entieres, se trouvant contraintes par la nécessité de s'établir en des pays qui ne sembloient propres qu'aux demeures des bêtes les plus sauvages, y ont construit et multiplié dans la suite les plus belles villes, y ont attiré le commerce le plus florissant, et y ont fait abonder en même temps tout ce que la diversité de la nature produit dans les différentes parties du monde, et qu'elle sembloit refuser à la dureté de leurs climats particuliers. D'autres nations les ont imitées, et chacune, à l'envi, ouvrant de tous côtés le sein de la terre et creusant des canaux pour faciliter le cours des eaux, les peuples les plus éloignés se sont communiqué avec plus de liberté les choses nécessaires à leurs besoins réciproques ; les commodités de la vie s'en sont augmentées en même temps que les richesses publiques. Ces avantages et des facilités ont animé, de nos jours, le travail des hommes, excité et perfectionné leur industrie, et donné des moyens de faire sa fortune que ceux qui ont vécu avant nous ne trouvoient pas.

Ces réflexions générales sur le commerce universel, devenu plus étendu par le cours des nouvelles navigations, influent sur le commerce intérieur du royaume, qu'on a aidé, sous les deux derniers regnes, et principalement par les fameux canaux de Briare et de Riquet, l'un pratiqué pour la jonction de la Loire à la Seine et l'autre pour celle des deux mers.

Elles conduisent aussi à faire sentir de quelle utilité seroit, en particulier à l'Angoumois et aux pays circonvoisins, la perfection de la navigation de la Charente, qui est encore comme brute et embarrassée en remontant de Jarnac à Angoulesme. On ne peut s'empêcher d'avouer que l'augmentation de cette navigation proposée par les agents de M. le duc de la Rochefoucauld jusque vers les confins de l'Angoumois et du Poictou tendroit à un très-grand bien, et qu'il est à désirer que ce projet, qui paroît n'avoir été que suspendu par des obstacles passagers, puisse avoir son exécution en des temps plus favorables.

Pour revenir aux droits de péage sur le sel, encore que leur perception en soit onéreuse au public et défavorable, que la plupart des concessions en aient été révoquées, que les seigneurs prétendant ces sortes de droits aient été assujettis en différents temps à la représentation et vérification de leurs titres, avec défenses cependant de les percevoir; que les réformations en aient supprimé une partie, restreint ou commué en argent les autres, néanmoins, lorsqu'ils ont pour objet l'entretien des ponts et chaussées, ports et passages, ou qu'ils ont été établis en vue des secours qui sont prêtés pour la remonte des gabares qui sont chargées de sel, et qu'ils se trouvent établis sur des titres en bonne forme et confirmés par une possession constante, ils doivent être regardés d'un meilleur œil.

Ceux que le seigneur de Jarnac fait lever sous son château de ce nom, les religieux bénédictins de la congrégation de Saint-Maur à leur terre de Bassac, et les seigneurs de Sainte-Hermine et de la Mothe-Charente aux pas de Charente, près de leurs maisons, sont de cette qualité. Toutes les fois qu'on a voulu les contester à ces seigneurs, ils y ont été maintenus par des arrêts, et l'on croit que pour aucun d'eux il n'y aura lieu de satisfaire à l'arrêt du Conseil du 29 août 1724, qui ordonne la représentation des titres des droits de péage, pontonnage et autres de cette nature. Le réglement fait le 30 juin 1663 par M. Lejay, lors intendant de la généralité de Bordeaux, qui fixe le tarif de ces droits, énonce un arrêt du 30 août précédent, qui les confirme ainsi que ceux de quelques autres seigneurs.

Suppression de la gabelle en Angoumois.

La gabelle n'a jamais eu lieu en Angoumois. Les Rois y faisoient seulement lever autrefois un droit de quint, qui consistoit en la cinquieme partie du prix que le sel valoit par commune estimation de marchand à marchand; le bureau en étoit établi à Cognac.

Ce droit, comme domanial, passoit, avec les autres droits du domaine d'Angoumois, aux princes étrangers, apanagistes ou usufruitiers, lorsque la province leur étoit délaissée à ces titres.

On levoit dans les circonvoisines, où la gabelle n'étoit point établie, un droit de cinq sols pour livre, qui se prenoit sur les marchands revendant sel. On avoit augmenté ce droit en 1537 de deux sols six deniers par livre, et on l'appeloit depuis, dans ces provinces, le quart et demi.

Le droit de quint fut aussi augmenté en même temps d'un tiers en sus en Angoumois, et fut perçu ensuite sous le nom de quint et demi-quint.

Les fermiers, régisseurs ou jouissant du quart et demi, dans les provinces circonvoisines d'Angoumois, ayant voulu en étendre la levée en différents temps dans cette derniere, les habitants s'y seroient toujours opposés en justice, et auroient été perpétuellement maintenus dans le privilege particulier de ne payer d'abord que le droit de quint, et dans la suite de quint et demi.

L'édit de 1540, en supprimant les droits de quart et demi, assujettissoit les pays où ils étoient auparavant perçus à l'uniformité des droits généraux sur le sel, comme l'étoient les autres provinces du royaume sujettes à la gabelle, ce qui causa des mouvements en Poictou, en Xaintonge et dans quelques îles maritimes sur les côtes de ces provinces; mais l'émotion ne passa point alors jusqu'en Angoumois.

Les édits du mois d'avril 1541 et 22 mars 1542 confirmerent ce même établissement.

En 1548, les gabeleurs ayant commis une infinité de vexations sur les peuples de ces provinces, les Pittaux ou paysans de la campagne s'éleverent contre eux sur les confins de la Xaintonge et de l'Angoumois, où ils formerent une troupe sous le nom du Coronal de Xaintonge, composée de quarante ou cinquante mille hommes qui commirent de grands désordres.

Quelques chefs de ces mutins ayant été pris et conduits à Angoulesme, où on n'avoit pris aucune part à ces émotions, tous les soulevés s'assemblerent avec leurs autres chefs devant la ville, dont les habitants, dépourvus d'armes et de munitions, furent obligés, malgré leur zele pour le service du Roi, de remettre les prisonniers, après une espece de siége ou blocus de quelques jours.

Ce soulevement fut suivi d'un plus grand en Guyenne, et particulierement à Bordeaux, où la révolte fut vive de la part du peuple.

Après quelques séveres punitions des plus coupables, tout fut pacifié en Guyenne, Xaintonge, Angoumois et autres lieux sur la fin de la même année.

Au mois de septembre 1549, le roi Henri II supprima les droits de gabelle, les bureaux et greniers à sel qui avoient été établis en Poictou, Xaintonge, ville et gouvernement de la Rochelle, en 1542, et y laissa seulement subsister le droit de quart et demi, tel qu'il s'y levoit auparavant. Au mois d'octobre suivant, Sa Majesté accorda des lettres d'abolition et d'amnistie générale pour tous les lieux où la sédition s'étoit répandue.

Le même Roi, par son édit authentique donné à Fontainebleau au mois de décembre 1553, vendit et aliéna aux habitants des pays qui se fournissoient de sel des marais salants de Poictou, Xaintonge, Guyenne et îles adjacentes, le droit de quart et demi, et en particulier à ceux d'Angoumois le droit de quint et demi-quint, le tout pour les causes y contenues et moyennant une très-grosse finance, qui avoit été réglée avec les députés de ces provinces par un arrêt du Conseil du 6 novembre précédent et de laquelle le clergé et la noblesse payerent la tierce partie et le tiers-état les autres deux tiers. En conséquence de quoi, tous droits de gabelle et autres sur le sel y furent éteints, et l'Angoumois et autres pays adjacents en demeurerent exempts et affranchis pour toujours.

Abonnement des nouveaux droits en Angoumois.

La province a aussi abonné les droits de courtiers-jaugeurs et ceux d'inspecteurs aux boucheries et aux boissons dans la partie qui est de la généralité de Limoges, moyennant la somme de 28,500 livres payables par chacun an pour l'Élection d'Angoulesme pendant le cours de six années, suivant l'arrêt du Conseil du 19 janvier 1723.

Les motifs de cet arrêt ont été que si l'établissement de ces sortes de droits avoit eu lieu dans la généralité de Limoges, la perception qui s'en seroit faite auroit infiniment troublé le commerce des bestiaux et des vins et eaux-de-vie; qu'il étoit également du bien et de l'avantage de l'État aussi bien que des habitants de cette généralité en particulier que ce commerce ne fût point interrompu par une multiplicité de droits de commis et de bureaux, qui, loin de procurer au Roi le secours qu'il attend du rétablissement de ces droits, auroient consommé la plus grande partie de leur produit par les nouveaux établissements qu'il auroit fallu faire à ce sujet; que, dans les différents temps de la création des offices auxquels ces droits avoient été attribués, Sa Majesté auroit bien voulu, sur de pareilles représentations, décharger ces mêmes habitants de la perception de ces droits et les admettre à payer des sommes de deniers pour leur suppression, et que, désirant encore aujourd'hui donner de nouvelles preuves de leur zele, ils supplioient Sa Majesté d'ordonner cette suppression sur leurs offres de l'abonnement prédit, ce qu'il lui avoit plu d'accorder. C'est à M. de Breteuil, lors intendant de la généralité de Limoges, que la province a l'obligation d'un arrêt si favorable, rendu sur son avis.

Mais la partie de la même province qui est de la généralité de la Rochelle ne jouit pas du même bonheur. L'établissement de ces nouveaux droits y a eu lieu aussi bien que dans le reste de la généralité, et la perception s'y est faite dans toute son étendue. On ne sauroit exprimer les maux qu'elle y cause, principalement par le préjudice qu'elle porte au commerce des vins qui s'y recueillent et des eaux-de-vie qui s'y font, ce canton étant presque tout en vignobles. La liberté, qui est l'âme du trafic, en est absolument gênée; les difficultés et les inconvénients des transports, embarrassés par la nécessité des acquits qu'on est souvent obligé d'aller chercher au loin, et qui ne sont ordinairement livrés que pour vingt-quatre heures, font échouer quantité de ventes; les vexations des commis, la dureté des préposés et l'exemple de plusieurs particuliers ruinés par des condamnations d'amendes qui excedent leurs biens, découragent les commerçants et rebutent les vendeurs. Cette oppression universelle de la part de ces sangsues publiques empêche le débouché de ces denrées et cause une obstruction dans le commerce le plus utile à la province en particulier et au royaume en général, ce qui, joint aux grosses diminutions imprévues, survenues sans indications graduelles sur les especes, qui y ont porté le dernier coup mortel, l'a fait enfin tomber entierement.

Le Conseil auroit sans doute peine à croire que les commis préposés à la perception des droits d'inspecteurs aux boucheries se sont portés jusqu'à aller dans le secret des maisons des particuliers fouiller dans leurs pots, en tirer les morceaux de chair cuisant pour la subsistance de leurs familles, et en faire des procès-verbaux; chicaner de malheureux journaliers sur la qualité du revin provenant d'eau pure passée seulement sur les râpes après les vins tirés; intimider les gens foibles par des menaces d'instances ruineuses ou de voyages qu'ils seroient obligés de faire pour s'en rédimer; exiger, sous ces prétextes, des sommes d'argent non dues de ceux qui n'avoient pas la force de leur résister, ou de l'ignorance aussi bien que de l'impuissance desquels on se prévaloit, sous le nom et par un mésusage de l'autorité du Roi. M. Amelot de Chaillou, intendant de la Rochelle, a employé celle qui lui est confiée pour réprimer séverement ces abus et ces brigandages toutes les fois qu'ils sont venus à sa connoissance. Mais le public et les particuliers demeurent toujours effrayés sur la perception de ces nouveaux droits, et rien que leur suppression absolue ne peut remédier aux maux qu'ils causent, en quoi l'intérêt du prince peut-être mieux entendu pourroit se concilier très-bien avec le soulagement de ses sujets.

Cependant comme les vins qu'on débite dans la partie de l'Angoumois qui est de la généralité de Limoges, pour le port de Rochefort ou pour le Poictou, et les eaux-de-vie qu'on y fait, soit qu'elles soient vendues à l'étranger pour être transportées par mer, ou qu'elles soient destinées pour Paris par l'entrepôt d'Aigre, entrent nécessairement dans la généralité de la Rochelle et y sont conséquemment assujettis aux nouveaux droits, il arrive que les propriétaires de ces boissons, ayant d'ailleurs acquitté leur portion de l'abonnement par imposition capitée et personnelle, dans la partie limousine de l'Angoumois, se trouvent payer deux fois la même chose, ce qui est également injuste et onéreux.

L'attention connue de M. de Chaillou à procurer le bien du service du Roi et l'avantage public le porteront sans doute à proposer au Conseil la suppression, par abonnement ou autrement, de droits aussi onéreux, lorsque les besoins de l'État et les circonstances des temps le pourront permettre.

Réflexions sur la proposition d'une nouvelle ligne des traites.

Il y a des bureaux de traites foraines établis sur

les frontieres du Poictou et de l'Angoumois, pour le payement des droits d'entrée et de sortie de l'une et de l'autre province; mais comme les marchandises viennent communément de Paris et de Tours, les douanes qu'on acquitte à Sivray, et qui en augmentent le prix, sont pareillement onéreuses à cette derniere province, qui est réputée à cet égard étrangere, quoique quasi au centre du royaume. Une distinction si triste pour ses habitants a eu sans doute son fondement et son principe dans les traités faits avec les Anglois, dans les temps qu'on leur abandonna la Guyenne.

Par arrêt du Conseil d'État du 31 mai 1723, qui a supprimé le bureau des traites de Rochechouart, il avoit été ordonné qu'il seroit constaté une ligne pour la perception des droits des cinq grosses fermes, la plus directe que faire se pourroit, depuis Sivray jusqu'à Tollet, près la Trémouille, le long de la frontiere du Poictou, aux provinces d'Angoumois, de la Marche et du Limouzin, de tous les lieux, paroisses et hameaux, dépendant du Poictou qui se trouveroient situés au delà de la ligne, du côté desdites provinces. Les habitants de ces lieux s'y étant opposés, il fut proposé de tirer une autre ligne depuis Alloue jusqu'à Aunay.

Le motif de ce projet étoit principalement d'empêcher les entrepôts frauduleux, auxquels on prétend que la situation des anciens bureaux donnoit trop de facilité.

Les habitants des lieux qui auroient été compris sous cette nouvelle ligne ont fait leurs remontrances, au contraire, à M. de la Tour, intendant de Poictiers, à qui l'exécution de l'arrêt du 31 mai 1723 étoit adressée ; et les seigneurs des terres que cet établissement intéressoit, et particulierement M. le duc de la Rochefoucauld, ont aussi fait à cet égard leurs représentations au Conseil.

Les raisons qu'on a opposées contre ce projet ont été que l'exemple des paroisses qui dépendoient du bureau de Rochechouart, lesquelles, quoique poictevines, ont été déclarées par l'arrêt étrangeres par rapport aux cinq grosses fermes, semble ne devoir pas tirer à conséquence pour celles comprises sous la ligne proposée, parce que les premieres se trouvant enclavées de toutes parts dans un pays réputé étranger, il a paru du bon ordre de les comprendre dans le même arrondissement pour une plus grande facilité de la perception des droits ; mais il n'en est pas ainsi des dernieres, puisqu'elles ne sont point environnées de pays d'une autre qualité, et qu'elles se trouvent jointes et unies tout de suite et sans interruption, du côté de l'occident, à l'Angoumois et à la Xaintonge.

Les entrepôts frauduleux sont, à la vérité, d'un objet important, et il est de l'intérêt du Roi d'en empêcher l'abus autant qu'il est possible ; mais c'est un inconvénient qui se trouve dans tous les lieux où les traites sont établies. Le changement de limite n'y remédieroit pas dans le projet proposé ; les fraudes y seroient également tentées et pratiquées ; et c'est seulement par l'exactitude des commis, les mouvements des ambulants, l'attention et la vigilance qu'il faut prévenir ce désordre, du moins faire en sorte qu'il ne soit pas trop grand, regle générale à observer pour tous les bureaux, en quelque lieu qu'ils soient situés.

En supposant que les commis feroient comme ils le doivent leur devoir dans les anciens bureaux, les fraudes deviendroient si rares et d'un objet si peu important que leur considération ne devroit pas porter à faire un changement qui tendroit à une multiplicité de dépenses et de frais qui excéderoient le prétendu avantage qu'on espéreroit en tirer.

L'inconvénient des conducteurs de vins, eaux-de-vie et autres marchandises sujettes aux lois qui s'arrêtent sur les confins de la ligne, pour faire passer ensuite leurs voitures de nuit, pourroit également arriver après le nouvel établissement fait comme auparavant, et on ne voit pas par quelle raison la ligne proposée seroit plus respectée par les fraudeurs que l'ancienne.

On ajoutoit, au reste, qu'il ne faut pas se persuader que les entrepôts frauduleux soient aussi fréquents qu'on voudroit le faire croire. Comme ils ne peuvent avoir lieu que par des intelligences avec les habitants des pays de la ferme, et qu'il est de l'intérêt de ces habitants de ne pas laisser entrer et multiplier chez eux des marchandises affranchies en fraude, qui feroient décheoir les leurs de prix, on doit présumer qu'ils ne donnent pas facilement les mains au passage; qu'au surplus, en supposant de l'utilité dans le changement proposé, il semble qu'elle ne sauroit jamais être d'un objet assez important pour porter à détruire un établissement ancien qui a été fait dans son principe en grande connoissance de cause, et dont le renversement se trouveroit contraire à l'ordonnance des traites.

Cette loi ayant distingué les lieux qui seront de l'étendue de la ferme d'avec ceux qui seront réputés étrangers est une espece de titre par lequel il semble que le prince ait voulu comme contracter avec ses sujets, et qui, ayant eu son exécution jusqu'à présent, doit demeurer fixe et permanent pour l'avenir. Les motifs d'y apporter un changement ne sont point nouveaux, et ils pouvoient être d'une égale considération lors de ce premier établissement comme à présent.

Les habitants des paroisses affranchies des droits de la ferme ont sans doute un intérêt sensible de s'opposer à cette nouveauté : les marchandises qu'ils recueillent, y devenant assujetties, diminueroient d'autant de valeur, ce qui, affoiblissant leurs revenus pendant qu'ils demeureroient toujours chargés des mêmes impositions, entraîneroit évidemment leur ruine.

Et, d'un autre côté, les habitants des paroisses poictevines, qu'on prétendoit réputer étrangeres dans l'établissement de la nouvelle ligne, ayant les mêmes raisons d'exclusion du projet qui ont été alléguées par ceux de Sivray, Saint-Quentin et autres dans le même cas, devroient espérer d'être également écoutés.

Les peuples d'en deçà et d'au delà de la vieille ligne avoient vécu de toujours sous la bonne foi de cet ancien établissement; leur commerce réciproque avoit subsisté sous la loi de cette regle; celui qu'ils entretenoient plus loin se soutenoit aussi sur ce pied, et le changement proposé venant à déranger ce commerce, améneroit certainement la ruine de ces particuliers, et conséquemment deviendroit nuisible aux intérêts du Roi.

On représentoit aussi que la nouvelle ligne proposée, qui seroit même différente de celle ordonnée par l'arrêt, n'étant pas tirée sur les confins des provinces du Poictou, Angoumois et Xaintonge, entrant et pénétrant dans les unes et dans les autres, se trouveroit contraire non-seulement aux propres termes de l'arrêt, mais encore à son esprit et à celui du Conseil, suivant lequel les limites naturelles de ces provinces dévoient servir de trace et de regle pour la constater; qu'il ne faut d'autres preuves des inconvénients ou de l'inutilité des projets nouveaux sur ces matieres que l'arrêt même qui ordonne un nouvel établissement, et que la suppression du bureau de Gastebarre qui y est énoncée, et de celui de Rochechouart qui y est prescrite, puisque nonobstant les raisons qui avoient porté à les établir et les motifs qui les avoient laissés subsister depuis vingt ou trente années, on en avoit enfin reconnu l'abus, et que par des considérations imprévues lors de leur établissement et qui ont depuis terminé au contraire, on avoit été obligé de les supprimer.

Et enfin on faisoit remarquer que le trait de la nouvelle ligne n'étoit qu'une proposition hasardée par un simple directeur de bureau de campagne; que si on l'établissoit, suivant son idée, depuis Alloue jusqu'à Aunay, on entreroit dans l'Élection d'Angoulesme, généralité de Limoges, en pénétrant dans le marquisat de Ruffecq, qui seroit traversé et coupé en deux parties presque égales, et en s'éloignant d'autant de la frontiere du Poictou, ce qui rendroit l'établissement projeté bizarre, en différenciant sans cause l'état de ceux qui, habitant et cultivant un même pays, résidant dans une même terre bornée et limitée, étant d'une même province et châtellenie, assujettis à une même juridiction, payant les mêmes droits royaux et seigneuriaux, et faisant le même commerce, doivent continuer de vivre sous les mêmes regles, et être de condition égale pour la perception des droits des cinq grosses fermes, comme pour tout le reste; et qu'on ne pourroit même en bonne regle faire subir une nouvelle loi aux habitants de ce marquisat, non plus qu'aux juridics de la châtellenie de Nanteuil et autres habitants des lieux qu'embrasseroit la nouvelle ligne, par augmentation à l'ancienne, sans les entendre.

Le bureau de ce nouvel établissement qu'on auroit voulu mettre à Nanteuil, qui est le chef-lieu et le centre de la châtellenie de ce nom, tout en Angoumois, paroîtroit bizarrement placé et hors d'œuvre pour une régie de droits qui se sont toujours perçus et doivent encore se percevoir au dedans de l'enceinte de la province de Poictou.

Celui qui est établi de toujours à Aigre se trouve justement placé à portée des principaux lieux où les marchandises sujettes aux droits abondent le plus : ce bourg est précisément situé sur la grande route des voitures et sur les confins des provinces d'Angoumois, Poictou, Xaintonge et autres lieux.

Il est également de l'intérêt du roi, de la ferme, du public et des particuliers de le laisser subsister. Par le changement proposé, ce bureau auroit été transporté ailleurs, ce qui auroit causé un très-grand préjudice au commerce qui se fait à Aigre, qui est comme l'entrepôt naturel pour le trafic des vins et eaux-de-vie, qui passent debout par Châtellerault, pour Orléans, Paris et la Flandre, ou qu'on descend à la Rochelle et à la mer, commerce qu'on a un si grand intérêt de ménager et de soutenir. Le dérangement de ce que l'objet de l'utilité commune a introduit par un consentement unanime de tous les commerçants renverseroit le bon ordre, et, en gênant la liberté du commerce, le feroit absolument tomber.

Ces considérations ont mû M. le Conservateur général à rejeter ce projet, qui auroit causé, s'il avoit eu lieu, un bouleversement universel dans quatre grandes provinces.

On a cru devoir s'étendre ici sur les raisons qui sont contraires à ce nouvel établissement, afin qu'elles se trouvent présentes dans tous les temps où la proposition en pourroit être réitérée.

Changement de la route de la poste.

Il fut proposé, au commencement de l'année 1717, de changer la route de la poste du Poictou en Angoumois, depuis Chaunay jusqu'à Barbezieux, c'est-à-dire que le courrier de Bordeaux, qui a accoutumé de passer par Sausay, Bannieres, Villefaignent, Aigre, Gourville, Saint-Cybardeaux, Villars-Marange, laissant Angoulesme à la gauche en allant à Bordeaux, pour descendre à Châteauneuf, Nonnaville, et ensuite à Barbezieux, auroit passé par Limalonges, Ruffecq, Manle, Pont-de-Churet, Angoulesme et Roullet, et de là à Barbezieux.

Pour établir l'utilité de ce changement, on faisoit voir qu'il y avoit trois postes et demie à gagner, s'en trouvant onze et demie dans cet intervalle de l'ancienne route, et n'y en ayant que huit dans la nouvelle proposée; et on ajoutoit que les chemins de cette derniere sont plus fermes et plus beaux que ceux de l'autre.

Les maires et échevins d'Angoulesme et les habitants du plat pays se joignirent à ceux qui avoient fait cette proposition et représenterent de quelle importance il étoit que la poste passât par cette capitale de la province. Les officiers de justice et les négociants du dedans et du dehors de cette ville firent les mêmes remontrances; mais de quelque utilité que parût ce changement pour le Roi et le public, il ne fut pas néanmoins goûté par M. de Torcy, soit à cause de la difficulté du passage d'Angoulesme, ou parce que le pont de Manle, sur lequel il falloit passer nécessairement, étoit alors emporté.

Quoi qu'il n'y ait pas tout à fait trois postes à gagner, comme on le supposoit, dans ce changement, il est cependant vrai qu'il y en a bien l'étendue de deux.

Les lieux de la nouvelle route par lesquels les courriers passeroient sont communément plus gros et mieux fournis pour les commodités de la course que ceux de la route ordinaire.

Il est vrai que la situation d'Angoulesme étant fort élevée et ses abords assez difficiles, le passage des courriers pourroit être retardé s'ils traversoient la ville ; mais en y établissant une poste, on se proposeroit d'en mettre le bureau au faubourg de l'Houmeau, qui est au-dessous, et de faire tourner le courrier par le chemin bas qui est au bout inférieur de la montagne, pour gagner ensuite le grand chemin de Roullet et Barbezieux, ce qui est très-praticable.

La difficulté du passage de Manle étoit d'un objet plus important avant le rétablissement du pont, mais elle se trouve entierement levée par la construction d'un nouveau, qui vient d'être fini. Rien n'empêcheroit donc à présent un changement si avantageux, et il seroit à désirer que la Cour voulût bien l'ordonner.

Foires d'Angoumois.

Le Conseil de commerce ayant désiré, au commencement de l'année 1718, d'avoir connoissance des différents priviléges qui avoient été accordés en divers temps par nos Rois pour l'établissement des foires franches en plusieurs villes et lieux du royaume, des ordres particuliers furent envoyés à Angoulesme pour faire représenter les lettres patentes de celles d'Angoumois, sur lesquelles et sur les mémoires qui en furent fournis on composa l'état qui suit.

A Angoulesme. — Il y a quatre foires par an :
La premiere à la fête des Rois ;

La seconde le vingt-deux de mai ;
La troisieme le deux juin ;
Et la quatrieme le pénultieme d'août.
La seconde de ces foires dure trois jours ;
Les trois autres un jour seulement.

Ces foires sont franches en ce qu'il ne s'y leve aucun droit qu'un simple péage fort léger sur le bétail, et un autre fort modique sur les cuirs, à prendre sur quelques forains, à cause de la marque. Elles ont été concédées par Louis XII, suivant ses lettres patentes du mois de septembre 1500, confirmées successivement de regne en regne et tant par le feu Roi, en 1644, que par Sa Majesté, heureusement régnante, au mois de juin 1717 (1).

A la Rochefoucauld, ville et chef-lieu du duché de ce nom. — Il s'y tient deux foires par an, qualifiées royales :

L'une à la Saint-Barnabé, 12 juin ; l'autre commence le lendemain de la Notre-Dame de septembre.

Elles continuent trois jours chacune.

A Blanzac, petite ville ou gros bourg, chef-lieu de la châtellenie de ce nom. — Il s'y tient six foires par an :

La premiere le quinze de janvier ;
La seconde le vingt-deux février ;
La troisieme le vingt-cinq avril ;
La quatrieme le six juin ;
La cinquieme le vingt-cinq juillet ;

---

(1) V. la note V à la fin du mémoire.

Et la sixieme le vingt-cinq novembre.

Les seigneurs de Blanzac prétendent que ces foires sont originairement de concession royale. Ils sont en possession de les faire tenir comme telles de temps immémorial, et en portent le droit dans le dénombrement de cette terre, qu'ils rendent au Roi; ce qui a été fait dans le dernier, fourni en 1647 par feu M. le comte de Roussy.

A Chabanois, ville et chef-lieu de la prévôté de ce nom. — Il s'y tient de toute ancienneté seize foires, savoir : douze distribuées en tous les premiers mardis de chaque mois, et quatre autres qui se tiennent les 17 janvier, 20 juillet, 14 septembre et 10 décembre de chaque année.

On prétend que ces foires doivent être censées royales, étant portées dans les aveus et dénombrements que les seigneurs de cette principauté rendirent jadis aux comtes d'Angoulesme, et qu'ils fournissent à présent à la Chambre des comptes.

A Ruffecq, ville et chef-lieu du marquisat de ce nom. — On prétend qu'il n'y a point de foires franches à Ruffecq, mais seulement des foires ordinaires telles qu'on les tient dans les grosses terres des seigneurs, et que néanmoins le droit en a été concédé par nos Rois.

A Aubeterre, ville et chef-lieu du marquisat de ce nom. — Il n'y a point de foires franches ni autres à Aubeterre. Il s'y tient seulement un marché tous les lundis de chaque semaine.

A Confolant, ville et chef-lieu de la châtellenie de ce nom. — Il y a foire tous les seconds mercredis de chaque mois et les veilles de Saint-Barthélemy et de Saint-Michel. On prétend qu'elles ont été concédées par Charles IX.

Aucune de ces foires ne peut être réputée comme franche parce qu'on y leve sur les forains cinq sols par chaque paire de bœufs, ce qui fait partie des octrois établis dans ce lieu.

A Verteuil, petite ville ou gros bourg et chef-lieu de la châtellenie de ce nom. — Il s'y tient des foires tous les premiers mercredis de chaque mois, et encore deux autres, l'une le vendredi devant les jours gras, et l'autre le jour de Saint-Martin.

On ne connoît point l'origine de ces foires, qui sont anciennes, et, pour la découvrir et savoir si elles sont ou non de concession royale, il faudroit fouiller dans les trésors des seigneurs de la Rochefoucauld.

A la Valette, petite ville et chef-lieu de la châtellenie de ce nom. — Il s'y tient une foire chaque premier samedi du mois, outre deux autres foires, l'une à la Toussaint, et l'autre à la veille des Rameaux.

Elles sont très-anciennes et ont été concédées par nos Rois en même temps que la justice.

Ces foires ne sont point franches. On y paye un péage ou droit de plaçage au seigneur, qui est d'une petite somme sur chaque piece de bétail.

A Montauzier, bourg et chef-lieu du duché de ce nom. — Il s'y tient une foire chaque mois, dont la possession est, à ce qu'on prétend, de plus de cinq cents ans; leur ancienneté les fait présumer de concession royale, quoique les titres n'en paroissent point. Ces foires ne sont point franches.

A Montmoreau, petit bourg et chef-lieu de la petite châtellenie de ce nom. — Il s'y tient cinq foires par an :

La premiere le vingt-deux janvier, fête de Saint-Vincent ;

La seconde le troisieme mardi de carême ;

La troisieme le huit juin, jour de Saint-Médard ;

La quatrieme le mercredi d'après le dix d'août, fête de Saint-Laurent ;

La cinquieme le mercredi d'après Saint-Nicolas, en décembre.

Il se tient aussi une autre foire à Saint-Eutrope de Montmoreau le vingt-neuf avril, veille de la fête de Saint-Eutrope,

Et à Saint-Cybard de Montmoreau le premier juin.

Plus, à Chadurie, une autre foire le quinze mai, dans laquelle le seigneur de Montmoreau a portion.

Aucune de ces foires n'est franche, puisqu'elles payent à la seigneurie de Montmoreau un péage sur le bétail et un droit d'étalage.

Les seigneurs de Montmoreau prétendent néanmoins que ce sont des foires royales. Ils les portent comme telles dans les dénombrements qu'ils rendent au Roi, et elles sont employées dans celui qui a été fourni à Sa Majesté le vingt-trois juillet 1666.

A Manot, petit bourg, chef-lieu de partie de la châtellenie de ce nom. — Il s'y tient six foires par an :

La premiere le mercredi d'après Pâques fleuries, au lieu du lendemain jeudi, qui étoit indiqué par l'établissement ;

La seconde le neuf mai ;
La troisieme le seize juin ;
La quatrieme le seize août ;
La cinquieme le quatre octobre ;
Et la sixieme le treize décembre.

Toutes en conséquence des lettres patentes accordées par Henri III, au mois d'avril 1578 (1).

Ces foires sont franches pour les marchandises ordinaires, qui y entrent et en sortent sans rien payer. On y leve seulement un droit de péage au profit de la seigneurie, qu'on prétend être indépendant de celui de foire.

A Seuris, petit bourg, autrefois de la châtellenie de Manot. — Il y a foire tous les seize de chaque mois.

Elles sont fort anciennes et bonnes pour le gros bétail, à cause de l'entrepôt de l'Angoumois et du Limouzin, ce lieu se trouvant situé précisément sur les frontieres de l'une et l'autre province.

Le seigneur y prend quelque droit de plaçage. On prétend qu'il y a eu des lettres de concession en 1645.

A Saint-Aulaye, gros bourg. — Il y a deux foires anciennes qui s'y tiennent :

L'une le jour de l'octave du Saint-Sacrement,
Et l'autre le jour de Saint-Luc.

---

(1) Le plus ancien registre consulaire de la ville de Confolens, qui commence au 1er janvier 1591 et finit au 16 février 1765, contient entre autres documents intéressants, et à la page cotée 42, un extrait du procès-verbal « des lèvement et publication » des foires et marchés de Manot, en date du 16 mars 1579.

Depuis trente ans ou environ, on y a établi une foire chaque premier mardi du mois.

Aucune de ces foires n'est franche; elles sont assez bonnes, à cause du voisinage du Périgord.

On ne sait si les deux premieres, dont l'origine est ancienne, sont royales ou non.

Les dernieres ne sont présomptivement que seigneuriales.

A la Couronne, bourg. — Il y a quatre foires anciennes à la Couronne :

La premiere se tient le mercredi d'après Pâques;

La seconde le onze du mois de mai;

La troisieme le lendemain de Saint-Jean-Baptiste;

Et la quatrieme le lendemain de Saint-Martin.

Il y a une cinquieme foire établie pour se tenir le mardi de chaque semaine, qu'on prétend avoir été concédée par le Roi, il y a environ quarante ans, en faveur des R. P. Jésuites du collége de Clermont, lors abbés de la Couronne. (1)

A Chevanceaux, bourg. — Les seigneurs de Chaux sont en possession de temps immémorial de faire tenir six foires par an à Chevanceaux :

L'une le premier de l'an;

L'autre le premier de mars;

La troisieme le premier mai;

La quatrieme le vingt-neuf de juin;

La cinquieme le vingt-neuf août;

Et la sixieme et derniere le vingt-neuf octobre.

On prétend que ces foires sont royales.

---

1) V. la note VI à la fin du mémoire.

A Montbron, *ville et chef-lieu du comté de ce nom*. — Il s'y tient régulierement une foire tous les mois, outre quelques extraordinaires.

A Marthon, petite ville et chef-lieu de la châtellenie de ce nom. — Il s'y tient des foires ordinaires et extraordinaires en différents temps de l'année.

A Châteauneuf, ville et siége de prévôté royale. — Il y a onze foires, où il se paye quelques droits de péage et de plaçage, outre les marchés assez affluents qui s'y tiennent régulierement tous les jeudis de chaque semaine.

A Jarnac, ville et chef-lieu du comté de ce nom. — Il s'y tient dix foires, en différents temps de l'année, qui sont assez fréquentées à l'occasion de l'entrepôt de l'Angoumois et de la Xaintonge, le lieu se trouvant sur les confins de l'une et l'autre province.

A Boutteville, bourg et chef-lieu de prévôté royale. — Il s'y tient deux foires :

L'une le lendemain de Pâques,

Et l'autre le lendemain de la Pentecôte. Il n'y a point de marchés.

A Montignac, bourg et chef-lieu de la châtellenie de ce nom. — Il s'y tient des foires assez fréquentées presque tous les mois, outre différents marchés.

A Cellefroin et Beaulieu, bourgs. — Il s'y tient diverses foires d'un ancien établissement. Celles de Beaulieu en particulier, qui ont été établies ou renouvelées depuis peu d'années, réussissent assez bien pour le trafic du gros bétail, à cause de la situation, qui est précisément sur les confins de l'Angoumois, du Limouzin et du Poictou.

A Saint-Claud, bourg. — Il s'y tient treize foires par an, savoir :

Une le premier lundi de chaque mois,

Et une la veille de la fête de Saint-Claud, qui est le six de septembre. Les foires sont assez bonnes pour le gros bétail, à cause que le lieu est sur les confins du Limouzin, du Poictou et de l'Angoumois. Il s'y tient aussi des marchés pour les grains, qui sont fréquentés principalement dans les temps que le Limouzin manque.

A Manle, bourg. — Il s'y tient des foires tous les premiers lundis de chaque mois, outre les marchés ordinaires qui s'y tiennent régulierement tous les lundis, et même les jeudis de chaque semaine.

Les marchés sont fréquentés à cause du trafic des grains qui y sont amenés de Poictou, surtout depuis le rétablissement du pont, le lieu se trouvant à portée de cette province pour déboucher ensuite à l'Angoumois et à la Xaintonge.

Au reste, toutes ces foires ne méritent pas ce nom, par rapport et comparaison à celles des autres provinces du royaume. Il ne se débite dans celles d'Angoumois que quelques petites étoffes de laine du pays et du Poictou, de la mercerie et basse quincaillerie pour l'usage des gens de la campagne, quelques grosses toiles ou des chanvres non ouvrés, du grain et du bétail.

On peut dire aussi que presque toutes les foires, ou qualifiées telles, de la province d'Angoumois, à l'exception de celles de la ville d'Angoulesme et de peu d'autres, ne sont proprement que des marchés ; c'est même le langage qu'ont tenu les seigneurs lorsqu'on leur a voulu faire payer des taxes pour confirmation de droit de foires.

Il est vrai que régulierement les seigneurs ne pouvoient établir de foires de leur propre autorité, et qu'il faut des lettres patentes de Sa Majesté pour ce droit ; mais ils ont prétendu que les habitants des chefs-lieux des châtellenies et des endroits les plus propres au commerce s'y assemblant à certains jours pour leur trafic, et les forains y étant attirés pour leur utilité, les seigneurs y trouvant aussi la leur, et celle du public s'y rencontrant également, on n'a pas cru devoir empêcher ces assemblées, qui ont dans la suite été qualifiées du titre de foires par un usage populaire.

La plupart des seigneurs des terres, étant par cette raison dépourvus de titres de concessions, les autres ayant leurs trésors en confusion, ont leurs titres adirés ou transportés ; et quelques-uns s'étant fait de la peine de les représenter, dans l'idée qu'ils ont eue que la demande qu'on leur en faisoit tendoit à taxe ou pourroit d'ailleurs leur causer du préjudice, il n'a pas été possible de vérifier et de fixer les véritables foires royales et franches de la province d'Angoumois.

Il ne reste plus à observer sur cette matiere que deux choses :

L'une, que la multiplicité des foires qui se tiennent souvent le même jour en des lieux assez voisins leur nuit également ;

Et l'autre, que l'usage ancien et ordinaire étant

de tenir souvent les foires les jours de fête, ce qu'il n'est pas même possible d'éviter dans les endroits où elles se doivent tenir quelquefois pendant trois jours consécutifs, ou en différents dioceses, l'ordonnance de Louis XIV qui en interdisoit la liberté se trouve exécutée en certains lieux et transgressée en d'autres, ce qui induit le public en erreur, cause un dérangement et une incertitude nuisibles au commerce, et est contraire à l'uniformité qui doit être gardée dans un État bien policé.

Il semble qu'il importeroit de pourvoir à l'un et à l'autre de ces inconvénients en marquant une regle à laquelle on seroit obligé de se tenir, et en changeant ou supprimant quelques-unes des foires trop voisines qui se tiennent les mêmes jours, et les réduisant à une seule dans le principal lieu.

Mœurs des habitants. (1)

Les habitants de la province d'Angoumois sont taxés en général du vice de paresse. Peut-être parce que le pays y produit assez communément les choses

---

(1) Les mœurs et le caractère des Angoumoisins ont été appréciés dans un grand nombre d'ouvrages. Nous avons entrepris depuis longtemps de faire un recueil des opinions de tous les écrivains qui ont traité ce sujet, et nous avons même, dès l'année 1860, fait imprimer des extraits de cette collection dans un petit journal littéraire de notre ville, sous ce titre : « *Le bien et le mal que l'on a dit d'Angoulême, de l'Angoumois et des Angoumoisins.* » — Ce n'est pas le lieu de donner une liste bibliographique de ces écrivains ; nous nous réservons le plaisir de publier un jour leurs observations, en les contrôlant par notre expérience particulière des hommes et des choses du pays. Nous nous bornerons à citer les auteurs suivants, qui appartiennent à divers titres à la province, et qui, par ce motif, étaient

nécessaires à la vie, ils se reposent sur le secours de la nature, sans s'embarrasser du soin d'y fournir par le travail, défaut assez ordinaire à ceux qui habitent les climats les plus heureux, à la différence des régions où la nature, pourvoyant moins aux besoins des hommes, semble aussi leur inspirer plus d'activité, pour suppléer à l'infertilité.

Ceux qui habitent la partie de l'Angoumois qui avoisine le Limouzin et le Poictou sont les moins laborieux par inclination, ou peut-être parce qu'ils ont moins de force pour soutenir le travail, soit à cause de leur mauvaise nourriture, la plupart ne vivant, une bonne partie de l'année, que de châtaignes, blés d'Espagne et raves, ce qui les rend foibles et pesants, ou par le non-usage du vin, qui y est moins commun et plus cher qu'ailleurs.

Ceux qui avoisinent le Périgord sont plus grossiers, plus pauvres, plus éloignés du commerce et moins excités à l'industrie.

Mais ceux qui cultivent la partie de la province qui avoisine la Xaintonge, et qui habitent principalement les lieux situés le long de la basse Charente

mieux à portée de voir et de juger sainement; ce sont : au XVIe siècle, F. de Corlieu (V. *Recueil en forme d'histoire de ce qui se trouve par escript de la ville et des comtes d'Engolesme*); au XVIIe, l'intendant de Bernage (V. *Mémoire ms. sur la Généralité de Limoges*); au XVIIIe, F. Vigier de La Pile (V. *Histoire de l'Angoumois*), et Munier (V. *Essai d'une méthode générale propre à étendre les connoissances des voyageurs*); dans notre siècle, enfin, J. P. Quénot (V. *Statistique du département de la Charente*), M. l'abbé Michon (V. *Statistique monumentale de la Charente*), et, plus récemment encore, M. Eugène Thiac, membre du conseil général (V. l'art. *Charente*, dans le tome IV de l'*Encyclopédie pratique de l'agriculteur*, publiée par MM. Firmin Didot frères, sous la direction de MM. Moll et Eugène Gayot; Paris, 1861, in-8).

navigable, ou à portée, sont plus actifs, plus ouvriers, plus propres au travail et à l'industrie, et sachant mieux tirer parti de tout que les autres.

Les habitants de la ville d'Angoulesme en particulier passent pour avoir beaucoup d'esprit. Sa situation fort élevée y fait respirer l'air le plus subtil ; mais leur génie, qui a le brillant de la vivacité, n'en est pas moins solide. Il se peut faire seulement que, comptant un peu trop sur les ressources de leur heureux naturel, ils s'attachent moins à le cultiver et à l'embellir par les ornements que peut apporter une étude assidue. Les sciences et les lettres y sont assez négligées. Peu de gens s'y piquent d'être profonds dans leurs professions; cependant on s'y tire assez bien d'affaire, chacun dans son état; et quoique les bibliotheques y soient rares, et encore moins fréquentées, on prétend y être savant sans pédanterie, théologien sans école, jurisconsulte sans chicane, et y avoir du goût pour les belles-lettres sans y donner trop de temps. On s'y pique même de talent pour l'éloquence du barreau et de délicatesse pour celle de la chaire, de critique fine pour les ouvrages de prose et de vers, sans trop s'ensevelir dans la poussiere des cabinets.

Nos peres, plus collés à la lecture, étoient moins superficiels, et, sans témoigner le même dégagement d'esprit que nos génies modernes, s'attachant davantage à l'étude, étoient aussi plus savants. Beaucoup d'auteurs renommés, sortis de cette ville, font foi de cette vérité. Le R. P. dom Romuald, Angoumoisin, religieux feuillant, a écrit savamment sur l'histoire; la cosmographie de Thevet est un ouvrage foncé et solide ; les la Charlonye, les Thomas, et en particulier le sieur Thomas de Girac, ce dernier illustre par sa fameuse querelle contre Costar, étoient dans leur temps d'un grand savoir. Corlieu a écrit à fond l'histoire du pays et en a débrouillé les événements des temps les plus obscurs ; le grand Balzac enfin a fait un honneur singulier à sa patrie par la réputation des beaux ouvrages qu'il a donnés au public (1). Il n'est permis à personne d'ignorer les obligations que lui a la république des lettres. C'est le premier qui a épuré la langue françoise et qui l'a portée à ce point de perfection et à ce degré d'éloquence qui nous a autant élevés sur les autres nations par la force et la majesté de la parole que nous l'avons été par la grandeur et la multiplicité de nos triomphes.

Noblesse d'Angoumois.

Il y a beaucoup de petite noblesse en Angoumois, presque toute sortie de la Maison-de-Ville d'Angoulesme, qui en multiplioit les familles avant la révocation portée par l'édit de 1667.

On n'accuse point la noblesse d'Angoulesme de manquer de zele pour le service de son prince, ni

---

(1) A l'exception de Balzac, il n'est guère d'auteur cité dans les lignes précédentes sur lequel on puisse accepter sans réserve le sentiment de Gervais. Il serait particulièrement impossible de souscrire au jugement qu'il porte sur le cosmographe André Thevet, voyageur si peu scrupuleux dans ses récits que la critique a pu lui appliquer à bon droit ce dicton populaire : « *A beau mentir qui vient de loin.* »

de courage à l'armée ; on la taxe seulement d'un peu trop d'impatience à s'élever aux emplois.

Les gentilshommes de cette province qui prennent le parti de la guerre se rebutent bientôt si on ne les place brusquement ; ce que leurs ennemis leur imputent à orgueil et à légereté. Ceux qui en jugent plus sainement se contentent de dire que leur peu de fortune ne leur permet pas de se soutenir longtemps au service, s'ils ne sont promptement aidés des bienfaits du prince.

Quoi qu'il en soit, il n'est que trop vrai, d'un côté, que la plupart de ces familles, qui étoient peu de chose dans leur origine, ayant tout d'un coup été rendues nobles, ont produit une infinité de gens qui, ne pouvant réparer les brèches de leur fortune par le commerce et les autres ressources, ont demeuré et tombent de plus en plus, en se multipliant et se divisant, dans une honteuse pauvreté ; et on voit, d'un autre, que presque tous ceux qui avoient embrassé la profession des armes se sont retirés après peu d'années dans leurs villages.

Quelques-uns d'eux cependant n'en ont ni moins de vanité, ni moins d'esprit de violence et d'injustice ; ces défauts les caractérisent. Le paysan qui a le malheur de vivre sous leur domination se plaint souvent d'être vexé et maltraité par ces tyranneaux, chose trop ordinaire aux gentilshommes de campagne d'une origine et d'une fortune au-dessous des médiocres. Il n'y a guere que ceux d'une naissance plus illustre, d'une noblesse plus ancienne, et qui ne sont pas pressés par une impérieuse nécessité, qui se comportent dans leurs terres avec la modération et l'équité convenables aux gens de condition. Heureusement pour le pays, il s'y en trouve de ceux-ci.

Seigneurs de terres d'Angoumois.

Il y a peu de provinces en France, d'une aussi petite étendue, dans lesquelles il se trouve d'aussi grandes maisons, et dont un aussi grand nombre de seigneurs de nom tirent leur origine.

C'est peut-être aussi celle du royaume où il y a de plus belles terres, et en plus beaux droits.

Les seigneurs de la Rochefoucauld, dont le nom est trop connu et trop illustre pour qu'il soit nécessaire d'en relever ici la grandeur et l'ancienneté, y possedent la duché de ce nom, qui fut érigée en 1622 par Louis XIII; elle étoit auparavant comté, et encore auparavant vicomté.

La terre particuliere de la Rochefoucauld contient vingt paroisses et vaut 10,000 livres de rente.

Le château qui y donne le nom, sur la Tardoüere, fut bâti en 1540, par Anne de Poulignac, veuve de François second de ce nom, et est fort beau. C'est le chef-lieu de toutes les autres terres et de la duché, la maison patrimoniale ancienne et le berceau des seigneurs de ce nom et de leurs ancêtres; mais, quoiqu'il soit richement meublé, ils n'y font pourtant pas leur résidence actuelle lorsqu'ils sont dans la province. Il y a à l'entrée de ce château une tour plus respectable par son antiquité que d'usage dans sa construction; on ignore par qui elle fut bâtie; on juge seulement que c'est un reste de l'ancien château. Il paroît que sa solidité l'a garantie de l'injure des temps, et qu'elle fut jadis élevée plutôt pour la défense et la sécurité que pour l'ornement. Le château domine la ville du même nom, qui est la plus considérable de la province après Angoulesme et le siége de la duché; elle contient environ 450 feux, y compris quelques hameaux, qui forment trois paroisses, néanmoins sous un seul et même rôle.

La ville de la Rochefoucauld, à quatre lieues d'Angoulesme, étoit plus riche et plus considérable avant la révocation de l'édit de Nantes qu'elle n'est à présent. Il y avoit beaucoup de familles religionnaires fort aisées, qui ont passé dans les pays étrangers, depuis que le libre exercice du calvinisme a été interdit en France; quelques-uns de leurs parents, qui y résident encore, leur font tenir leurs revenus. Le reste des habitants n'est que du bas peuple, appauvri par l'excès des impositions, qui y ont continué; au surplus, gens fort inquiets, brouillons et chicaneurs à l'excès, et se faisant naturellement une continuelle guerre. Il s'y fait un commerce de tannerie, et les marchés de grains y sont assez affluents à cause de l'entrepôt du Limouzin.

Verteuil, qui est une baronnie composée de neuf ou dix paroisses, à la tête desquelles est la petite ville de ce nom, à sept lieues d'Angoulesme, est composée de 100 feux. Les habitants en sont communément pauvres; il ne s'y fait aucun commerce; et le peu de foires qui s'y tiennent ne sont pas fort fréquentées. Cette terre seule ne vaut pas plus de 5,000 livres de ferme.

Le château de Verteuil, qui domine la ville, sur la Charente, est la maison de plaisance des seigneurs de la Rochefoucauld, qui y font leur résidence ordinaire lorsqu'ils sont en province. Ce château est ancien et d'une structure fort irrégulière, mais on l'a néanmoins rendu très-logeable par les appartements qu'on y a ménagés et les commodités qu'on y a pratiquées dans les derniers temps, quoique sans suite. On y a entre autres ajouté une galerie neuve et un salon magnifique, dans lesquels sont placés les portraits des seigneurs de cette maison, dans l'ordre qui suit.

Ordre observé pour les portraits des seigneurs de la Rochefoucauld, placés et servant d'ornement dans le magnifique salon du château de Verteuil et dans la galerie.

Le 1er. Sans nom, ayant au-dessus la représentation de la Merlusine, qu'on croit avoir été Aymard de la Roche, fils puîné d'Hugues Ier, comte de Lusignant et de Mello, dite la Merlusine.

Le 2me. Aussi sans nom et sans armes, qu'on croit avoir été le fils dudit Aymard.

3. Foucault Ier.

4. Guy Ier, mort en 1060(1).

---

(1) Les dates indiquées sur cette liste sont souvent hasardées. Ainsi, nous ne savons d'après quel titre ou quel auteur Gervais place la mort de Gui Ier en 1060. Toujours est-il que cette même année Gui Ier fondait, près de son château de La Roche, le prieuré de Saint-Florent, avec ses enfants Gui et Arnauld, et son frère Adhémar.

5. Guy II, mort en 1080 (1).
6. Guy III, mort en 1120 (2).
7. Guy IV, mort en 1170 (3).
8. Foucault II, mort en 1198 (4).
9. Guy V, mort sans enfants en 1244.
10. Emery Ier, mort en ... (5).
11. Guy VI, mort en 1295.
12. Emery II, mort en 1297 (6).
13. Guy VII, mort en 1344 (7).
14. Emery III, mort en 1362.
15. Guy VIII, mort en 1392 (8).
16. Guy IX, mort en 1427 (9).

(1) Gui II n'était pas mort en 1080, puisque, selon le P. Anselme, il assista en 1081 à un accord que les religieux de Saint-Florent de Saumur passèrent avec ceux de Saint-Martial de Limoges.

(2) Nous avons rétabli, d'après le P. Anselme, cette date, qui manque dans le texte.

(3) Nous ferons pour Gui IV la même observation que pour Gui Ier. Nous ne savons pour quelle raison Gervais place la mort de ce seigneur en 1170. Besly, dans son *Histoire des comtes de Poitiers*, dit que Gui assista cette année-là, avec d'autres seigneurs, à la dédicace de l'église de Saint-Amant-de-Boixe.

(4) Cette date s'applique non à la mort de Foucauld II, mais à la bataille de Gisors, où il fut fait prisonnier. Il était en liberté en 1200, et assista au contrat de mariage de Jean, roi d'Angleterre, avec Isabelle, comtesse d'Angoulême.

(5) Nous ignorons la date de sa mort. — Toutefois, il fit son testament en 1244 et son codicille en 1249.

(6) Date rétablie d'après le P. Anselme.

(7) Nous ne savons à quelle époque il mourut, mais il fit son testament en l'année 1344.

(8 et 9) A. Du Chêne et le P. Anselme ne placent entre les années 1362 et 1427 qu'un seul degré de filiation, représenté par Gui VIII. Le Laboureur, au contraire, pense que du mariage de Gui VIII avec Jeanne de Luxembourg vint Gui IX, qui fut institué héritier par le testament de

17. Foucault III, mort en 1431 (1).
18. Jean, qui épousa Marguerite de la Rochefoucauld, héritiere de Verteuil, et réunit par ce mariage les deux branches et les deux terres, mort en 1471.
19. François Ier, mort en 1516.
20. François II, mort en 1533.
21. François III, mort en 1572.
22. François IV, mort en 1591.

Au fond de la galerie est le portrait du cardinal de la Rochefoucauld.

Dans le salon sont ceux des trois derniers seigneurs décédés.

Les issues de Verteuil, connues sous le nom de parc de Vauguay, ont des beautés naturelles qui surpassent peut-être tout ce qu'on peut voir en France. Le parc, d'une étendue des plus spacieuses, s'est trouvé contenir un terroir très-propre à élever des arbres, et les plants de charmilles et d'autres especes y ont si bien réussi qu'il n'y en a point ailleurs d'une semblable hauteur, de si belle tige et de si bien fournis. On y entretient aussi une orangerie superbe.

Le parc de la Tremblaye, qui y joint, est une forêt entiere, brute, toute enfermée de hauts murs, dans laquelle il y a nombre de bêtes; les arbres en sont aussi forts beaux. Elle est coupée au milieu par une grande allée, dont le point de vue, qui répond,

---

son père de l'an 1392, et qui, après avoir épousé Marguerite de Craon, testa lui-même en l'année 1427.

(1) Il testa en 1466 et mourut peu après.

par d'autres allées plantées, à la porte du château, forme une des plus belles perspectives du monde.

La baronnie de Montignac-Charente, à trois lieues d'Angoulesme, appartenant au même seigneur, contient vingt-quatre paroisses et peut valoir 8,000 livres de revenu. Le chef-lieu du même nom est un petit bourg qui contient, y compris Saint-Étienne, quelque 91 feux; il n'y a que quelques petits cabaretiers et artisans que les foires y entretiennent; le reste est bas peuple et pauvre. Le château est presque tout en vieille masure. Il y a à Montignac de grands ponts sur la Charente, en assez mauvais état.

Saint-Claud, sous le titre de baronnie, est une terre particuliere, quoique dépendante de la Rochefoucauld, qui consiste seulement en deux paroisses, dont les revenus, qui peuvent être de 3,000 livres, se régissent à part.

On ne parle point ici de la principauté de Marcillac, la Terne et autres terres que ce seigneur possede en Poictou, parce que cela n'est pas du dessein de cet ouvrage.

Toutes les terres que M. le duc de la Rochefoucauld possede en Angoumois sont en très-beaux droits et renferment quantité de vassaux. Les revenus en sont presque tous en rentes et agriers, mais les pays en sont communément d'une médiocre bonté et cultivés par les tenanciers les plus pauvres de la province, peut-être aussi parce que les deniers seigneuriaux y sont trop gros, et qu'il ne s'y fait que peu de commerce.

M. le comte d'Uzez, dont il est inutile de relever

ici la naissance illustre, y possede à droit successif maternel le duché de Montauzier, qui comprend huit paroisses assez grandes et peut valoir 8,000 livres de revenu.

Montauzier est un bourg mi-partie avec l'abbaye de Baigne, à neuf lieues d'Angoulesme, en bon pays enclavé à l'entrée de la Xaintonge. Il y a un ancien château.

M. le duc de Saint-Simon, ou madame la duchesse de Saint-Simon douairiere, sa mere, dont le nom est aussi assez connu, y possede le marquisat de Ruffecq, provenu par succession de la maison du sieur de Voluire, ancien gouverneur d'Angoumois. C'est, sans contredit, la plus belle terre de la province. Elle contient trente-quatre paroisses ou enclaves et vaut plus de 15,000 livres de rente.

La ville de Ruffecq, qui en est le chef-lieu, contient 296 feux; elle est située à neuf lieues d'Angoulesme, sur les confins de l'Angoumois et du Poictou. Les habitants y sont actifs et commerçants. Il s'y fait quelque trafic de blés et de toiles de pays, qui sont bonnes. Les marchés y sont affluents, à cause de l'entrepôt de ces deux provinces et de quelque partie de la Xaintonge. Ce lieu, qui devenoit désert à cause des impositions, qui y étoient excessives, commence à se repeupler, même d'assez bonnes familles, depuis que M. de Breteuil lui accorda une grosse diminution sur les tailles, en 1722. Le château est ancien et peu logeable; il est situé sur une assez petite fontaine, connue seulement et renommée par les excellentes truites qu'elle fournit abondamment.

Il y a à Ruffecq un petit couvent de Capucins de six ou sept religieux, et un hôpital fondé et depuis augmenté à l'aide des libéralités pieuses de quelques particuliers.

La forêt de Ruffecq, qui est un peu au-dessous, du côté du Poictou, fut coupée et vendue aux marchands entrepreneurs de Rochefort, il y a environ trente ans; mais comme le fonds en est excellent, elle paroît déjà se garnir d'arbres, qui promettent beaucoup, ce qui, joint à son étendue, qui est considérable, fait espérer que dans un temps donné elle fournira un grand secours, si elle est conservée.

La Rochebeaucourt est une baronnie, partie en Angoumois et partie en Périgord. Le bourg de ce nom est situé à l'entrée de cette derniere province. Le château en Angoumois, à quatre lieues d'Angoulesme, est situé sur la petite riviere de la Lizonne, qui y sépare les deux provinces; il est bâti sur une roche qui en rend les abords fort difficiles. Il a été réparé à la moderne dans les derniers temps, et ses appartements rendus superbes et magnifiquement meublés.

Cette terre, qui comprend quatre paroisses en partie en Angoumois et en partie en Périgord, vaut en son tout 15,000 livres de rente, et a été délaissée sur ce pied à M. le comte de Brassac, qui la possede actuellement en vertu de son contrat de mariage avec Mademoiselle de Tourville. Ce seigneur porte le nom de Galard de Béarn, qui est ancien et illustre; M. le comte de Brassac, son grand oncle, fut gouverneur de Nancy et ensuite d'Angoumois sous Louis XIII.

La terre de Jarnac comprend seize paroisses ou enclaves, presque toutes de grande étendue et généralement situées dans un très-bon pays, le long du cours de la Charente ou à portée de ses ports; elle vaut 25,000 livres de revenu.

La petite ville de Jarnac contient 300 feux. Les habitants sont, en grande partie, des bourgeois et gros marchands, que le commerce des vins et des eaux-de-vie, des sels et autres choses a rendus fort aisés; ils sont presque tous religionnaires et assez difficiles à ramener.

Le château de Jarnac est une des plus grandes maisons de cette province et la mieux tenue; il est dans une très-heureuse situation, sur la Charente, qui le baigne, et a de fort belles issues. On voit sur le sommet du donjon la figure en plomb du combat fait en présence de Henri II, en 1547, entre les seigneurs de Jarnac et de la Châtaigneraye.

Le seigneur de ce nom, qui a épousé l'héritiere et veuve de M. de Montandre, y fait actuellement sa résidence. Il est inutile de parler ici du nom de Chabot, qu'ils portent l'un et l'autre; il n'est permis à personne d'ignorer combien il est illustre.

Jarnac vient d'être érigé en comté par lettres patentes nouvellement concédées.

Le marquisat d'Aubeterre contient vingt-cinq paroisses, situées communément en bon pays, et propres à recueillir du froment, et vaut à présent en son tout 20,000 livres de revenu. On disoit autrefois que cette terre valoit autant de mille livres que le boisseau de froment valoit de sols; elle consistoit presque toute en rentes seigneuriales et en grains;

dont partie a passé par partages ou aliénations en d'autres mains que celles des premiers seigneurs. La terre en l'état où elle se trouve est actuellement possédée par les seigneurs marquis et comte d'Aubeterre, de l'illustre nom d'Esparbez de Lussan, qui en partagent tous les revenus par moitié, article par article, depuis le fameux arrêt de provision du Parlement de Paris du 4 août 1650, intervenu au sujet du partage de la succession de feu M. le maréchal d'Aubeterre. Le marquis, qui représente l'aîné de la maison, jouit néanmoins du château du chef-lieu, et nomme les principaux officiers de justice de la terre. Le comte jouit en particulier du château, comté, justice et terre de Bonnes, qui est une paroisse près d'Aubeterre.

Le château d'Aubeterre, sur Dronne, est vaste et spacieux sans être fort agréable, et auroit besoin de réparations dans le goût présent. Celui de Bonnes, sur la même riviere, quoique moins gros, offre une demeure plus belle; la maison est mieux située pour profiter des beautés de la nature et d'une construction plus moderne.

M. le marquis d'Aubeterre fait peu de résidence en sa terre; sa demeure actuelle est à Saint-Martin en Xaintonge. Monsieur le comte d'Aubeterre, lieutenant général des armées du roi, commandeur de ses ordres et gouverneur de Collioure, est toujours à la cour.

La ville d'Aubeterre, à huit lieues d'Angoulesme, à l'extrémité de la province, contigüe au Périgord, contient 350 feux.

La principauté de Chabanois, possédée par M. le

marquis de Saint-Pouange-Colbert, comprend vingt paroisses, toutes assez grandes, et dans lesquelles il se recueille principalement des seigles. Il s'y élève aussi du gros bétail, dont les habitants font un grand commerce, à cause de leurs passagers; le pays y est d'ailleurs trop froid pour d'autres productions.

Cette terre vaut 15,000 livres de ferme, outre les bois de la forêt, qui ont été dans les derniers temps et sont encore d'un grand produit, à cause de leur douceur qui les rend faciles à fendre et d'une excellente qualité à servir en merrain.

La ville de Chabanois, située sur la Vienne, sur laquelle il y a un pont, est à dix lieues d'Angoulesme, à l'entrée du Limouzin; elle contient 500 feux, y compris les villages. Les habitants y sont assez laborieux et adonnés au trafic des bestiaux dans les foires.

Il y a un ancien château, au bout du pont, presque inhabitable. On a depuis bâti pour le seigneur de la terre, à une lieue au-dessus, une autre maison plus logeable, qui porte le nom de Rochebrune.

Le comté de Confolant et la baronnie de la Villatte, joints, appartiennent à un même seigneur, qui est M. le comte de Vienne, et contiennent dix-huit paroisses; le tout ensemble peut valoir 12,000 livres de revenu. Le terroir y est de même qualité que dans la terre de Chabanois, et il s'y fait un même commerce de bestiaux, auquel les gens du lieu se donnent principalement.

La petite ville de Confolant est aussi située sur la Vienne, à dix ou douze lieues d'Angoulesme, sur les confins du Limouzin et du Poictou; elle contient 500 feux, y compris les villages qui en dépendent. Il y a un siége d'Élection établi en 1714, et composé alors de quelques paroisses du lieu qu'on a distraites de l'Élection d'Angoulesme, et, le surplus, de paroisses qui appartenoient à celle de Niort. Cette Élection est de la généralité de Poictiers.

La Vallette, jadis connue sous le nom de Villebois, fut érigée en duché sous le premier nom en faveur de M. d'Espernon ; elle est à présent possédée par le marquis de Pompadour-Lauriere et madame son épouse, héritiere de feu le marchal et la maréchale de Navailles.

Cette terre renferme dans sa châtellenie, soit en juridiction immédiate, ou en arriere-justice de ressort, vingt paroisses ; elle vaut 10,000 livres de rente. Son revenu consiste tout en rentes seigneuriales et en bois de chauffage. Le terroir y est communément assez maigre, mais les froments qu'il produit principalement y sont d'une excellente qualité.

La Vallette est une petite ville de campagne qui ne contient que 180 feux ; elle est située à quatre lieues d'Angoulesme, en approchant du Périgord ; les habitants y sont peu aisés. Il y a un château qui avoit été commencé par feu M. le maréchal de Navailles.

Le même seigneur de Pompadour et la dame son épouse possedent aussi dans la province, à titre d'engagement, la terre domaniale de Châteauneuf, composée de treize paroisses, en très-bon pays, qui vaut ordinairement 7 à 8,000 livres de ferme, en y comprenant Vibrac, qui est une terre particulière joignant, que Mme de Pompadour tient à titre successif patrimonial. On prétend néanmoins que le prix de l'engagement de Châteauneuf n'est que de 2,000 écus.

Châteauneuf est une petite ville où il y a siége de Prévôté royale et juridiction de police, située sur la Charente, où elle a un pont, à trois lieues d'Angoulesme, tirant vers la Xaintonge, à l'entrée de la généralité de la Rochelle, dont elle dépend; elle contient 440 feux, dont partie sont d'assez bons bourgeois. Il ne s'y fait pas un grand commerce, hors celui de diverses foires et marchés, à cause qu'elle ne sert point d'entrepôt et que les bateaux descendant ou remontant la Charente ne s'y arrêtent pas.

Il y a à Châteauneuf une vieille maison, sous le titre de château, qui est du Domaine, et qui ne peut servir à d'autre usage qu'à la recette des fermiers et aux prisons du lieu.

Le châtellenie de Boutteville, qui est aussi une terre domaniale, ci-devant possédée par M. le marquis de Béon-Luxembourg, engagiste, comprend vingt-deux paroisses, dans le meilleur pays d'Angoumois.

On prétend que cette terre a valu, certaines années, jusqu'à 16,000 livres de revenu, quoique son engagement ne soit, dit-on, que de 4,000 écus. Les habitants principaux y sont les plus aisés, et les paysans, les plus riches de la province, laborieux et traficants; leur commerce est en eaux-de-vie. La Champagne, qui en dépend, est un canton petit, mais excellent, où il se récolte quantité de vins blancs d'une médiocre qualité pour la boisson, mais qui rendent beaucoup d'eau-de-vie, la plus douce et la meilleure du monde; et c'est principalement de là qu'on tire celles de Coignac, si renommées pour leur douceur et en même temps pour leur force, quoiqu'on en débite une infinité d'autres sous ce nom. On peut même dire que presque toutes les eaux-de-vie du bas Angoumois et une partie de celles de Xaintonge passent sous le nom d'eau-de-vie de Coignac.

Il y a à Boutteville un très-beau château, qui avoit été bâti par feu M. du Massez, aïeul de M. de Béon. Boutteville n'est qu'une bourgade ouverte, quoique siége de Prévôté royale, qui ne contient que 160 feux, à quatre lieues d'Angoulesme.

L'arrêt du Conseil du 13 mai 1724, qui ordonnoit la revente des domaines de Sa Majesté, et qu'à cet effet, toutes offres, encheres et surencheres seroient reçues en rentes, à la charge de rembourser en argent comptant les finances dues aux engagistes, a donné lieu à messire François de Gélinard, comte de Varaize, de faire au Conseil ses offres et soumissions de rembourser en argent comptant audit sieur de Béon, la finance qui se trouveroit avoir été par lui baillée, et de payer à Sa Majesté un supplément de 2,000 livres de rente fonciere sur le même domaine, à quoi il a été reçu et ses offres acceptées par un arrêt du 30 janvier 1725, dont l'exécution a été renvoyée à M. Dorsay, intendant de la généralité de Limoges, quoique Boutteville soit dans la généralité de la Rochelle, apparemment parce que cette terre est mouvante du château d'Angoulesme. Les publications ont été faites en conséquence, mais l'adjudication n'a point encore été livrée (1).

Le comté de Montbron comprend vingt-cinq paroisses, en assez bon pays et mêlé. Il s'y récolte diverses sortes de blés, des châtaignes, et du vin en quelques paroisses; celui qu'on fait à la Fenêtre, en la paroisse de Saint-Sornin, est reconnu pour son excellence. Il s'y fait aussi quelque commerce de bétail. Les revenus du seigneur consistent presque tous en rentes seigneuriales répandues dans toutes les paroisses du comté, mieux assignées et chaque prise moins chargée que celles de M. de la Rochefoucauld, quoique voisines. Montbron, y compris la baronnie de Manteresse, vaut plus de 10,000 livres par an.

La petite ville de Montbron, sur la Tardoüere, est à cinq lieues d'Angoulesme, en tirant d'un côté vers le Périgord et de l'autre vers le Limouzin; elle contient 150 feux. Quelques-uns des habitants sont d'assez bons bourgeois; les autres sont des paysans fort grossiers. Il y a un vieux et mauvais château presque inhabitable. On prétend que la ville et le chef-lieu de Montbron et quelques paroisses sont du domaine du Roi et sujettes à retrait, la concession qui en fut faite par Louise de Savoie, mere de François Ier, qui n'étoit que simple usufruitiere, à Jacquette de Montbron, n'ayant pu porter préjudice au domaine inaliénable de la Couronne.

La baronnie de Marthon, joignant Montbron et située en deçà, comprend treize paroisses ou enclaves en pays mêlé, où il se recueille commu-

(1) Elle a, depuis, été faite à M. de Bruzàc-Hautefort, major des gardes du corps. (*Note de J. Gervais.*)

nément des grains de toute espece. Les habitants y sont, comme dans la terre de Montbron, assez grossiers, et font quelque commerce sur le gros bétail.

La terre vaut 5 à 6,000 livres de ferme, non compris les forêts du seigneur, qui sont de grande étendue, et dont les bois se consomment dans quelques forges voisines. Cet article particulier peut quelquefois aller à 1,000 écus par an.

La petite ville de Marthon, à quatre lieues d'Angoulesme, n'est proprement qu'un bourg peu considérable, et qui déchoit et se déserte journellement depuis que le passage des gens de guerre y a été rétabli.

Il y a un château, qui avoit été commencé par feu M. le comte de Roye, sur la petite riviere du Bandéat. Cette terre, que ce seigneur appeloit sa terre favorite, est sortie de cette maison en 1712, après avoir été tenue pendant plusieurs siecles par les seigneurs de ce nom. Elle a quantité de vassaux et quelques-uns de 8 à 10,000 livres de rente.

La baronnie de Blanzac, érigée sous ce titre il y a plus de deux cents ans, comprend vingt-quatre paroisses ou enclaves situées en très-bon pays et fort propres pour la production des grains. C'est un des greniers de la province et d'où l'on tire même des blés, lorsqu'ils ont traite pour Bordeaux. Les habitants y font commerce de grains et de volailles. Les chapons de ce canton sont renommés pour leur beauté et bonté. Il ne s'y récolte presque pas de vin.

Blanzac, quoique connu sous le nom de ville, à

quatre lieues d'Angoulesme, sur la petite riviere du Né, n'est qu'un assez mauvais bourg, qui contient seulement 60 feux. Il y a quelque peu de petits bourgeois, des artisans, et des cabaretiers pour le débit du vin aux jours de foires et marchés qui s'y tiennent. Il y a un chapitre d'église collégiale, composé d'un doyen électif, sous le titre d'abbé, qui peut avoir 600 livres de revenu, et de douze chanoines, qui n'ont pas plus de 300 livres chacun.

Il reste quelques masures et ruines d'un vieux château, dans lequel il n'y a d'autre logement que celui d'un concierge, et une maison assez mal sûre.

Cette terre consiste toute en rentes seigneuriales bien servies et vaut 7,000 livres de revenu en son entier. Il y a plus de trente vassaux et beaucoup de gentilshommes de distinction qui en relevent, dont quelques-uns ont 4 à 5,000 livres de rente, et six justices hautes, moyennes et basses, dont les appellations vont à Blanzac. Cette terre est sortie depuis environ quinze ans de l'illustre maison de Roye-la-Rochefoucauld, à laquelle elle appartenoit de temps immémorial.

La baronnie de la Rochandry, à deux lieues d'Angoulesme, et néanmoins dans le ressort du siége de Saint-Jean-d'Angély, ne consiste qu'en une seule paroisse, sous le nom de Moustiers. C'est un pays mêlé, mais plus de grains que d'autres fruits.

Le château est situé sur le sommet d'un rocher; on est obligé d'y monter par un escalier de plus de cent marches, renfermé dans une tour; il domine le bourg et la campagne des environs, et seroit très-bon pour une fortification.

La petite riviere de la Boësme passe au pied; elle produit d'excellentes truites et autres bons poissons, et ses eaux sont merveilleuses pour le papier. La terre vaut 5,000 livres de ferme; c'est, à ce qu'on assure, la premiere baronnie de la province.

Les quatre dernieres terres dont on vient de parler appartiennent à la veuve et aux héritiers du feu sieur Cherade, lieutenant général du Présidial d'Angoulesme, qui les avoit acquises, savoir: Marthon et Blanzac, de M. le comte de Roussy; Montbron, de M. le comte de Brienne; et la Rochandry, du baron de ce nom.

La veuve a épousé en secondes noces M. de Saint-Martin, conseiller à la grand'chambre du Parlement de Paris; ils jouissent de Marthon et de Blanzac. Le sieur Cherade fils jouit de Montbron et de la Rochandry.

Montmoreau est une petite baronnie appartenant au seigneur de Pressignac de la Chauffie, à cause de la dame de Saint-Auvant son épouse; elle ne comprend que quatre paroisses, en fort bon pays. Toutes les choses nécessaires à la vie y abondent et excellent, à l'exception du vin. Les habitants y font de l'argent de leurs grains et de leurs volailles. Il y a souvent foire et marché fort affluents à Montmoreau, qui est à cinq lieues d'Angoulesme: c'est l'entrepôt du Périgord, par Aubeterre et Angoulesme. Il y a un château ou maison de seigneur, médiocre. La terre peut valoir 5,000 livres de revenu en rentes seigneuriales fumantes. La petite riviere de Tude passe à Montmoreau.

Saint-Aulaye, qui est une terre à l'extrémité de la province, sur les confins du Périgord et du Bordelois, appartenant à Mme la princesse d'Espinoy (1) et limitrophe de celle d'Aubeterre, ne compte que trois paroisses et peut valoir 9,000 livres de revenu. Le bourg de Saint-Aulaye est situé sur la Dronne, à huit lieues d'Angoulesme, et contient 486 feux, les trois paroisses étant comprises sous un seul et même rôle.

La châtellenie de Chaux, appartenant à M. le marquis de Sainte-Maure, est située près de Montauzier, à l'entrée de la Xaintonge, du côté qui tire vers Bordeaux, et comprend deux grandes paroisses, partie de deux autres et deux enclaves, y compris ce qui y ressortit par appel de juridiction. Cette terre peut valoir 4,000 livres de revenu, et, de plus, elle est située en fort bon pays; les habitants y sont communément assez aisés, quoique chicaneurs. Le château de Chaux, où le seigneur fait sa résidence actuelle ou ordinaire, est à huit grandes lieues d'Angoulesme.

La Tour-Blanche est une dépendance des biens de la maison de Bourdeille, qui fut agitée par tant de grands procès au sujet de la fameuse substitution qui a été portée en différents tribunaux, en divers

---

(1) Nous avons vainement cherché dans la généalogie des Melun, seigneurs de la principauté d'Epinoy, en Hainaut, et dans celle des Rohan-Chabot, seigneurs de Saint-Aulaye, quelle pourrait être cette princesse d'Épinoy qui possédait la terre de Saint-Aulaye au temps où Gervais écrivait son mémoire.

temps, et enfin terminée par l'arrêt du Parlement de Grenoble du . . . . 1678 (1), et ensuite par un autre du Parlement de Paris. Cette terre a été acquise par décret par M. de Sainte-Maure, qui en jouit à présent; elle vaut 5,000 livres de rente. Elle est située dans une enclave du Périgord, quoique dépendante de l'Angoumois pour le tout; elle comprend trois paroisses entieres et quelques portions d'autres. Le château de la Feuillade, qui est le chef-lieu, est à sept lieues d'Angoulesme.

La châtellenie de Loubert a été dépiécée, par différentes aliénations qui en ont été ci-devant faites, de paroisses entieres avec leurs justices, sans réserve de ressort; cette terre ne consiste à présent qu'en trois paroisses situées vers le Limouzin. Le château de Manot est la maison du seigneur, qui est M. le marquis de Fénelon; il est à neuf lieues d'Angoulesme. La terre peut valoir 4 ou 5,000 livres de revenu; les habitants y ramassent des seigles et des châtaignes et font trafic de bœufs.

La châtellenie d'Ambleville comprend cinq paroisses en bon pays, à l'entrée de la Xaintonge; c'est un pays de vignobles et de grains. Le château de ce nom, autrefois assez beau, et à présent en moins bon état, est à six lieues d'Angoulesme; la terre appar-

---

(1) Nous avons rétabli cette date, qui manque dans le manuscrit, d'après les *Preuves de la généalogie de la maison de Bourdeille*, placées en appendice à la fin du tome II des *Œuvres complètes de Brantôme*, publiées par M. Buchon dans la collection du *Panthéon littéraire* (Paris, 1848, in-8). On trouve dans cet excellent travail, extrait du cabinet de Clérambaud, des détails étendus sur l'origine et la solution des procès dont parle notre auteur. Nous reproduisons une partie de ces renseignements. (V. la note VII, à la fin du mémoire.)

tient à la maison de Pons et vaut 5,000 livres de rente.

La châtellenie de Vars et Marsac appartient au seigneur évêque d'Angoulesme ; ce sont deux paroisses sur la Charente, à deux lieues d'Angoulesme. La terre peut valoir en son tout 6,000 livres de revenu. Le pays consiste presque tout en vignobles et en quelques prairies ; les habitants y sont communément assez pauvres, peut-être parce qu'ils s'adonnent moins au travail qu'au vin.

La châtellenie de Nanteuil comprend quatre paroisses et quelques portions d'autres ; elle appartient aux abbé et religieux de ce nom, de l'ordre de Saint-Benoît séculier non réformé, qui y ont une maison prieurale avec six ou sept religieux ; les places monacales y valent 800 livres de revenu ; et l'abbé jouit de 4,000 livres : c'est M. de Nesle (1).

Nanteuil-en-Vallée, joignant cette maison, est un bourg fort mal situé sur les confins de l'Angoumois et du Poictou, à huit ou neuf lieues d'Angoulesme, en assez mauvais pays et hors de portée de tout commerce.

La baronnie de Cellefroin, consistant en trois paroisses, appartient principalement à l'abbé et à un ou deux religieux de l'ordre de Saint-Augustin. L'abbaye a dans le bourg de ce nom une ancienne

(1) Ce personnage est-il désigné ici par son nom patronymique ou par un nom de terre ? — Nous ne pouvons rien affirmer. Néanmoins, nous sommes porté à adopter la dernière hypothèse, qui ne mettrait pas l'indication de Gervais en désaccord avec celles que nous fournissent les collections de l'*Etat de la France*, du *Clergé de France* et de l'*Almanach royal*. Ces différents recueils donnent unanimement un sieur Pecquet comme abbé de Nanteuil, depuis 1718 jusques au delà de l'année 1764.

habitation, à présent en partie ruinée aussi bien que les principales maisons du bourg.

Le comté de Sansac, érigé sous ce titre en 1657, partage les droits de cette abbaye. La terre de Sansac peut valoir 2 à 3,000 livres de rentes; elle est possédée par le seigneur de ce nom et la damoiselle de Sansac sa tante. Il a son château dans la paroisse de Beaulieu, à sept lieues d'Angoulesme.

Les habitants de Sansac et de Cellefroin sont fort pauvres; le pays y est ruiné depuis la destruction des châtaigniers, qui périrent par la gelée de 1709, et qu'on ne doit s'attendre à voir remplacés que dans un temps fort éloigné. Le terrain est communément si froid et si aride, dans les lieux où ces arbres croissoient, qu'on n'a pu y faire rien venir depuis, ce qui est cause qu'une partie du pays est inculte.

La terre de Saint-Séverin-de-Pavancelle (1), sur les confins du Périgord et du Bordelois, consiste en une seule paroisse en bon pays, appartenant à la maison de Talleyrand-de-Grignols, et vaut 5,000 livres de rentes ou plus.

Il y a, dans la province, beaucoup d'autres terres et justices particulieres, sans autres titres, possédées par des seigneurs ecclésiastiques ou séculiers.

---

(1) Nous ignorons absolument l'origine du nom de *Pavancelle*, tombé depuis longtemps sans doute en désuétude, et que nous rencontrons pour la première fois accolé à celui de Saint-Séverin. Nous devons faire observer néanmoins que cette paroisse est désignée ainsi qu'il suit, dans l'index des *Noms anciens de lieux du département de la Dordogne*, publiés par M. le vicomte A. de Gourgues (Bordeaux, typogr. Justin Dupuy, 1861, in-4) : « Ecclesia Sancti Severini de Pavanselas, quæ est juxta castellum d'Alba- « terra. »

Le chapitre de l'église cathédrale Saint-Pierre d'Angoulesme possede la terre de Manle, qui s'étend sur deux paroisses et portion d'une autre. Le chef-lieu est un bourg situé à cinq lieues d'Angoulesme, sur la Charente ; la terre vaut 5,000 livres de ferme. Le même chapitre possede aussi quelques autres paroisses et droits de justice aux environs d'Angoulesme et jouit de 40,000 livres de revenu.

L'abbaye de Saint-Cybard en possede deux et deux enclaves ;

L'abbaye de la Couronne, à une lieue d'Angoulesme, deux ;

Celle de Bassac, à quatre lieues d'Angoulesme, deux.

Le reste des terres et seigneuries de la province est possédé par différents seigneurs particuliers, mais en assez petit nombre, parce que presque toutes les seigneuries se trouvent enclavées dans quelques-unes des grandes terres titrées et châtellenies dont on a ci-devant parlé, et en dépendent en qualité de simples fiefs.

Diocese d'Angoulesme.

Le Diocese d'Angoulesme n'est pas d'une aussi grande étendue que la Sénéchaussée, ni même que l'Élection, quoiqu'il entre dans quelques parties du Poictou ; il ne comprend que deux cents paroisses, dont la plupart sont petites. Il est borné vers l'autre partie de la même province aussi bien que du côté du Limouzin et du Périgord.

On n'y compte que six abbayes d'hommes et une

de filles, trois chapitres, sept communautés de religieux, outre les moines résidant aux abbayes, et huit communautés de filles, outre celle de l'abbaye royale.

Il n'y a qu'une seule commanderie.

Il y a très-peu de prieurés, et ils sont presque tous unis à des cures de campagne, qui n'auroient pas sans cela de quoi faire subsister ceux qui les desservent, l'abandon en ayant été fait pour la portion congrue.

Il y a bien deux cents cures (1), mais la majeure partie, et presque toutes celles des meilleures paroisses, sont de simples vicairies. Il y en a à peine dix ou douze qui puissent valoir, les unes plus de 5 à 600 livres, les autres 800 ou 1,000 livres.

Évêché.

L'évêché d'Angoulesme est suffragant de l'archevêché de Bordeaux, et, en cette qualité, compris dans l'exemption du droit de régale portée par l'ordonnance du roi Louis-le-Jeune de 1137 (2); il est

---

(1) V. la note VIII, à la fin du mémoire.

(2) Cette ordonnance contient les trois dispositions suivantes : « 1° que « les élections, soit à l'archevêché de Bordeaux, soit aux évêchés suffra-« gants, soit aux abbayes de cette province, seront faites librement sui-« vant les canons, et que ceux qui seront élus ne seront point tenus à faire « hommage pour leurs bénéfices, ni à en demander l'investiture; 2° que « les biens délaissés par le décès de l'archevêque de Bordeaux, des évêques « suffragants et des abbés seront réservés à leurs successeurs; 3° que les « églises de cette province jouiront de leurs biens immeubles et de tout ce « qui en dépend, suivant leurs priviléges et leurs anciens usages. » (V. le texte latin dans les *Ordonnances des rois de France de la troisième race*, t. I, p. 7 et 8.)

fort ancien et jouit de très-beaux droits seigneuriaux. L'évêque a plusieurs terres, titres et fiefs de dignité dans sa mouvance : deux roches et deux monts, pour se servir de l'expression ancienne et traditionnelle du pays, relevent de lui, c'est-à-dire que les seigneurs de Montbron, comté, de Montmoreau, marquisat de la Rochefoucauld, jadis comté et à présent duché-pairie, et de la Rochandry, baronnie, lui doivent hommage et sont obligés, suivant d'anciens titres, de l'aller prendre à la porte de la ville d'Angoulesme, et de le conduire à son palais épiscopal, lorsqu'il fait sa premiere entrée (1).

Le revenu de cet évêché, à présent possédé par M. Cyprien-Gabriel Bénard de Rezé, n'excede pas 10 à 12,000 livres dans les meilleures années, sur quoi il y a quelques charges.

Feu M. de Péricard, précédent évêque, déclara en plein Conseil, en 1667, à M. le chancelier d'Aligre, qu'il n'avoit tiré de ses revenus, année commune, que 10,000 livres, les charges déduites. M. de Rezé n'y vivroit pas aussi noblement qu'il fait, et ne pourroit pas fournir à toutes les charités qu'il y exerce, s'il n'avoit d'ailleurs l'abbaye de la Grace-Dieu, près de la Rochelle, de 6,000 livres de revenu, et deux prieurés simples, l'un en Périgord et l'autre près de Paris, qui lui produisent 7 à 800 écus par an, les deux ensemble.

---

(1) On trouve une élégante notice sur les droits seigneuriaux des évêques d'Angoulême dans le mémoire publié par M. E. Gellibert Des Seguins, député au Corps législatif, sous ce titre : *Ayquilin, évêque d'Angoulême, et Guy VII de La Rochefoucauld*, 1328-1329. (V. *Bulletin de la Société archéologique et historique de la Charente*, 2ᵉ trimestre de 1859.)

Les évêques d'Angoulesme prenoient autrefois le titre d'archichapelains des rois de France, et prétendoient, en cette qualité ou autrement, précéder tous les autres évêques de leur primatie.

Lupicin, qu'on croit avoir été le troisieme évêque d'Angoulesme, tint une des premieres séances au concile d'Orléans, composé de plus de trente évêques, qui fut assemblé en 507 par Clovis, dont il étoit archichapelain. On prétend qu'Aptonius, et après lui Mererius, aussi évêques d'Angoulesme, furent chapelains du même prince, et que Launus et d'autres évêques d'Angoulesme prenoient aussi la même qualité et en avoient fait les fonctions après leurs promotions à cet épiscopat, sous les regnes de Pépin-le-Bref et de Charlemagne son fils, et sous ceux de Cherebert et de Clotaire (1).

(1) La chronologie de nos premiers évêques, telle qu'elle ressort de cet alinéa, est singulièrement défectueuse ; nous croyons utile d'en relever les erreurs. 1º Gervais indique comme troisième évêque d'Angoulême Lupicin, qui ne vient qu'après Aptonius Ier et doit occuper le quatrième rang. — 2º Il place en l'année 509 le premier concile d'Orléans, qui, selon les meilleurs auteurs, se tint en l'année 511. — 3º Il semble faire succéder, comme l'a fait plus tard Vigier de La Pile, dans son *Histoire de l'Angoumois*, Aptonius, chapelain de Clovis, à Lupicin, tandis qu'au contraire c'est le second qui succéda au premier. — 4º Il ne paraît pas avoir connu un deuxième évêque du nom d'Aptonius, qui remplaça Lupicin et fut lui-même remplacé par Mererius ; aussi fait-il de ce dernier prélat le successeur du premier Aptonius, chapelain de Clovis. — 5º Il donne aussi Mererius comme chapelain de ce même roi, ce qui ne peut être admis, puisque, d'une part, Clovis mourut le 27 novembre 511, et que, d'une autre, notre évêque, suivant les autorités compétentes, n'occupa le siége de saint Ausone que vers les dernières années du règne de Caribert. (V. le *Gallia Christiana*, t. II, col. 977 et suivantes ; le *Clergé de France*, par l'abbé Hugues Du Temps, t. II, p. 311, et la *Liste des archevêques et évêques de France*, insérée dans l'*Annuaire historique*, publié par la Société de l'Histoire de France, année 1847, t. XI, p. 135.)

Lambert, évêque d'Angoulesme, fit aussi décider en sa faveur la préséance à l'assemblée qui se tint à Bordeaux au sujet du mariage de Louis-le-Jeune avec Aliénor ou Éléonore de Guyenne. On croit qu'ils cesserent de porter ce titre et qu'ils s'abstinrent de ces fonctions sous le regne de ce même prince, quoiqu'ils eussent jusqu'alors prétendu d'être en droit de les faire exclusivement auprès de la personne de nos Rois; mais soit que le droit ou la possession de précéder les autres évêques de leur primatie eussent eu pour fondement cette qualité d'archichapelain, comme il y a apparence, ou d'autres titres, les évêques d'Angoulesme prétendroient peut-être encore cette même préséance si on n'observoit pas à présent, dans les assemblées des évêques, l'ordre et le temps de leurs sacres.

On reconnoît pour premier évêque d'Angoulesme saint Ozonne, qui y apporta la foi et qui y souffrit le martyre; mais les savants sont partagés sur l'époque de sa vie. Les uns croient qu'il fut disciple et contemporain de saint Martial de Limoges, qui lui-même le fut, disent-ils, des apôtres et premiers disciples de Jésus-Christ; ils veulent cependant qu'il ait été martyrisé sous les Suéves et les Vandales, ce qui forme un anachronisme de plus de 300 ans. D'autres font vivre saint Martial du temps de l'empereur Décius, et en faisant mourir sous les Vandales saint Ozonne, qu'ils disent également avoir été disciple de saint Martial, ils tombent encore dans une erreur de temps de plus de 150 années. D'autres, pour concilier ces contradictions, soutiennent que saint Ozonne ne fut pas martyrisé pour la foi sous les Vandales, qui étoient chrétiens ariens, mais sous les païens infideles, peu de temps après que la foi eut commencé à se répandre dans ces provinces par saint Martial, qu'ils prétendent toujours avoir été contemporain des apôtres; mais ils tombent en même temps dans une grande absurdité en disant que saint Ozonne a eu pour successeurs immédiats en l'évêché d'Angoulesme, Dinamius, qui vivoit du temps de Pharamond (1), et Lupicin sous Clovis, ce qui supposeroit que saint Ozonne auroit vécu plus de trois siecles. D'autres enfin ont écrit qu'il finit ses jours, soit sous les empereurs Arcadius et Honorius, ce qui revient à l'opinion de la persécution vandalique; soit sous Valerien et Gallien, soit sous Théodose.

Ces diverses opinions, soutenues par des autorités opposées, et entre autres par diverses légendes des églises que ces deux saints ont remplies, se concilient assez, quoique différentes sur les autres points, dans le fait que saint Ozonne étoit disciple de saint Martial; mais la question reste toujours entiere, de savoir en quel temps saint Martial a vécu. L'obscurité de cette époque, qu'il n'est pas facile de fixer, se répand, par conséquent, sur

---

(1) Gervais suit en ce passage, comme en beaucoup d'autres, la chronologie très-souvent inexacte de Corlieu, lequel, au chapitre II de son *Recueil en forme d'histoire*, place l'épiscopat de Dynamius *environ le temps de Pharamond, roi des François*. Notre auteur et son devancier se sont trompés, car, en admettant comme suffisamment prouvé le règne douteux de Pharamond, on ne pourrait le faire descendre plus bas que l'année 427 ou 428, date de l'avénement du roi Clodion; et, d'un autre côté, aucun événement n'autorise à compter Dynamius au nombre des évêques d'Angoulême avant l'an 451.

celle de saint Ozonne. La prétendue parenté entre saint Martial et saint Pierre, énoncée dans la chronique manuscrite du trésor de l'église de Saint-Martial de Limoges, et sa mission, qu'on y mentionne émanée directement de Jésus-Christ, et immédiatement du prince des apôtres, comme d'un légat à latere, ne sont pas des faits assez prouvés ni assez autorisés pour être absolument crus. Les critiques judicieuses qui ont été faites à ce sujet rapprochent davantage saint Martial, et par conséquent saint Ozonne, de nos temps; mais comme ces provinces ont été agitées une infinité de fois par les guerres étrangeres ou par leurs propres troubles, qu'elles ont passé sous différentes dominations, que la religion y a extrêmement souffert, que les églises et maisons religieuses ont été détruites, pillées, et leurs titres dissipés, il n'est pas surprenant que ce point d'histoire se trouve enseveli dans les ténébres. Les savants auteurs et les historiens n'ayant d'ailleurs jamais été fort communs dans le pays, ce seroit une matiere de dissertation fort embarrassée, et dans laquelle on doit d'autant moins se jeter qu'outre qu'elle ne seroit pas du dessein de ces mémoires, c'est que d'ailleurs on ne sauroit la terminer par rien de décisif, tout ce qu'on pourroit ramasser là-dessus se réduisant à de simples conjectures arbitraires qui ne satisferoient pas (1).

(1) Nous imiterons la réserve de Gervais, et nous nous garderons bien de prendre parti dans un débat sur lequel la science historique ne paraît pas avoir dit encore son dernier mot. Toutefois, nous remarquerons que la question des origines chrétiennes de la Gaule a repris de l'importance depuis une quinzaine d'années environ, et qu'un grand nombre d'écrivains

La pieuse crédulité des peuples a reçu une espece de tradition qui veut que saint Ozonne, ayant eu la tête coupée à l'une des extrémités de la ville, la ramassa, la prit entre ses mains et la porta à l'autre extrémité. Quelques tableaux le représentent dans cette attitude; mais sa mémoire n'a pas besoin de la foi en ce miracle pour être en vénération.

Il y a un des faubourgs d'Angoulesme qui porte le nom de Saint-Ozonne, dans lequel il y a une église paroissiale bâtie en son honneur. Il y avoit autrefois, dans ce même faubourg, un couvent de religieuses bénédictines d'une très-ancienne fondation royale; mais les courses des huguenots les obligerent de monter dans la ville, où elles s'établirent l'an 1574, et transférerent les reliques du saint; leur

---

de talent ont cherché à établir par des arguments sinon décisifs, du moins sérieux, que nos principales Églises ont été fondées du temps des Apôtres. Parmi ces écrivains, et au premier rang, nous devons signaler M. l'abbé Arbellot, chanoine honoraire de Limoges, qui, dans deux consciencieux ouvrages publiés en cette ville, l'un en 1855 et l'autre en 1860, s'est proposé de prouver que saint Martial fut un des soixante-douze disciples de Jésus-Christ, qu'il fut envoyé par saint Pierre et qu'il prêcha le christianisme en Aquitaine dès le Ier siècle. (V. 1º *Dissertation sur l'Apostolat de saint Martial;* 2º *Documents inédits sur ce même Apostolat et sur l'antiquité des Églises de France.*) Il convient d'ajouter que, par un décret en date du 18 mai 1854, Pie IX, après avoir rappelé un jugement rendu par la Congrégation des Rites, dans son assemblée du 8 avril précédent, reconnaissait déjà le titre d'apôtre à saint Martial et autorisait l'Église de Limoges à le lui conserver, même dans la liturgie romaine. — Quelle que soit d'ailleurs l'opinion que les savants soient disposés à adopter sur cette question, la discussion, les recherches et les conclusions de M. l'abbé Arbellot ne sauraient rester étrangères à ceux de nos compatriotes qu'intéresse l'histoire religieuse de l'Angoumois, puisque les chroniques désignent notre premier évêque d'Angoulême, saint Ausone, comme disciple du fondateur de l'Église de Limoges.

nouveau monastere y a conservé et porte encore le nom de Saint-Ozonne.

La succession des évêques d'Angoulesme, a son progrès depuis Ozonne jusqu'à présent, au nombre de soixante-sept prélats connus. Cette dignité a toujours été fort recherchée et remplie par des sujets distingués, même de la maison des comtes, ou qui l'avoient eux-mêmes été. Quelques-uns de ceux qui ont tenu ce siége, dans les premiers siecles du christianisme, y ont vécu suivant les coutumes et les mœurs de ces temps-là et y ont soutenu la guerre, comme il leur étoit permis alors, tantôt pour le titre et tantôt pour les droits et revenus de l'évêché, qui se trouvoient souvent en proie aux usurpations de la noblesse, ainsi que les autres biens ecclésiastiques de leur diocese. Quelques historiens ont prétendu que cet évêché avoit été enlevé en certains temps par le fer et le poison et, en d'autres, acheté à deniers comptants, pour satisfaire à l'ambition des grands, qui y aspiroient; mais les derniers temps ont vu ce siége très-dignement rempli par des prélats aussi recommandables par leur doctrine que par leur naissance. Un la Rochefoucauld, un d'Estaing, un Duperron, et en dernier lieu François de Péricard, y ont brillé; mais M. de Rezé, son successeur, l'occupe à présent si dignement, que son mérite est au-dessus de tout éloge.

Abbayes.

Les abbayes d'hommes sont:
1º Celle de Saint-Cybard-lez-Angoulesme. Ce

monastere commença par la retraite du saint de ce nom, en latin Eparchius, qui étoit fils d'un gouverneur du Périgord. Cybard s'établit sous les murs d'Angoulesme avec quelques autres reclus, dans une vieille chapelle dont on croit qu'une espece de grotte enterrée, qui subsiste encore, et dans laquelle on célebre un jour de fête particuliere tous les ans en l'honneur de ce saint, est un reste. C'est sous Clovis ou sous Childebert qu'il commença à fleurir. On lui attribue quantité de miracles, faits soit de son vivant soit à son tombeau, qui étoit au même lieu ; mais ce tombeau fut ruiné et les reliques furent dissipées, ainsi que celles de plusieurs saints du pays, dans le temps des incursions des Normands, et, en dernier lieu, des ravages des huguenots.

Cette abbaye est certainement de fondation royale, quoiqu'on ne sache point précisément par lequel de nos Rois elle fut fondée. Le plus ancien titre qu'on cite à ce sujet est la confirmation qu'on assure que Charlemagne fit en faveur de ce monastere lorsqu'il passa, à ce qu'on croit, à Angoulesme, en allant à Rome, en 781, à la sollicitation de Launus, lors évêque d'Angoulesme (1).

Il y a apparence que le lieu, qui étoit en vénération par la mémoire et le tombeau de saint Cybard,

---

(1) Le diplôme dont il est ici question, après avoir été falsifié par les moines de Saint-Cybard, a été transcrit en tête de trois cartulaires de cette abbaye, conservés aujourd'hui dans les archives départementales de la Charente ; mais il a été publié, d'après l'original, dans la collection de Dom Bouquet. Depuis les savantes observations des diplomatistes modernes, et en particulier de Bréquigny (V. la *Table chronologique des*

avoit été sensiblement augmenté par les dons des fideles que la réputation des miracles du saint y attiroit de toutes parts; la piété de nos Rois et des comtes d'Angoulesme acheva le reste. Le monastere fut pillé, renversé et détruit plusieurs fois, et souffrit plus souvent que la ville d'Angoulesme des révolutions des temps, à cause qu'étant situé hors des murs, il étoit plus exposé. Les ruines d'une ancienne église, dont quelques murs subsistent encore, ayant résisté à l'injure du temps et à la fureur des ennemis de la religion, nous font connoître sa grandeur; et quelques autres édifices, qui se sont soutenus, marquent l'ancienneté de cette abbaye. On y voit encore la chapelle des comtes d'Angoulesme, qui y avoient leurs sépultures.

La plus grande partie de ses revenus et de ses droits, qui étoient autrefois très-considérables, s'est perdue par l'enlevement des titres, la dissipation et l'incendie des papiers, la fuite et l'éclipse des religieux en différents temps de guerre, calamités et persécutions, et par leur négligence en d'autres.

Plusieurs seigneurs ont profité de ces désordres, et d'autres églises, moins exposées, comme peut-être le chapitre de la cathédrale Saint-Pierre d'Angoulesme, se sont enrichies des pertes de celle-ci.

L'abbaye de Saint-Cybard est tenue en com-

---

diplômes), il n'est plus possible de l'attribuer à Charlemagne; il fut accordé par Charles le Chauve en 852. On peut consulter, sur ce point, une importante dissertation de M. Eusèbe Castaigne, bibliothécaire d'Angoulême, publiée dans les notes qui accompagnent son édition de l'*Historia Pontif. et Com. Engol.* (V. *Rerum Engolismensium scriptores*, 1er fascicule, p. 77 et suiv.; Angoulême, 1853, in-8º.)

mande par M. l'abbé de Nancré (1). Elle ne vaut, en son tout, pas plus de 5,000 livres de revenu, année commune, y compris la mense des religieux et trois offices claustraux.

Les places monacales, qui y étoient autrefois en grand nombre, et auxquelles il y avoit une grande quantité de bénéfices annexés, qui en sont sortis depuis, se réduisent à six ou sept et ne valent pas plus de 3 à 400 livres de revenu, non compris les offices claustraux. Les religieux de l'ordre de Saint-Benoît étoient jadis en regle; l'histoire nous apprend que s'étant sécularisés en différents temps, à l'occasion des changements survenus dans le pays, l'autorité tantôt du Roi, tantôt des comtes et celle des évêques, s'étoit interposée pour les faire rentrer dans la regle. Ils sont néanmoins encore sécularisés, et on croit qu'ils en ont obtenu le pouvoir depuis, en considération du mauvais air qu'ils respirent dans les débris de ce monastere, sur lesquels ils ont construit quelques petites cellules, et où ils ne voient presque point de soleil, à cause de la montagne sur laquelle la ville est située, qui les couvre du côté du midi, ce qui les met hors d'état, peut-être aussi par quelque affoiblissement de zele, de soutenir l'austérité de la regle de leur institut.

Les Bénédictins de la congrégation de Saint-Maur se présenterent, il y a quelques années, pour s'établir dans le monastere de Saint-Cybard, offrant de

---

(1) Jacques-Joseph Dreux de Nancré, fils de Claude-Edme, gouverneur d'Arras et lieutenant général de l'Artois, et de Marie-Anne Bertrand de La Bazinière, fut nommé abbé de Saint-Cybard le 14 août 1688 et mourut en 1746.

faire une bonne pension aux moines pendant leur vie, à quoi ceux-ci auroient volontiers consenti; mais la déclaration du Roi du. . . . . (1) ne permettant ces sortes de changements que sur l'avis et consentement tant de l'abbé et des religieux anciens que de l'évêque diocésain et des habitants des lieux, tout n'ayant pas concouru en cette occasion, le projet n'a pas eu de suite; il auroit été néanmoins à désirer que la chose eût pu s'exécuter. On sait de quelle maniere ces religieux, outre les grands services qu'ils rendent à l'Église par leur grand savoir, leur pieuse doctrine et l'édification de leurs mœurs, s'attachent d'ailleurs à rétablir les anciennes maisons religieuses, et qu'ils construisent, par leur habileté et leur économie, des bâtiments somptueux qui font l'ornement des provinces qu'ils habitent et honneur à l'État. On ne sait si ceux qui retiennent des biens de cette ancienne abbaye, craignant les recherches des Bénédictins de Saint-Maur, qui sont aussi versés dans la jurisprudence que dans la critique, la diplomatique et autres sciences, n'ont point détourné cet établissement.

2° L'abbaye de Saint-Amant de Boixe ou des Bois, même ordre de Saint-Benoît sécularisé, est aussi très-ancienne. Elle est voisine de la forêt de ce nom, et le porte, parce qu'elle étoit environnée de bois de tous côtés dans le temps de sa construction; elle se trouve à présent dans un bourg auquel elle a donné ce même nom. Saint Amant avoit été disciple de saint Cybard et vivoit

---

(1) Nous n'avons pu retrouver la date de cette déclaration de Louis XIV.

dans un hermitage, à trois lieues d'Angoulesme, vers l'an 570; et c'est en ce lieu que les comtes d'Angoulesme fonderent dans la suite l'abbaye dont nous parlons et y firent bâtir, en l'honneur de ce saint, l'église qui subsiste encore, et qui fut solennellement dédiée, quelque temps après, par un archevêque de Bordeaux, en présence de quatre évêques et de neuf abbés. Ce vaisseau, aussi vénérable par son antiquité que respectable par la beauté de sa structure, mériteroit d'être réparé; et, si l'on n'y avise promptement, il est menacé d'une ruine certaine, soit que le cours des siecles ait suffi pour le mettre en l'état où nous le voyons à présent, soit que les abbés et religieux qui l'ont possédé ne se soient pas trouvés en mesure, ou peut-être assez zélés pour l'entretenir. Le reste des anciens bâtiments de l'abbaye est détruit, et il n'y a que deux petites habitations de moines qui y ont été relevées dans les derniers temps.

Cette abbaye est tenue en commande par le sieur abbé de Marelop, de Lyon (1), qui est aussi doyen du chapitre de Montbrizon.

Elle vaut 8,700 livres de revenu, sur quoi il faut distraire 1,540 livres seulement, pour trois pensions monacales, dont il n'y en a à présent qu'une de remplie, 900 livres d'autre part pour portions congrues de trois vicairies perpétuelles et encore 2,000 livres de décimes. Ainsi l'abbé a encore de net 5,260 livres.

(1) Antoine de Coignet de Marclop, de Marelopt ou de Marelaps, nommé le 24 décembre 1700. Il ne fut remplacé qu'en 1738, par André de Saluces.

Les moines de cette abbaye ont quelques prieurés séparés, outre leurs pensions monacales.

3° L'abbaye de Notre-Dame de Bournet ou d'Ambournet, même ordre de Saint-Benoît mitigé, à cinq lieues d'Angoulesme, est aussi fort ancienne. Elle fut fondée par un seigneur de Montmoreau, vers l'an 1140 (1). Cette abbaye a été nouvellement remplie par le sieur Jolyot (2), chapelain du Roi, et ne lui vaut, toutes charges déduites, que 1,200 livres de revenu.

Il n'y a ordinairement à Ambournet que trois religieux. Les places monacales, outre quelques offices claustraux qui sont de 400 livres de revenu avec lesdits offices joints, n'y valent que 200 livres de pension, et 50 livres pour les vestiaires, lorsqu'elles sont sans offices.

4° L'abbaye de Notre-Dame de Grosbost, à quatre lieues d'Angoulesme, fondée par un seigneur de Marthon (3), est de l'ordre de Cîteaux ; l'abbé d'à présent est le sieur Léoutre (4). Elle vaut 3,000 livres de revenu, sur quoi il faut déduire les charges. Il y réside ordinairement un prieur et quelquefois un autre religieux.

5° L'abbaye de Saint-Pierre de Cellefroin, à sept lieues d'Angoulesme, fut bâtie et fondée dans le XIIe siecle, des bienfaits et aumônes des habitants

---

(1) L'opinion la plus accréditée est qu'elle fut fondée en 1113, par Giraud de Sales.

(2) Il avait été nommé au mois de février 1724.

(3) En 1166.

(4) Dom Claude-François Léoutre, moine de Cîteaux, nommé en 1722.

du lieu; elle est de l'ordre des chanoines réguliers de Saint-Augustin.

L'abbé est le sieur Chauvigny de Blot (1), qui tient cette abbaye en commande. Elle ne vaut que 2,000 livres de ferme ou environ, sur quoi, prenant 800 livres de décimes d'une part, et 300 livres d'une autre pour le curé ou vicaire perpétuel, il se trouve que l'abbé n'a que 100 pistoles de revenu quitte à lui, en y comprenant même toutes les places monacales dont il jouit, n'y ayant pour tout religieux qu'un chambrier, qui a environ 700 livres de rente.

6° L'abbaye de Notre-Dame de la Couronne n'est point de fondation royale, quoique la grandeur, la magnificence et la beauté de son église le puissent faire juger. Ce fut un Lambert, d'abord simple prêtre, qui rassembla en 1118 en ce lieu-là, qui n'étoit alors qu'un marais, quelques ecclésiastiques, et qui y commença un premier édifice.

Mais dans la suite, Lambert étant devenu évêque d'Angoulesme, se trouva plus en état de faire du bien à la Couronne, dont il conserva toujours le titre d'abbé. Le nombre des ecclésiastiques de la congrégation de Saint-Augustin y étant augmenté, le zele et les charités des fideles pour ce lieu s'animerent, et par les seuls bienfaits des âmes pieuses, sans les secours du prince, on commença la superbe église que tout le monde juge être un des plus beaux vaisseaux de France. La premiere pierre en fut posée en l'année 1171. Louis-le-Jeune, qui régnoit

---

(1) Pierre-François de Chauvigny de Blot, ou de Blot de Chauvigny, fils de Jacques et de Marie de La Roche-Aymon, fut nommé au commencement de l'année 1715.

alors en France, n'étoit guere en état, après les guerres d'outre-mer, de faire des fondations, ni en termes de répandre ses libéralités dans une province qui étoit comme enclavée dans l'Aquitaine, qui avoit passé entre les mains de Henri, devenu depuis roi d'Angleterre, par son mariage avec Éléonore de Guyenne, que Louis avoit répudiée ; et d'un autre côté, le roi d'Angleterre n'étoit pas en situation de faire de semblables dépenses dans un autre État que le sien, et dans un pays qui n'étoit que voisin de sa duché sans en dépendre ; outre que Guillaume, en ce temps-là comte d'Angoulesme, étoit son ennemi secret par le grand attachement qu'il conservoit pour la France.

Il n'est pas surprenant que la construction d'un semblable monument ait duré plus de trente ans. La dédicace s'en fit en l'année 1201, avec une grande solennité et un grand concours d'archevêques, évêques, prélats, abbés et de peuple, tant de l'Angoumois que des provinces voisines, ce qui fait connoître que la dévotion des fideles étoit plus grande en ces temps-là qu'à présent, ou que la rareté des églises, qui se sont multipliées depuis, rendoit ces sortes de cérémonies plus célebres. Le manuscrit de cette abbaye (1) fait mention que la comtesse d'Angoulesme assista à celle-ci, et il la qualifie mere de la reine d'Angleterre. Cette comtesse étoit Adélaïde de Courtenay (2), femme d'Aymar, comte d'An-

---

(1) C'est l'original de la *Chronique latine de l'abbaye de La Couronne*, que vient de publier M. Eusèbe Castaigne. Ce document appartient aujourd'hui aux Archives départementales de la Charente.

(2) La comtesse d'Angoulême s'appelait *Alix* et non Adélaïde. Elle était

goulesme, qui avoit pour fille unique Isabelle, renommée pour sa beauté ; mais comme Isabelle n'épousa que l'année suivante Jean-sans-Terre, roi d'Angleterre, qui l'enleva en la ville d'Angoulesme au comte Hugues de Lesignan, son fiancé, suivant ce qu'en disent les chroniques et les historiens les plus fideles, on ne peut concilier cette assertion avec celle du manuscrit qu'en supposant que l'auteur y a prétendu dire, en parlant de la comtesse d'Angoulesme, qu'elle fut depuis mere de la reine d'Angleterre (1). Enfin, cette cérémonie fut couronnée par la visite à l'abbaye du comte d'Angoulesme, qui y mena le roi d'Angleterre, son gendre, accompagné du roi de Navarre, ce que le même manuscrit marque être arrivé au mois de février 1202.

Aymar fut ensuite enterré dans une chapelle qu'il avoit fait bâtir auprès de l'église de la Couronne, par les soins de la reine d'Angleterre sa fille, qui s'étoit retirée en France après la mort de son mari.

Cette église est une des plus belles et des plus régulieres de France ; et il est difficile à croire qu'un particulier, quelque aide qu'il ait eue des charités du peuple, qui n'étoient sans doute que celles des ha-

---

fille de Pierre Ier de France, seigneur de Courtenay, septième et dernier fils du roi Louis-le-Gros ; et, après l'an 1180, elle avait épousé en secondes noces Aymar Ier, comte d'Angoulême.

(1) Le manuscrit de La Couronne a raison contre la chronique de Tours, Corlieu et les historiens auxquels Gervais a emprunté la date de l'enlèvement d'Isabelle par Jean-sans-Terre. Le P. Anselme et les auteurs de l'*Art de vérifier les dates* placent cet événement en l'année 1200.

bitants du lieu et du voisinage, ait pu parvenir à faire construire un édifice d'une magnificence royale.

Quoi qu'il en soit, il paroît assez extraordinaire qu'on ait voulu construire dans un marais et sans doute sur pilotis, un bâtiment aussi vaste, et dans une campagne assez déserte, auprès d'un bourg où les habitants ont leur église paroissiale, qu'ils fréquentent préférablement à celle de l'abbaye ; en sorte que dans le temps du service divin on ne voit personne dans cette derniere, ou quelquefois quatre ou cinq assistants seulement, encore qu'elle en puisse contenir plus de mille. On peut juger de sa grandeur et de la hauteur et beauté de ses voûtes lorsqu'on saura qu'une seule des plus petites coûta autrefois plus de 10,000 écus à réédifier, un seul des piliers 25,000 livres, et que feu M. l'abbé de Courtebonne-Breteuil, précédent abbé, dépensa pareille somme pour la construction d'un appui à lanterne d'un des coins extérieurs de cette église.

Les autres bâtiments des religieux sont assez bien, ayant été rebâtis et rendus plus commodes dans les derniers temps, mais ils ne répondent pas à la beauté de l'église. Les religieux sont ordinairement au nombre de huit.

La maison abbatiale est à côté de l'abbaye, dont elle est séparée par quelques clôtures ; cette maison est fort ancienne, mais presque inhabitable. M. de Courtebonne y avoit fait de la dépense pour rendre un appartement haut logeable, mais ce qu'il avoit fait n'est qu'un commencement des grandes réparations qu'il y faudroit faire pour remettre en bon état tout ce qui y a déchu, non pas de son temps, mais par vétusté. Sa piété lui a fait destiner en mourant, à l'usage des réparations de cette abbaye, les revenus qu'il laissoit échus de ses bénéfices, et les louables intentions de ses héritiers, secondant son zele, leur ont fait prendre le soin de pourvoir à celles qui étoient nécessaires, tant à la maison abbatiale qu'aux autres bâtiments des métairies et moulins dépendants de l'abbé.

Les revenus de l'abbaye de la Couronne en leur total, y compris la mense des religieux, sont communément de 8,000 livres, dont une moitié est pour l'abbé et l'autre pour la mense; ils se perçoivent néanmoins séparément et sont assignés sur différents biens. La derniere ferme pour l'abbé a été portée à . . .(1). M. l'archevêque de Tours (2) a été pourvu de cette abbaye après la mort de M. de Courtebonne, en 1723; on croit qu'il n'est pas encore bullé.

Les religieux de la Couronne auroient pu augmenter les fonds de leur mense pendant ces dernieres années, que leurs revenus ont triplé, si le feu P. Aubert, leur procureur, ne les eût consommés en procès plus passionnés qu'utiles, pendant que la maison manquoit souvent du nécessaire. Cette communauté, devenue plus tranquille depuis sa mort, est à présent composée de sujets qui se don-

---

(1) Il ne nous a pas été possible de combler cette lacune du manuscrit.

(2) Charles Calonne de Courtebonne était mort le 8 ou le 9 octobre 1723. Louis-Jacques de Chapt de Rastignac, d'abord évêque de Tulle, puis archevêque de Tours, fut nommé le 17 octobre de la même année à l'abbaye de La Couronne. Il mourut le 2 août 1750.

nent au service et à l'étude, et qui emploient le bien du Seigneur, outre leur entretien mieux réglé, à orner leur église et leur bibliotheque, et à faire des charités aux pauvres.

Outre ces abbayes, il y a dans le diocese d'Angoulesme et néanmoins dans le Poictou, le prieuré conventuel de Lanville, à cinq lieues d'Angoulesme, ci-devant tenu en commande par MM. les abbés de la Rochefoucauld, et à présent par M. l'abbé de Roye, de la même maison; il vaut 4,000 livres de revenu, y compris la mense des religieux au nombre de quatre, qui sont aussi de la congrégation de France ou de Sainte-Genevieve.

L'abbaye de filles de Saint-Ozonne, ordre de Saint-Benoît, est située en la ville d'Angoulesme, où la communauté fut transférée, comme on l'a déjà dit, il y a 152 ans (1), à l'occasion des courses et des ravages des huguenots, du faubourg de ce nom, où on trouve qu'elle étoit établie dans le temps de Charlemagne qui lui avoit fait des dons et la reconnut pour être de fondation royale (2). Elles y pos-

---

(1) Il est dit, en effet, p. 282, que les religieuses de Saint-Ausone s'établirent sur le plateau en 1574; donc, en conférant les deux passages de notre auteur, on s'aperçoit qu'il écrivait cette partie de son mémoire dans le courant de l'année 1726.

(2) Cette prétendue antiquité n'est point justifiée. — Le plus ancien titre que l'on connaisse sur ce monastère est un acte antérieur à l'an 1028, par lequel Guillaume, IIe du nom, Girberge sa femme, et ses trois enfants Audoin, Geoffroy et Guillaume, donnent à l'église des saints Ausone, Aptone et Césaire, le maine seigneurial d'*Alamans*, situé sous la ville d'Angoulême, au-dessus de la rivière d'Anguienne. Cette charte, qui, citée plusieurs fois, n'a pas encore été publiée, est conservée aux archives du département, parmi les documents qui proviennent du chartrier de l'abbaye de Saint-Ausone. Nous la reproduisons à la fin du mémoire. (V. note IX.)

sedent un ancien château qu'elles acquirent alors des seigneurs de Bellejoye, et auquel on a ajouté depuis d'autres habitations pour les religieuses, dont le nombre ordinaire a augmenté en différents temps par les dotations qu'elles y ont portées. Elles sont à présent quarante, outre les sœurs laies; l'office s'y fait très-bien et la communauté est fort réglée. L'abbesse est Mme de Rothelin (1), qui joint une grande douceur à une vie exemplaire, et qui sait par son génie supérieur se faire également respecter et aimer par ses religieuses.

Cette abbaye peut valoir en son tout 6,000 livres de revenu, sur quoi il y a de grosses charges, des portions congrues à payer, et une très-grande dépense à faire pour l'entretien d'une aussi nombreuse communauté.

Couvents.

Il y a à Angoulesme un couvent de Cordeliers fort ancien, très-vaste et très-spacieux pour une petite ville; il paroît avoir été réédifié par reprise et sur de vieux débris, et est assez mal bâti pour les chambres des religieux. L'église et le réfectoire, qui se sont sauvés des ruines du reste du couvent, ou qui ont été rétablis depuis, sont deux assez belles pieces.

Les généalogistes de la maison de la Rochefoucauld et Duchesne ont écrit que ce couvent avoit été fondé par Guy, cinquieme du nom, seigneur de la

---

(1) Françoise-Gabrielle d'Orléans de Rothelin, fille de Henri et de Gabrielle-Éléonore de Montaut de Bénac de Navailles, fut nommée par le duc de Berri le 31 octobre 1711.

Rochefoucauld, et qu'il y fut enterré; ce dernier auteur cite même Corlieu pour garant de ce fait; mais ils se sont trompés, tant dans ce trait d'histoire que dans la citation. Selon que le témoigne notre chroniqueur, le couvent des Cordeliers d'Angoulesme fut bâti, des aumônes du peuple, vers la fin du XIIIe siecle, auquel temps Guy cinquieme étoit décédé (1). On croit avec plus d'apparence que ce fut Guy septieme, de la même maison, qui y voulut être inhumé, après avoir fait des libéralités au couvent, qui étoit déjà fondé. D'autres seigneurs de la Rochefoucauld peuvent aussi y avoir fait des dons et contribué à la réédification de l'église. On y voit leurs armes en quelques endroits, aussi bien que celles de quelques autres maisons, et on les y considere comme bienfaiteurs, et non comme fondateurs. Ils le sont seulement des Cordeliers de Verteuil, hors le diocese, où il y a cinq ou six religieux.

La communauté des Cordeliers d'Angoulesme est pauvre. Il y a quelques fondations pécuniaires pour des services, faites par la piété des fideles, même par les comtes d'Angoulesme, et à présent assignées sur le domaine du Roi, mais presque toutes si anciennes et dans un temps où l'argent étoit à un taux si haut, que les charges en rendent le produit onéreux. Les religieux, au nombre de douze ou quinze, auroient peine à subsister sans les rétributions de leurs messes et les charités.

Les Jacobins ont aussi un couvent dans le cœur

---

(1) V. la note X à la fin du mémoire.

de la ville, qui fut bâti en même temps que celui des Cordeliers, et aussi des aumônes du peuple (1). Ces deux couvents sont les deux plus anciennes maisons religieuses de tout le diocese. Celui des Jacobins paroît avoir été réédifié par reprise et sur d'anciens débris. La construction en est sans aucune regle et ne contient plus rien de beau. Il y a ordinairement huit ou dix religieux, qui vivent assez commodément, tant du produit de leur sacristie que de leurs fonds, quoiqu'ils en aient perdu une partie considérable par les billets de banque. Il ne leur manqueroit que plus d'union et de bonne intelligence entre eux.

Cette communauté se divise depuis assez longtemps, toutes les fois qu'il s'agit d'élire un prieur. Il s'est formé à ce sujet deux partis opposés, qu'il n'a pas été possible jusqu'à présent de concilier. Les supérieurs majors y ont envoyé des supérieurs étrangers, qui se sont rebutés du séjour d'une maison si troublée; il y est venu des commissaires de l'ordre, qui n'ont pu y introduire la paix; les magistrats séculiers y ont aussi vainement interposé leur autorité; et il n'y a plus que celle du Roi qui puisse faire cesser un désordre qui dure depuis si longtemps, et qui cause un scandale public, quelques-uns de ces religieux en étant venus aux mains plus d'une fois. Ils ont eu un cours de théologie fondé.

Il n'y a d'autres couvents d'hommes dans la ville d'Angoulesme, après les deux qu'on vient de dire,

---

(1) V. la note XI à la fin du mémoire.

qu'un de Minimes, qui fut bâti par la Reine, mere de Louis XIII, en 1619. La construction en est assez simple, quoique fort commode. Il n'y a ordinairement que cinq ou six religieux, qui sont sans fondation et fort pauvres, et qui ne subsistent que de la rétribution de leurs messes et de charités, avec beaucoup de peine. Les aumônes particulieres de M. l'évêque d'Angoulesme les ont soutenus pendant ces dernieres années, que les choses nécessaires à la vie ont été si cheres.

Il y a hors de la ville un couvent de Capucins qui est aussi beau que le peut être un édifice religieux de cet ordre. Il a été bâti, il y a environ vingt-huit ans, par les soins d'un provincial natif d'Angoulesme, qui trouva moyen de ramasser un fonds assez considérable pour cela, tant par une espece de contribution qu'il tira des autres couvents de la province de son ordre, que par les secours de quelques personnes charitables, et même d'y commencer une bibliotheque déjà assez belle. Il n'y a cependant ordinairement que douze religieux, qui subsistent avec peine.

Les Carmes réformés de sainte Thérese ont un couvent dans le faubourg de l'Houmeau, dont la maison, qui étoit autrefois celle d'un particulier, seroit belle pour un grand seigneur; mais elle se trouve serrée et incommode dans son habitation pour une communauté. L'église est très-petite. Il y a quelques fonds destinés pour en construire une plus grande, et l'emplacement s'y trouve; mais la somme n'est pas suffisante, et l'on auroit besoin du secours de quelques charités pour y parvenir. Les religieux ont un beau clos, qu'ils ont encore augmenté dans les derniers temps; ils ont d'ailleurs une rente assez considérable sur la ville de Paris et quelques fondations, et ils quêtent à la campagne, en sorte qu'ils peuvent subsister assez commodément, au nombre de sept ou huit qu'ils sont ordinairement.

Les Jésuites ont un collége à Angoulesme, qui fut fondé en 1622, par les maire et échevins (1). Il contient les trois basses classes, celles des humanités et de la rhétorique, un cours de philosophie et un particulier de physique, ce dernier fondé nouvellement par M. d'Argenson (2).

Ils jouissoient autrefois de la cure de Segonzac, qui avoit été unie à leur collége et qui valoit 1,400 ou 1,500 livres de revenu. Mais cette union ayant

(1) On pourrait aisément faire l'histoire du collége Saint-Louis d'Angoulême à l'aide des archives de cet établissement, qui sont présentement conservées au dépôt départemental. Elles sont peu considérables, il est vrai, mais elles contiennent des documents très-intéressants; nous en avons publié, cette année même, l'analyse. (V. *Inventaire sommaire des Archives départementales antérieures à 1790. Département de la Charente*, 3e livraison, série D. Paris, impr. Paul Dupont, 1864, in-4.)

(2) Marc-René de Voyer de Paulmy, marquis d'Argenson, lieutenant général de police en la ville de Paris, etc., était né à Venise le 8 janvier 1653, pendant l'ambassade de son père en cette ville; mais il était Angoumoisin par sa mère, Marguerite Houlier de La Pouyade, fille de Hélie Houlier, écuyer, seigneur de La Pouyade et de Rouffiac, lieutenant général au présidial d'Angoulême. Il succéda même à son grand-père maternel dans cette charge, qu'il exerçait en 1689, lorsque M. de Caumartin, l'un des commissaires des grands-jours tenus cette année-là à Angoulême, le sollicita de quitter son modeste siège et le décida à se rendre à Paris. C'est en souvenir de ses débuts comme magistrat dans notre ville, pour laquelle il ne cessa jamais de témoigner un vif attachement, qu'il donna, le 21 mai 1720, par acte reçu Baudin et son collègue, notaires à Paris, une rente seconde,

été cassée, il y a quelques années (1), le Corps-de-ville lui substitua une augmentation de pension, en sorte que le collége reçoit annuellement 1,300 livres d'une part et 1,700 livres d'autre, le tout faisant 3,000 livres assignées sur les octrois de la ville, outre la fondation de la classe de physique, qui est de 350 livres, et le revenu d'une prébende préceptoriale qui peut être de 150 livres, et pour laquelle néanmoins il y a procès nouvellement intenté par le sieur maitr'école de l'église cathédrale Saint-Pierre d'Angoulesme.

Ils ont aussi une terre appelée Mazottes, sur les confins de la Xaintonge, qui leur fut donnée par M. de Châteauneuf (2), à la charge d'entretenir chez eux six enfants de la terre de Ruffecq, qui seroient

---

foncière et non rachetable, de 350 livres, au principal de 7,000 livres, pour la fondation à perpétuité d'une seconde chaire de philosophie (et non de physique) au collége. Nous ne possédons pas la copie de cet acte de donation, mais nous avons retrouvé dans les minutes de Boilevin, notaire à Angoulême, l'acte de l'acceptation qui en fut faite le 17 juillet suivant, par les PP. recteur et syndic dudit collége.

(1) Par arrêt du Conseil d'État du 26 juillet 1692.

(2) La terre de Mazottes n'avait point été donnée aux Jésuites du collége d'Angoulême par le marquis de Châteauneuf (Charles de L'Aubespine, garde des sceaux de France), puisqu'il était mort depuis longtemps déjà, lorsqu'elle passa, en 1668, de la maison Green de Saint-Marsault entre leurs mains. Il est vrai seulement que François de L'Aubespine, marquis de Châteauneuf-sur-Cher et de Ruffec, frère et unique héritier du garde des sceaux, paya le prix de l'acquisition de Mazottes, montant à 39,400 livres, en déduction de la somme de 60,000 livres que ce dernier avait léguée aux Jésuites, par son testament du 23 septembre 1653, pour l'entretien et l'instruction de cinq écoliers au collége d'Angoulême. — L'autre portion du legs servit à acheter, en 1671, la seigneurie de Puyguillier, voisine de celle de Mazottes, et située comme elle dans la paroisse de Segonzac.

choisis par le fondateur, ce qui s'exécute exactement. Mazottes peut valoir 2,500 livres de revenu.

Les Jésuites, y compris les régents, sont ordinairement quinze religieux au collége d'Angoulesme, outre quelques freres. Ils subsistent assez aisément de leurs revenus; et, comme ils n'avoient rien en effets pécuniaires ni en contrats de constitution, il ne leur a été fait aucun remboursement en billets de banque, et ils n'ont point souffert du Systeme.

Il s'est construit depuis quelques années un séminaire à Angoulesme, par les soins de M. l'évêque (1), qui a presque seul fourni à la dépense du nouveau bâtiment, qui est assez beau; mais comme il n'y avoit d'ailleurs aucuns fonds pour le soutenir, on y a uni la cure de Saint-Martial, qui est une paroisse de la ville, dont l'église joint au clos du séminaire, ce qui en facilite le service à cette communauté. Ce sont les prêtres de la Mission qui tiennent ce séminaire, au nombre de quatre (2).

Il y a à Châteauneuf un hospice de Minimes, de trois ou quatre religieux seulement, qui y subsistent avec assez de peine depuis qu'une partie de leurs fonds leur a été remboursée en billets de banque;

Un couvent de Carmes non réformés à la Rochefoucauld, fondé par les seigneurs du lieu (3), où il y a ordinairement huit religieux qui subsistent par le secours des quêtes;

Un couvent de Cordeliers à Verteuil, fondé par

(1) Cyprien-Gabriel Bénard de Rezay.
(2) Ils s'y établirent le 10 mars 1704.
(3) Fondé en 1318, par Gui VII de la Rochefoucauld, qui le dota de 300 livres de rente, pour la nourriture et l'entretien de douze religieux.

les seigneurs du lieu, où il n'y a ordinairement que cinq religieux qui ont besoin de la charité pour subsister;

Un couvent ou hospice de Capucins à Ruffecq, de sept religieux;

Et un hospice de Minimes à Aubeterre, de cinq seulement, fort pauvres, avec un autre hospice de Cordeliers au nombre de quatre.

De ces quatre derniers couvents, les deux premiers sont du diocese d'Angoulesme, et les deux autres de celui de Poictiers, bien qu'ils appartiennent tous à la province d'Angoumois.

Les communautés de filles du diocese d'Angoulesme, outre l'abbaye royale de Saint-Ozonne, dont on a parlé, sont :

A Angoulesme : les Carmélites(1), au nombre de vingt religieuses ou environ, qui habitent une maison acquise d'un particulier, où elles sont fort à l'étroit. Feu M. de Balzac, gouverneur de la citadelle de Dunkerque, leur en légua une il y a quelques années d'une plus grande étendue; mais les derniers temps les ayant mises hors d'état d'y faire les réparations et augmentations nécessaires pour la réduire en habitation de communauté, elles se contentent d'en retirer les loyers et continuent de résider dans leur premiere maison. On ne prévoit pas que les choses puissent, à cet égard, changer sitôt.

Partie des effets de cette communauté, jusqu'à concurrence de 30 ou 40,000 livres, ayant été rem-

---

(1) Fondées le 4 mars 1654, par Madame de Regnauld, veuve de M. Du Châtelars.

boursés en billets de banque, depuis réduits et ensuite convertis en rentes sur l'Hôtel-de-ville de Paris au denier quarante, son revenu ordinaire en a considérablement diminué; elles subsistent néanmoins de ce qui leur reste par le secours de leur travail manuel.

Les filles du Tiers-Ordre de Saint-François furent fondées en 1640, par MM. de Nesmond (1); leur maison, qui est au centre de la ville, seroit belle pour un riche particulier, mais elle est fort peu commode pour une communauté. Celle-ci est ordinairement composée de vingt ou vingt-cinq dames de chœur. Elles ont souffert par le systeme des billets; cependant elles subsistent de ce qui leur reste, mais avec le secours de leurs familles et de leur travail manuel.

Celles de Sainte-Ursule (2), au nombre de vingt ou environ, ont été presque réduites à la mendicité par près de 100,000 livres de remboursement en billets. Elles ont vendu tout ce qu'elles pouvaient; et, le peu qui leur reste d'effets, avec la rente sur le Roi provenant de leurs billets, ne suffiroit pas pour leur nourriture, quelque frugale qu'elle puisse être, si elles n'étoient aidées d'aumônes publiques ou secretes et des charités de leurs familles.

Les filles de l'Union chrétienne ou de la Propa-

---

(1) Ce n'est pas en 1640, mais au mois de décembre 1642. Outre la maison qu'elles occupaient, elles reçurent 18,000 livres, à la charge de loger et d'entretenir deux religieuses, parentes des fondateurs. Cet établissement fut confirmé par lettres-patentes au mois d'octobre 1643.

(2) Les Ursulines furent établies à Angoulême en 1628, par l'évêque Antoine de La Rochefoucauld.

gation de la foi, pour l'éducation des nouvelles converties, s'y sont établies depuis vingt-cinq ou trente ans (1), au nombre de quatre ou cinq sœurs, sans aucun revenu fondé. Elles ont porté des dots et des pensions de leurs familles, à l'aide de quoi elles subsistent, ainsi que des pensions annuelles qu'elles retirent des filles séculieres, religionnaires ou autres, qui s'y retirent par ordre du Roi ou autrement.

Dans le plat pays : — les religieuses de la Visitation de Notre-Dame ont un couvent à la Rochefoucauld, fondé par les seigneurs du lieu (2), où il y a ordinairement quarante religieuses qui se sont senties comme les autres du Systeme, mais qui ne laissent pas de subsister de ce qui leur reste.

Il y a au même lieu de la Rochefoucauld une communauté d'hospitalieres qui n'est que de douze filles, qui subsistent par leurs dots. L'hôpital fut fondé il y a environ trente années par le sieur de Gourville, intendant de la maison de S. A. S. Monseigneur le Prince (3), et a depuis été augmenté par des legs de feues Mesdemoiselles de la Rochefou-

---

(1) Vigier de La Pile, dans son *Histoire de l'Angoumois*, dit que cette communauté fut établie après la révocation de l'édit de Nantes, c'est-à-dire après l'année 1685. Nous trouvons cependant dans l'*État de situation des maisons religieuses de l'élection d'Angoulême*, adressé en 1720 à l'intendant de Limoges, que le titre de fondation des filles de l'Union chrétienne est de l'année 1682. (V. Arch. départ. de la Charente, série C, art. 80.)

(2) Cette fondation eut lieu le 26 mai 1651 ; elle fut confirmée par lettres patentes accordées en 1669, et enregistrées au Parlement de Paris le 11 juillet de la même année.

(3) Jean-Hérauld de Gourville fonda cet hôpital en 1686, en conséquence des lettres patentes données au mois de novembre 1685, et enregistrées au Parlement de Paris le 8 mars 1686.

cauld ; on y entretient communément quinze à vingt pauvres.

Il y a une communauté de religieuses de l'ordre de Sainte-Ursule à la Valette, qui sont pauvres et hors d'état de faire relever les murs de leur clôture, qui sont renversés en plusieurs endroits ; cette communauté est composée d'environ vingt religieuses. La dame de Lardimalie, fille de condition du Périgord, en est la supérieure ; le couvent a été fondé par feu M. le maréchal de Navailles.

Il y a aussi à la Valette un couvent d'Augustins, composé de quatre religieux, qui y subsistent assez difficilement, et un hospice de deux sœurs grises.

Et enfin il y a une communauté de filles de l'ordre de Sainte-Claire à Aubeterre (1), composée de vingt-sept religieuses ; cette communauté est aussi fort pauvre.

Ces trois derniers couvents et cet hospice, quoique dans la province d'Angoumois, sont l'un et l'autre du diocese de Périgueux.

Les religieuses d'Aubeterre sont actuellement en contestation avec la dame de Saint-Paul, leur supérieure, qui prétend que le couvent est de fondation royale, et qui a obtenu en conséquence un brevet sous le titre d'abbesse, semblable à celui de sa devanciere, et a fait aussi établir une oblate (2).

Les religieuses soutiennent au contraire que leur

---

(1) D'après l'*État de situation des communautés*, déjà cité, les religieuses de Sainte-Claire n'auraient eu d'autre titre de fondation qu'un bref du Pape de l'an 1629.

(2) On appelait oblate une demoiselle de famille pauvre, qui était logée, nourrie et entretenue dans une abbaye ou prieuré de nomination royale.

couvent a été premierement fondé par M. le maréchal d'Aubeterre, et ensuite augmenté par les donations de dots que les filles ont eues de leurs familles, et rapportent le titre passé avec le seigneur. Elles ajoutent qu'il ne se trouve aucunes lettres patentes en faveur de cette communauté, et qu'il ne paroît pas que nos rois lui aient jamais fait aucuns dons; que la supérieure derniere décédée se maintint dans les fonctions de prieure perpétuelle par pure tolérance, mais que celle-ci ayant voulu tenter de se faire buller à Rome, sur la nomination de S. M., le Pape l'auroit refusé, sur ce que cette maison religieuse ne s'est pas trouvée comprise au nombre des abbayes royales inscrites en la chancellerie romaine.

Elles disent aussi que ces contestations ayant été portées à M. le cardinal Dubois, il auroit projeté un arrêt par lequel la supérieure devoit être déclarée simplement prieure élective et à temps, avec défense de prendre la qualité d'abbesse et injonction de rapporter son brevet, et que la religieuse oblate devoit aussi être condamnée à se retirer de la communauté.

Quoi qu'il en soit, car ni cet arrêt ni le projet n'ont paru, cet arrêt a été poursuivi après la mort de S. Ém. par les religieuses au grand Conseil, juge ordinaire des brevetaires, où elle est encore pendante (1).

Cependant, comme ce procès entretient la division

---

(1) A moins qu'elle n'ait été évoquée depuis au Conseil privé, et jugée, comme on le croit, depuis la composition de ce Mémoire.

(*Note de J. Gervais.*)

dans cette maison religieuse, d'ailleurs peu en état d'en soutenir les frais, il seroit à désirer qu'on pût trouver les moyens de pacifier ce trouble.

Hôpitaux.

Il y a encore dans la ville et faubourgs d'Angoulesme une communauté de filles hospitalieres qui servent, sous le titre de servantes des pauvres, les deux hôpitaux qui y sont établis, l'un dans la ville, sous le nom d'HôtelDieu, où il y avoit ordinairement vingt-quatre lits dans une salle basse et autant dans une haute, pour les pauvres malades du lieu, suivant l'institution, et où l'on recevoit aussi, même par préférence, les soldats passants, malades ou blessés. Cet hôpital n'avoit aucune fondation fixe; il s'étoit seulement formé des aumônes des particuliers et s'étoit ensuite soutenu par les charités de diverses personnes pieuses, qui y avoient fait des libéralités en différents temps, et par des dons et legs testamentaires. Les filles y avoient aussi porté des dots considérables dont le fonds, pour une moitié, étoit uni de droit à la mense des pauvres dès leur entrée en communauté, et l'autre moitié y revenoit après leur décès, en sorte que le revenu pouvoit aller, certaines années, jusqu'à 2,300 livres.

Mais comme les fonds se consommoient de temps en temps, par les grandes dépenses qu'on étoit obligé de faire pour l'entretien des pauvres malades et principalement par le grand nombre de soldats affligés de maux qu'on avoit accueillis pendant les longues guerres du regne de Louis XIV, dans un lieu de grands passages de troupes, et que le peu qui restoit de ces fonds a presque été entierement remboursé en billets de banque, cet hôpital est absolument tombé; les hospitalieres y subsistent avec grande peine et y consomment le capital de leurs dots. L'hôpital pourroit contenir dans son logement jusqu'à quatre-vingts malades ou plus, surtout depuis qu'on lui a légué le bâtiment d'un Jeu de paume voisin, s'il y avoit des fonds pour le réédifier en habitation d'hôpital.

L'autre hôpital, qui est hors de la ville, établi sous le nom d'Hôpital-général, étoit principalement destiné pour l'entretien des pauvres du lieu, infirmes, vieillards et orphelins, qui y étoient enfermés. Cet hôpital avoit ses revenus particuliers, qui, outre un pré d'une assez médiocre étendue, consistoient en effets, provenant des dons de personnes charitables, lesquels ont aussi été remboursés en billets de banque. Le revenu exigible étoit auparavant d'environ 1,600 livres, et on y entretenoit cent ou six vingts pauvres, suivant l'état qui en fut fourni au Conseil au mois de mai 1720. On a fait mention ailleurs des manufactures qu'on avoit tenté d'y établir.

Le montant des billets de ces deux hôpitaux et de la mense des filles hospitalieres qui furent portés au visa étoit de 82,490 livres, qui fut réduit à environ moitié, dont la rente au denier cinquante ne peut aller qu'à moins de 1,000 livres; cette rente n'a pas même été servie, de sorte que les portes de l'Hôpital-général ont été ouvertes et les pauvres congédiés.

Il est vrai qu'on en a depuis peu renfermé d'au

tres; mais ce sont les mendiants vagabonds qu'on a arrêtés en conséquence de la déclaration du Roi du 18 juillet 1724, pour la subsistance desquels on a réservé la moitié des gages des officiers municipaux des villes supprimés, qui étoient assignés sur les octrois, et pareille moitié des taxations et gages des greffiers et des syndics perpétuels des paroisses de la campagne, aussi supprimés, et où l'imposition est continuée pour cette moitié. L'entretien de nourriture de chaque pauvre pourroit se faire sur le pied de cinq sols par jour pour les enfermés, et de six ou sept sols pour les malades.

Le temporel de ces deux hôpitaux étoit régi, en conséquence d'un ancien réglement, par M. l'évêque, le lieutenant général, le procureur du Roi et le maire en exercice, qui étoient les administrateurs-nés, et auxquels on en ajoutoit quelques autres, ecclésiastiques, officiers, avocats et procureurs, avec deux trésoriers et deux syndics électifs. Ce même réglement contenoit d'autres statuts qui n'ont pourtant jamais été autorisés par lettres patentes, ni homologués.

Chapitres.

Les chapitres au diocese d'Angoulesme, sont :

Dans la ville d'Angoulesme : — celui de l'église cathédrale Saint-Pierre, composé de six dignitaires et de dix-sept chanoines, quatre semi-prébendés et un bas-chœur.

Les six dignitaires sont :

Le doyen, qui a 5,000 livres de revenu;

L'archidiacre qui a plus de 2,400 livres; c'est M. l'abbé d'Osmond, de la maison de ce nom, illustre en Normandie;

Le chantre, qui a, outre un canonicat joint, 8 à 900 livres;

Le maîtr'-école, 300 livres;

Le trésorier, 600 livres, outre un canonicat joint;

Et le théologal, avec un canonicat joint, 800 livres.

Les canonicats ne sont pas égaux. Les plus anciens chanoines qui ont opté graduellement, maison et gros, ont jusqu'à 1,000 livres, et quelquefois 1,200 livres de revenu; d'autres ont 800, 700 et 600 livres, et les derniers, avec les moindres gros et sans maison, ont au moins 400 et jusqu'à 500 livres. Ils ont établi parmi eux un usage qui déroge quelquefois à la regle de l'option graduelle, qui est que le résignataire *cum domo et grosso*, entre d'abord en possession de la maison et de l'ancien gros de son résignant; et, à l'égard de la résignation, encore qu'elle ne soit souvent consentie qu'*in extremis*, paroissant néanmoins faite entre les mains du chapitre, il donne sur le champ la collation du canonicat à celui que le mourant a indiqué, qui est ordinairement son plus proche parent, ce qui semble être une entorse à la regle *de infirmis resignantibus*, et une voie indirecte pour admettre une espece de succession dans les bénéfices.

Le chapitre en entier jouit de 40,000 livres de rente. On croit que ces revenus se sont grossis par celui de beaucoup d'églises de campagne qui, ayant été détruites et ravagées et leurs titres brûlés ou dissipés dans les révolutions et les différentes guerres qui ont agité le plat pays, ont donné lieu à ce chapitre, retiré dans la ville, de s'appliquer les biens ecclésiastiques abandonnés, qu'ils ont dans la suite prescrits.

Il a aussi trouvé moyen, en profitant des conjonctures du temps, de faire unir beaucoup de cures des plus considérables. Les unions en ont été attaquées par quelques vicaires perpétuels, et tous ceux qui ont eu la force d'en soutenir les procès en ont fait voir les vices et les ont fait casser; mais d'autres, réduits à une simple portion congrue et sans aucun autre secours, ne se trouvant pas en état de plaider contre un corps si puissant et si riche, ont été obligés d'abandonner leur entreprise; d'autres enfin n'ont pas osé l'attaquer, ce qui est cause qu'il y a si peu de bonnes cures en titre dans ce diocese.

Quoi qu'il en soit, une sorte de tradition nous apprend que ce chapitre n'avoit pas autrefois le quart du revenu qu'il a à présent.

Le chapitre d'Angoulesme s'est élevé presque dans tous les temps contre les évêques. Il plaida pendant trente ans contre M. de Péricard, prélat de saintes mœurs et prédécesseur de M. de Rezé, et fut enfin assujetti à sa juridiction, dont il avoit prétendu s'affranchir, par arrêt du Parlement de Paris du 4 septembre 1684. Cet esprit d'indépendance et d'opposition affectées contre son chef regne peut-être encore dans ce corps, ce qui ne tourne pas à l'édification des fideles.

On recherchoit autrefois avec empressement à

s'établir dans les terres des sieurs du chapitre d'Angoulesme : la douceur dont ces seigneurs usoient envers leurs vassaux, tenanciers et emphytéotes, la facilité qu'on trouvoit avec eux pour des anoblissements de contrats d'acquisition et les services des droits seigneuriaux, et la liberté avec laquelle on vivoit sous une semblable domination, excitoient un chacun à s'y ranger.

Les choses ont bien changé à cet égard dans les derniers temps. Presque tous les anciens membres du chapitre qui conservoient cet esprit étant morts, ont été remplacés par des jeunes gens que le zele de la maison du Seigneur enflamme peut-être avec indiscrétion; on ne voit plus que procès dans leurs terres, intentés par leurs officiers ou par eux-mêmes pour leurs droits seigneuriaux (1), et en particulier pour la chasse et pour la pêche, dont ils se montrent jaloux à l'excès. Quelques-uns des chanoines affectent de se trouver dans les églises de leurs paroisses pour s'y faire porter le pain bénit par-dessus les gentilshommes les plus qualifiés et les personnes de la premiere considération, quoique beaucoup de ces chanoines ne soient que de la lie du peuple. D'autres chassent ou pêchent eux-mêmes ou font exercer leurs droits les plus litigieux par des valets armés qui commettent les dernieres violences, ce qui est cause que tout le monde évite

---

(1) Les nombreuses procédures, dont quelques-unes très-curieuses, qui sont conservées aux Archives départementales, dans le fonds du chapitre cathédral d'Angoulême, témoignent de l'exactitude et de l'impartialité des observations de notre auteur.

d'habiter dans leurs terres, avec plus de soin qu'on en pouvoit avoir autrefois de s'y placer.

Le chapitre de l'église collégiale de la Rochefoucauld est composé d'un doyen, qui jouit de 1,000 livres de revenu; d'un chantre, dont le bénéfice vaut actuellement 800 livres, et de 12 chanoines, dont les canonicats valent chacun 3 ou 400 livres de revenu.

Le chapitre de l'église collégiale de Blanzac est composé de cinq ou six chanoines, qui n'ont de revenu que ce qu'il leur en faut pour subsister, à la tête duquel est un doyen perpétuel électif sous le titre d'abbé, qui a 6 ou 700 livres de revenu.

Il y a bien aussi à Aubeterre un chapitre dont le chef porte aussi le titre d'abbé, avec un chantre et quatorze chanoines, qui ont chacun environ 5 à 600 livres de revenu; l'abbé peut en avoir le double d'un chanoine; mais il est du diocese de Périgueux. Ce chapitre est troublé par beaucoup de procès depuis plusieurs années.

Décimes.

Le diocese d'Angoulesme est celui de tous ceux de France qui est à proportion le plus chargé de décimes. Il y a tel bénéfice qui n'a pas en tout 500 livres de revenu et qui porte 200 livres de décimes; et, dans les précédentes levées du don gratuit, ces deux charges emportoient constamment, suivant la commune supputation, les deux tiers des revenus ordinaires des bénéficiers. On a même observé, par la comparaison des autres dioceses voisins, que tel bénéfice qui paye en celui-ci 50 écus de décimes ne vaut pas néanmoins la sixieme partie de ceux des autres dioceses, qui n'en payent pas davantage. Cet abus fut principalement causé par une ancienne répartition de décimes qui se fit, il y a environ cinquante ans, dans une assemblée générale du clergé, où celui d'Angoumois négligea d'envoyer des députés pour soutenir ses intérêts; il provient aussi de ce que le réglement s'étant fait peut-être par rapport à la quantité de bénéfices, on n'entra ni en connoissance ni en considération de la modicité du revenu du plus grand nombre de ceux du diocese d'Angoulesme, fort inférieur en ce point à tous les autres du royaume.

Il paye donc actuellement 31,000 livres de décimes ordinaires et 9,000 livres d'impositions extraordinaires. Avant l'année 1720, les décimes ordinaires étoient d'environ 50,000 livres et les impositions extraordinaires de 16,000 livres.

Religion.

La religion catholique a toujours été la dominante en Angoumois, quoique les calvinistes s'y soient répandus en différents temps.

Ils surprirent la ville d'Angoulesme au commencement de l'année 1562, et s'y maintinrent jusqu'au mois d'août de la même année, qu'elle fut reprise sur eux.

En 1568, Angoulesme fut assiégée par l'armée protestante des princes de Navarre et de Condé.

Jean Girard, qui en était maire, et les habitants, quoique secondés de peu de troupes réglées, firent une longue et ferme résistance ; ils soutinrent avec bravoure plusieurs assauts, et ne se rendirent enfin qu'à toute extrémité et par une composition honorable. Mais, en haine de cette défense, les princes dépossédèrent ensuite Girard et firent élire maire en sa place Étienne Pontenier, de la religion prétendue réformée, qui fut continué sous la même autorité jusqu'en 1570, que, la paix ayant été faite, Girard et les autres officiers qui avoient été dépossédés par la faction des religionnaires, furent rétablis, et les élections forcées du parti huguenot déclarées nulles dans les actes d'assemblées du Corps-de-Ville, qui étoit toujours demeuré attaché, ainsi que le plus grand nombre des autres habitants d'Angoulesme, à l'Église romaine. Mais les désordres que la prise de la ville avoit causés ne s'étoient pas cependant bornés à de simples changements des officiers municipaux ; les huguenots ne s'en étoient pas tenus là : ils avoient eu la mauvaise foi d'enfreindre d'abord le traité qui avoit été arrêté et signé de part et d'autre pour la reddition de la place, qu'ils traiterent ensuite comme une ville prise d'assaut. Leur cruauté alla jusqu'à massacrer inhumainement non-seulement les catholiques séculiers, mais encore les prêtres et les personnes religieuses de l'un et de l'autre sexe, auxquels ils firent souffrir tous les tourments, tous les supplices et toutes les indignités que la barbarie la plus outrée peut imaginer. Ils renverserent et détruisirent l'église cathédrale de

Saint-Pierre, qui avoit été construite ou du moins commencée par Clovis (1), et qui étoit alors un bâtiment magnifique, ainsi que celle de Saint-Cybard et plusieurs autres. Celle de Saint-Pierre et quelques autres ont été rétablies en partie, dans la suite. Une tradition nous apprend qu'on enterroit des prêtres vivants et debout jusqu'au col, sur une plateforme qui est à l'entrée d'une des portes de la ville, et que leurs têtes, rangées sur la superficie de la terre, servoient de but pour jouer au palet, ce qui a donné lieu, à ce qu'on croit, à appeler cette porte la porte du Palet (2). L'histoire écrite de ces temps-là nous apprend qu'un religieux cordelier ayant été conduit au gibet, par ordre de l'amiral Coligny, prédit à ce général, présent, le malheur qui lui arriva dans la suite à la journée de la Saint-Barthélemy.

La fureur des huguenots n'épargna pas les morts; elle les porta jusqu'à déterrer les corps, principalement de ceux qui étoient décédés en odeur de sainteté. Ils tirerent celui du comte Jean-le-Bon de sa sépulture, le traînerent avec une rage extrême, et s'attacherent à en faire de même à tous ceux dont la mémoire étoit en plus grande vénération. Une histoire fidele de toutes les cruautés qui furent exer-

(1) Gervais commet ici une grosse erreur. Il ne restait plus trace, au XVIe siècle, de l'église construite par Clovis, et dédiée plus tard à saint Pierre; dès l'an 1120, elle avait été réédifiée *a primo lapide*, suivant l'expression de l'*Historia Pontif. et Comit. Engolism.*, par les soins de Gérard II, évêque d'Angoulême et légat du Saint-Siége.

(2) Cette étymologie, rapportée par notre auteur d'après d'autres écrivains, est odieuse parce qu'elle est fausse : nous connaissons bien, aux Archives du département, vingt chartes du XIIIe siècle, dans lesquelles il est fait mention de la fontaine ou du territoire du Palet.

cées en cette occasion jetteroit dans un long détail et paroîtroit à quelques-uns passionnée et suspecte; ou bien ceux qui y ajouteroient la foi qui lui seroit due liroient avec peine le récit de tant d'horribles excès commis par des chrétiens contre d'autres chrétiens. Il vaut mieux tirer promptement le voile sur un si triste tableau et finir le récit abrégé de ces calamités par cette simple et courte réflexion : la véritable religion peut-elle autoriser des actions si monstrueuses?

Les mêmes désordres se commirent dans la campagne, et il ne reste que des débris des plus belles églises qu'on y avoit jadis édifiées.

Il ne paroît pas que les huguenots soient rentrés dans la ville d'Angoulesme depuis ces temps-là; et quoiqu'ils aient couru la province en d'autres temps postérieurs et qu'ils s'y soient procuré des établissements pour l'exercice de leur religion, ils n'ont pu néanmoins pénétrer jusque dans la capitale, dont les habitants les ont toujours rejetés. Il y avoit bien quelques familles huguenotes dans les derniers temps, mais elles n'y avoient point de prêches, et elles étoient obligées d'aller à celui qui étoit bâti à une demi-lieue de la ville, au lieu appelé le Pontouvre, pour tenir leurs assemblées. Il fut détruit par les écoliers du collége des Jésuites, lors de la révocation de l'édit de Nantes.

Les religionnaires avoient aussi un temple à la Rochefoucauld, qui sert à présent d'hôpital. Un assez grand nombre de leurs familles, qui y étoient autrefois établies, l'avoient fait construire.

Il y en avoit aussi un à Saint-Aulaye, près d'Aubeterre, un autre à Verteuil et un autre à Ruffecq, qui y avoient été bâtis par les huguenots résidant en ces lieux-là.

Mais celui de la province le plus fréquenté étoit à Jarnac, à cause que non-seulement les habitants du lieu étoient presque tous calvinistes, mais encore que ceux de quelques paroisses des environs étoient de la même religion.

Ce grand nombre de religionnaires, sans mélange de familles catholiques, dans un même pays, et où ils sont riches et puissants, les rendoient plus audacieux qu'ailleurs à continuer leurs exercices malgré les défenses; et le voisinage d'autres lieux de la Xaintonge, où il y en a aussi beaucoup, leur en facilitoit les moyens.

Cet esprit d'attachement à l'erreur et d'indépendance contre les volontés du prince, d'inquiétude et de trouble, porta les religionnaires de ces cantons-là à faire, dans le temps de la régence, des mouvements sur les confins de ces deux provinces qui parurent mériter quelque attention; et comme l'auteur de ces Mémoires eut une connoissance singuliere de tout ce qui se passa à ce sujet, et eut une part aux moyens qui furent employés pour arrêter le cours d'un mal dont les suites pouvoient devenir fâcheuses, il a cru en devoir rapporter ici les circonstances, ce qui seroit peut-être de quelque usage pour la conduite qu'on devroit tenir s'il survenoit de semblables choses.

Les assemblées de ces religionnaires parurent avoir commencé par celle qui se tint la nuit du 8 venant au 9 de novembre de l'année 1716, dans un bâtiment abandonné, appartenant au nommé Pierre Perrochon, nouveau converti, habitant le village de Chez-les-Cours, paroisse de Touzac, châtellenie de Boutteville, sénéchaussée d'Angoulesme, généralité de la Rochelle.

L'assemblée étoit composée de soixante personnes ou environ, tant hommes que femmes.

Le nommé Barthelot, prédicant de la Mothe-Saint-Héraye, en Poictou, y fut conduit par quelques particuliers des environs, armés de leurs fusils.

Le prédicant y fit le prêche, on y chanta les psaumes, et il fut ramassé quelque argent pour lui.

Il fut informé de ces faits par-devant le juge-prévôt royal de Boutteville, qui décréta et fit emprisonner Perrochon, lequel reconnut et déclara une partie de la vérité par son premier interrogatoire, subi par-devant ledit juge, mais, plus tard, il en développa davantage les circonstances, dans un autre interrogatoire que fit le sieur Gervais, lieutenant criminel du Présidial d'Angoulesme, par-devant lequel l'affaire fut évoquée; par suite, Perrochon fut transféré dans les prisons de ce magistrat.

En l'absence du lieutenant criminel, l'assemblée du même siége décréta prise de corps le 16 du mois de janvier 1717 contre tous les particuliers chargés par les interrogatoires de Perrochon. Le vice-sénéchal d'Angoulesme, chef de la vieille maréchaussée, lors en fonctions, se munit d'une expédition de ce décret, à la fin du mois de juin suivant; et, s'étant transporté sur les lieux, c'est-à-dire dans les paroisses de Mainxe, Segonzac, Bourg-Charente, Jarnac, etc., non-seulement il mit le décret à exécution contre cinq ou six des particuliers qui y étoient dénommés, mais il informa d'office et décréta encore plusieurs autres, qui s'étoient assemblés peu de temps avant sa tournée.

Son information faisoit foi qu'il s'étoit tenu trois assemblées considérables au même mois de juin, dans les paroisses de Bourg, Segonzac et Mainxe, dans le détroit de la sénéchaussée d'Angoulesme, et toujours néanmoins dans la généralité de la Rochelle.

Ces assemblées étoient composées, suivant les dépositions de plusieurs témoins, de trois à quatre mille personnes, tant hommes que femmes; elles se tenoient pendant la nuit, et quelques-uns des assistants y paroissoient armés.

Barthelot, prédicant, élevé, au même lieu de réunion, sur une espece de théâtre, y faisoit le prêche, exhortant les auditeurs à ne point embrasser la religion romaine, et parlant irrévéremment du Pape et des évêques.

Un des témoins, mais unique, déposoit avoir ouï dire que le prédicant disoit qu'il ne vouloit plus prêcher qu'en plein jour, et que M. le régent lui avoit donné le pouvoir de baptiser et de marier.

Un autre témoin disoit qu'il y avoit environ trois cents chevaux d'équipage, tenus par des valets, comme à la queue d'un camp militaire.

Et un autre, parlant d'une conversation qui s'étoit tenue entre deux nouveaux convertis, déposoit que l'un d'eux disoit à l'autre : « Qu'est-ce que ce monstre, ce b... de prêtre fait, en levant son sot de calice? » et que celui-ci lui auroit répondu : « Il faudroit lui tirer un coup de pierre. »

On chantoit aussi les psaumes dans ces assemblées, et plusieurs des assistants tenoient des lumieres élevées autour du prédicant.

Les décrétés par le vice-sénéchal furent au nombre de soixante-cinq personnes, dont il n'en arrêta que trois, qui furent conduits, avec les cinq décrétés par l'assesseur, dans les prisons d'Angoulesme, où ils subirent tous l'interrogatoire par devant le lieutenant criminel, qui leur instruisit le procès, aussi bien qu'à Perrochon contradictoirement, et à Barthelot par contumace.

Et à l'égard des autres accusés décrétés et non arrêtés, le vice-sénéchal saisit et annota les biens des principaux, attendu leur absence, ce qui, à la vérité, causa du dérangement dans les maisons et familles de ces particuliers et d'autres qui furent intimidés par cette espece d'irruption qui avoit un peu trop l'air d'une course de parti dans un pays ennemi, pour le mettre à contribution, surtout dans une saison où la fuite presque générale des habitants de ces cantons et la désertion universelle de leurs domiciles, causées par la terreur de la démarche du prévôt et de ces emprisonnements, nuisoient infiniment à la récolte des blés; mais, d'un autre côté, il en résulta du moins une sorte de bien, qui fut la cessation de ces criminelles assemblées.

Le lieutenant criminel d'Angoulesme, à qui cette affaire fut entierement renvoyée, tant par un jugement de compétence que par toutes les décisions supérieures, regardant cette affaire comme de toute autre nature que celles du cours ordinaire de la justice réglée, ne crut pas devoir la juger sans en informer auparavant les principales puissances. Il la considéra non pas comme un simple procès entre particuliers, mais comme une affaire extraordinaire, qui dans ces circonstances de mouvements publics, d'assemblées tumultueuses et de prédications séditieuses, intéressoit également la religion, l'obéissance due au prince et la sécurité de l'État, à quoi il étoit important de pourvoir, surtout dans les commencements, et d'arrêter le cours de ces désordres dans leur principe.

Il lui parut aussi que la justice ordinaire pouvant se trouver trop foible pour réprimer l'audace de ces entreprises, il sembloit nécessaire d'appeler à son secours l'autorité de ceux qui se trouvoient les dépositaires de celle du Roi, pour y avoir recours en cas de besoin, et de concourir de toutes parts, chacun dans son ministere, à rétablir le calme et la tranquillité dans les provinces sujettes à Sa Majesté.

D'un autre côté, cet officier crut aussi que l'usage trop étendu du ministere de la justice, que le vice-sénéchal d'Angoulesme sembloit avoir fait, en décrétant tous les habitants d'un climat entier, pourroit tourner en abus et provoquer des suites fâcheuses : cette procédure entreprise contre un si grand nombre de gens confondoit les plus grands criminels avec les moins coupables, jetoit dans le désespoir des paroisses entieres, ruinoit quantité des meilleures familles, de bons et fideles sujets du Roi, et étoit peut-être capable d'enflammer une révolte dans les parties les plus considérables de deux grandes provinces, au centre du royaume.

Dans cet esprit, il pensa qu'en donnant quelques exemples de sévérité capables de contenir, il étoit néanmoins à propos de les restreindre contre les principaux coupables et de se contenter d'intimider le reste; et pour savoir sur cela à quoi il devait s'en tenir, il eut soin d'informer de tout M. le procureur général du Parlement de Paris, où ressortissoient les appellations des sentences qu'il devoit rendre à ce sujet, aussi bien que feu M. le comte de Chamilly, commandant dans la Xaintonge, et M. de Creil, lors intendant de la généralité de la Rochelle. Toutes ces puissances entrerent dans ses vues et approuverent les ménagements qu'il proposoit.

D'un côté, M. le procureur général écrivit au lieutenant criminel d'Angoulesme qu'ayant rendu compte de sa conduite en cette affaire à S. A. R. Monseigneur le duc d'Orléans, elle en avoit paru très-contente et lui ordonnoit de continuer sa fonction dans le même esprit qu'il avoit marqué, en lui prescrivant de ne décréter et instruire que contre les prédicants, ministres et maîtresses d'école, collecteurs d'aumônes ou boursiers, et contre ceux qui excitoient et fomentoient les assemblées et prêtoient leurs maisons pour les tenir, sans s'attacher à ceux qui n'étoient coupables que de simples assistances.

M. le comte de Chamilly, suivant aussi quelques-unes des idées proposées, envoya un détachement de gens de guerre, qui brûla et acheva de détruire les bâtiments de Perrochon, où s'étoit tenue l'assemblée du 8 novembre 1716, et approuva et même requit l'élargissement de quelques-uns des prisonniers.

Et, d'un autre côté, M. de Creil, en entrant aussi dans les mêmes vues, fit part au lieutenant criminel d'une lettre de M. le duc d'Antin, lors président du Conseil du dedans, qui marquoit que les zeles indiscrets n'étoient peut-être pas moins à craindre que les trop grandes tolérances, et qu'il ne savoit ce qui avoit le plus nui des deux au royaume. Dans ce même temps, M. le comte d'Aubeterre, partant de Paris pour passer en Gascogne, eut ordre de M. le régent de s'aboucher sur ce sujet avec le sieur Gervais, lieutenant criminel d'Angoulesme, auquel il écrivit, le 30 juillet 1717, de se trouver pour cet effet, le 4 août suivant, en la ville de Châteauneuf, où cet officier s'étant rendu au jour indiqué, ce seigneur lui expliqua les intentions de S. A. R., conformes à ce qui a été prédit, en l'assurant, de sa part, qu'elle étoit contente de ce qu'il avoit observé jusqu'alors, ce qui détermina le lieutenant criminel de rendre avec les officiers de son siége, une sentence le 26 février 1718, par laquelle Barthelot (1) fut déclaré dûment atteint et convaincu d'avoir fomenté et excité les assemblées illicites dont s'agissoit, d'y avoir prêché les erreurs et dogmes de la religion P. R., avec irrévérence contre l'Église catholique, apostolique et romaine et ses ministres, ensemble d'avoir excité les assistants de les faire en plein jour avec audace et scandale, et d'avoir tenu à ce sujet

---

(1) Le manuscrit porte tantôt *Berthelot*, tantôt *Barthelot*. Nous avons adopté l'uniformité d'orthographe.

des discours séditieux et contre la soumission et le respect dus au gouvernement; pour réparation de quoi il auroit été condamné à être pendu, et attendu son absence, par effigie, et en 300 livres d'amende; et à l'égard des autres accusés prisonniers, ordonné qu'il en seroit plus amplement informé contre eux dans six mois, qu'ils seroient cependant élargis, et que le décret décerné contre les dénommés fugitifs seroit exécuté.

Le lieutenant criminel rendit compte de la teneur de cette sentence à M. le duc d'Orléans par la médiation de M. le comte d'Aubeterre, qui en remit une copie à S. A. R., laquelle en parut satisfaite.

Cet officier en informa aussi les autres puissances, qui l'approuverent, et M. le duc d'Antin lui marqua, par sa réponse du 10 mars 1718, qu'on ne sauroit trop tenir de rigueur contre les prédicants, qui sont toujours les plus coupables et les auteurs des assemblées; qu'il seroit à souhaiter, pour l'exemple, qu'on pût arrêter Barthelot; qu'il est fâcheux d'avoir à punir, mais que la sévérité est nécessaire quand elle ne va qu'à arrêter les grands maux, et que l'interlocutoire prononcé contre ceux qui ne sont accusés que de simple assistance suffiroit pour leur faire craindre une récidive et empêcher les suites.

Les choses demeurerent tranquilles jusque vers la fin du mois de juin 1719, que les mouvements des religionnaires recommencerent aux environs de Jarnac. M. le comte de Chamilly en écrivit alors au lieutenant criminel d'Angoulesme, et lui manda de se transporter sur les lieux, ce qu'il fit et procéda à une information qui fut composée de plusieurs témoins et ensuite continuée. Il y étoit prouvé qu'il s'étoit tenu nouvellement des assemblées nocturnes de religionnaires dans les paroisses de Bourg, Segonzac, Mainxe, Saint-Preuil, Boutteville et autres circonvoisines, en pleine campagne; qu'elles étoient composées de mille ou douze cents personnes; que c'est particulierement dans les lieux appelés le Bois-Janson, le Bois-du-Pible et Pizany, dans ladite paroisse de Segonzac, qu'on s'assembloit; qu'il y avoit des gens armés qui se tenoient aux environs de la troupe et sur les avenues; que Barthelot y servoit de prédicant séditieux; qu'on y chantoit à haute voix les psaumes; que Barthelot et d'autres prédicants prenoient communément leurs retraites dans les villages de Chez-Voix, Martefonds, la Nerolle, les Courrades, Chez-Bichon, Chez-Biard, Chez-Barraud et au bourg de Segonzac.

Il y a une preuve particuliere de quelques assemblées, composées de trente à quarante personnes, la plupart habitants du lieu de Jarnac, qui se tenoient un peu au-dessus et au delà de la riviere; ceux ou celles qui passoient le bac le soir pour s'y rendre se tenoient enveloppés dans des manteaux, et néanmoins, quelques personnes auroient été reconnues et sont même nommées dans l'information, aussi bien que des particuliers des autres paroisses prédites, qui assistoient aux autres assemblées.

Il y avoit aussi des preuves singulieres contre la nommée X... habitante de Jarnac, et demeurant sur les fossés de la ville, qui faisoient foi qu'on avoit entendu chanter les psaumes chez elle et qu'il étoit venu quelques prédicants d'Angleterre qui défendoient aux assistants de se marier avec les catholiques, traitant ces sortes de mariage de B....

Les témoins qui avoient vu les assemblées disoient que le prédicant y étoit élevé au-dessus des autres, et qu'il disoit aux auditeurs : « Ne voyez-vous pas « que j'ai l'ange sur mon bras ? Souvenez-vous de « Dieu sept fois le jour ; » qu'il étoit entouré de lumieres ; que d'autres assemblées s'étoient tenues dans les Combes-des-Loges, au Terrier-de-la-Garde, et au lieu appelé la Brizarde, dans la paroisse de Saint-Preuil, du côté du bois de Salet ; dans celle de Critteuil, au Bois-Paillé, et dans celle de Segonzac ; et, dans cette derniere, le prédicant disoit que l'Église étoit sainte et pure dans son dedans et impure dans son dehors, ajoutant que dans l'Église catholique on ne pouvoit approcher des indulgences qu'à force d'argent, qu'elles n'étoient accordées qu'aux riches ; mais que parmi eux il n'en étoit pas de même, que les pauvres y étoient admis également. Le prédicant paroissoit être de l'âge de quarante-cinq ans, de médiocre taille, le visage et le teint basanés, ayant une perruque brune et un habit de serge rouge.

Un témoin unique déposoit par ouï-dire que le prédicant d'une assemblée tenue au lieu appelé le Bois-de-la-Vallée, près de Ligneres, exhortoit les assistants de chercher s'il n'y avoit point de catholiques dans les bois et de les tuer et saccager.

Mais comme de toutes ces preuves il ne résultoit rien d'assez fort contre les particuliers qui y étoient dénommés pour les comprendre dans le cas de ceux qui pouvoient être décrétés, parce qu'ils ne se trouvoient chargés que comme simples assistants, ces informations ne furent point décrétées.

Et néanmoins à l'occasion de ces procédures et des mouvements qui y avoient donné lieu, il fut fait un détachement de quelques soldats d'une compagnie de cavalerie du régiment du Roi et d'une compagnie d'infanterie du régiment de Piémont, que M. le comte de Chamilly envoya à ce sujet en quartier à Jarnac, Mainxe et Segonzac, et dont les officiers eurent ordre de se concerter avec le lieutenant criminel d'Angoulesme, qui se transporta pour cet effet sur les lieux.

Les habitants de Jarnac parurent d'abord vouloir refuser de recevoir ces troupes. Ils s'assemblerent pour cela avec un air de mutinerie, disant que les gens de guerre n'entreroient point dans Jarnac et n'y seroient point logés sans une route, ou autre ordre particulier du Roi, ce qui engagea les officiers de s'emparer du bac, afin d'être maîtres du passage sur la Charente et de faciliter à la troupe d'infanterie, qui étoit de l'autre côté, son entrée dans Jarnac, pour se joindre à celle de cavalerie qui y étoit entrée pendant ces délibérations ; mais le lieutenant criminel ayant communiqué aux syndics et principaux habitants les lettres de MM. de Chamilly et de Creil, qui lui avoient été adressées, et leur ayant représenté qu'en déférant aux ordres des dépositaires de l'autorité du Roi dans les provinces, ils obéissoient au Roi même, ils se soumirent au logement qui fut exécuté, selon les billets signés du syndic, sur l'état tiré du rôle des habitants, en présence dudit lieutenant criminel. Pendant le séjour que ces gens de guerre firent dans le pays, qui fut de quinze jours ou environ, ils arrêterent quelques religionnaires des plus notés, et entre autres un nommé Sarrode, demeurant au lieu de l'Étang, paroisses de Sainte-Radegonde, et de Saint-Surin en Xaintonge, près de Barbezieux, qui subit l'interrogatoire à Jarnac par devant ledit lieutenant criminel et fut ensuite transféré dans les prisons d'Angoulesme, où le procès lui fut instruit. Le chef principal d'accusation contre ce particulier rouloit sur un écrit en forme de sermon, contenant l'apologie ou les motifs de son apostasie de la religion catholique à la protestante, qu'on lui imputoit; il dénioit l'écrit, et déclaroit n'avoir point apostasié ni fait la profession de prédicant, non plus que l'exercice de la religion protestante.

Sur l'avis que le lieutenant criminel donna de cette affaire à M. d'Argenson, lors garde des sceaux, auquel il envoya copie du sermon, il en reçut une lettre en réponse, le 2 octobre 1719, par laquelle ce magistrat, après lui avoir observé combien il étoit dangereux d'asseoir une peine afflictive sur une vérification d'écritures par experts, et lui avoir cité de grands exemples de la foiblesse d'une semblable preuve, lui marquoit qu'il ne savoit pas s'il ne seroit pas plus régulier et plus prudent, en cas qu'il ne se trouvât point d'autres charges contre le prétendu prédicant, de laisser tomber la procédure ou d'implorer la clémence de S. A. R. pour y mettre fin.

Cette lettre du chef de la justice ralentit le cours de la procédure contre Sarrode et adoucit l'esprit de ses juges; on considéra que sa faute, si elle étoit véritable, ne se trouvant pas publique, pourroit se réparer par un repentir. Il n'étoit pas prouvé d'ailleurs que ce sermon eût été débité, et ce qui manquoit à la conviction de cet accusé détermina à ordonner seulement, par une sentence du 14 janvier 1721, qu'il seroit plus amplement informé dans six mois contre Sarrode, lequel seroit cependant élargi. Depuis ce temps-là, les choses ont paru tranquilles sur le fait de la religion dans ces cantons.

On a cru devoir s'étendre sur cette matiere, tant à cause de son importance, que parce que Jarnac a toujours été un centre d'huguenotisme; que les missionnaires d'exhortation, non plus que les dragons, n'y ont opéré aucunes bonnes conversions, et que la fameuse bataille de Jarnac nous doit faire souvenir que ce lieu-là a été dans tous les temps le refuge et le fort des calvinistes.

Villefaignant est encore une espece de Geneve. C'est un bourg situé sur les confins des provinces d'Angoumois et de Poictou, dans la terre, justice et diocese de l'évêché de Poictiers, sénéchaussée et présidial de ce même nom, en partie, et néanmoins dans la généralité de Limoges, élection d'Angoulesme, sénéchaussée et présidial du même lieu, en partie.

Presque toutes les familles de ce lieu-là sont religionnaires, et les nouveaux convertis, qui ne l'ont été que par autorité ou considérations humaines, y font très-mal leur devoir. On y a eu une attention particuliere à procurer aux enfants leur instruction dans la religion catholique; mais, pour y parvenir, on a été obligé de les tirer souvent d'entre les mains de leurs parents, qui les élevoient dans les préjugés du calvinisme ; et, en se conformant à ce qui s'étoit déjà fait plusieurs fois, on a, en dernier lieu, mis deux filles au couvent de l'Union, à Angoulesme, par ordre de la Cour, expédié sur l'avis de M. Dorsay, intendant de la province, ce qui a opéré un bon effet et ce qui n'est pas néanmoins suffisant pour ramener ces brebis égarées, qui ont besoin d'être encore rappelées par de nouveaux exemples. La déclaration du Roi du 14 mai 1724 a fermé la bouche aux émissaires des huguenots, lesquels, donnant une fausse interprétation à la conduite circonspecte qu'on tenoit à leur égard et abusant de la douceur du Gouvernement, insinuoient dans les esprits qu'on prétendoit les favoriser, ce qu'il étoit d'une dangereuse conséquence de laisser croire ; et, d'un autre côté, les dispositions séveres de cette même déclaration, encore qu'elles n'aient pas la rigueur des précédentes ordonnances de Louis XIV, et qu'elles contiennent même certains adoucissements sur quelques articles, ont donné lieu à des ecclésiastiques d'un zele outré d'en vouloir étendre les effets un peu trop loin, ce qui étoit capable d'allumer les peuples et de porter beaucoup de religionnaires à passer dans les pays étrangers, au lieu d'attendre avec patience, dans leur patrie, qu'il plût au Seigneur de les illuminer, ce qui n'auroit pu que causer de nouveaux maux au royaume.

Le sieur Gervais, lieutenant criminel d'Angoulesme, auquel, en cette qualité, l'exécution de cette déclaration est attribuée dans sa sénéchaussée, comme aux autres baillis et sénéchaux, chacun dans l'étendue de son ressort, s'est conduit dans ces derniers temps dans cet esprit : il a fait le procès à ceux qui sont sortis du royaume sans permission, aussi bien qu'à la mémoire de ceux qui, après avoir été exhortés, ont déclaré publiquement et avec scandale, en mourant, qu'ils persistoient dans leurs erreurs, pour prononcer, en ce cas, les peines portées par les déclarations de Sa Majesté ; mais lorsque ces sortes de déclarations de malades n'ont pas été précédées des exhortations des pasteurs, qu'elles n'ont pas été publiques, suivies, soutenues et faites avec scandale ; que la preuve n'en a pas été établie par témoins dignes de foi, ou que le malade, revenu en santé, a paru être dans des sentiments différents de ceux qu'un curé prévenu, indiscret, ou peut-être passionné, lui imputoit, ce juge a cru ne devoir pas prêter le ministere de la justice et le bras séculier au zele souvent outré de ces ecclésiastiques ; en quoi il a été instruit et guidé par M Dorsay, qui lui a communiqué sur cela l'intention de la Cour, et lui a fait l'honneur de lui faire part d'une lettre écrite à ce sujet par M. le garde des sceaux, où le génie supérieur de ce chef des Conseils, sa science des ordonnances, son équité et sa suprême sagesse se reconnaissent également. Le lieutenant criminel d'Angoulesme a respecté cette décision, et s'y est soumis, comme à l'interprétation du législateur même.

Les choses sont donc à présent en termes, dans la province, qu'on n'y doit craindre ni d'exercice pratiqué de la religion P. R., ni d'assemblées ou autres actes prohibés par les lois du prince, ni d'évasion d'aucuns religionnaires; et, si le calme et la tranquillité étoient semblables ailleurs, on ne se trouveroit pas obligé d'envoyer des ordres dans les ports de France pour empêcher la sortie des huguenots.

Gouvernement.

Le gouvernement militaire comprend non-seulement l'Angoumois, mais encore la Xaintonge, avec les villes de Xaintes et de Saint-Jean-d'Angély, aussi bien que celles d'Angoulesme et de Coignac.

Le gouverneur est M. le duc d'Uzez, qui est aussi le gouverneur particulier d'Angoulesme. Il a fait recevoir en survivance M. le duc de Crussol son fils; et les lettres de ce dernier ayant été envoyées à Angoulesme pour y être enregistrées au Corps-de-Ville, le sieur Gervais, lieutenant criminel, lors maire, prononça à ce sujet, le 6 mars 1721, un discours qu'on a cru devoir transcrire ici, parce qu'il contient des faits qu'il étoit de l'esprit de ces mémoires d'y faire entrer.

« Messieurs,

« L'honneur qu'il a plu à Monseigneur le duc d'Uzez de nous faire, en ordonnant que les lettres de survivance au gouvernement de ces provinces, accordées par Sa Majesté à Monseigneur le duc de Crussol son fils, seroient lues en cette assemblée et enregistrées dans nos archives, celui que j'ai reçu par l'adresse qu'il m'en a faite, ce que je lui dois en particulier, et ce que le corps à la tête duquel je me trouve placé ressent en cette occasion, ne me permettent pas de garder aujourd'hui le silence.

« Notre province, Messieurs, est plus distinguée dans l'État que beaucoup d'autres d'une plus grande étendue : elle a été le patrimoine de nos anciens princes, l'apanage des enfants de France, et est à présent le domaine sacré de nos Rois.

« Son gouvernement a été déféré, dans tous les temps, aux plus grands seigneurs du royaume. Monseigneur le duc d'Espernon, dans le plus haut degré de son élévation, s'en tenoit honoré et chérissoit particulierement cette ville. Les fortifications qu'il y fit construire, et qui subsistent encore, furent moins élevées pour donner un frein à des habitants d'une fidélité reconnue que pour servir de rempart à leur sûreté ; et il la choisit pour asile à une grande Reine obligée de céder à l'ambition d'un puissant ministre.

« Monseigneur le comte de Schomberg, son successeur, crut sa valeur assez récompensée par un gouvernement aussi important ; et Monseigneur le comte de Brassac, après lui, en fut revêtu comme d'une dignité qui répondoit à la grandeur de son nom et au mérite de ses services.

« Louis XIV, de glorieuse mémoire, en le conférant ensuite à M. le duc de Montauzier, sembla n'avoir voulu confier le soin de nous régir qu'à celui même qu'il avoit chargé de l'éducation de son fils unique, héritier présomptif de sa couronne, et qui devoit l'être de ses héroïques vertus. Le souvenir des bienfaits dont ce seigneur combla notre patrie, Messieurs, ne s'effacera jamais ; le rétablissement du plus beau de nos priviléges, ce célebre monument de notre gloire, fut l'effet de sa puissante protection (1).

« Elle a passé à ses successeurs avec le gouvernement, qui fut l'acquêt de sa vertu : feu Monseigneur le duc d'Uzez, chargé de ce noble légat, le recueillit comme un héritage précieux, et nous honora toujours des mêmes bontés.

« Son fils aîné, dont la mort moissonna nos espérances sur le champ de victoire, à la bataille de Nerwinde, nous promettoit de semblables faveurs, et cette espérance auroit été la disgrâce la plus fatale pour nous si elle ne se trouvoit heureusement réparée en la personne de son illustre frere.

« Son attention à nos besoins, Messieurs, ne se borne pas à notre bonheur présent ; sa prévoyance s'est portée plus loin : il a voulu nous assurer, et aux nôtres, par la survivance d'un autre lui-même, une affection et un appui héréditaires ; et ce qu'il a de plus cher en devient le gage.

« Les lettres dont nous venons d'entendre la lecture portent le glorieux témoignage de la satisfaction que le Roi et le sage prince qui régit l'État ont eu de ses services, et cette nouvelle marque des bontés

---

(1) Gervais fait ici allusion au privilége de noblesse accordé par le roi Louis XII, en juin 1507, aux maire, échevins et conseillers de la commune d'Angoulême, au nombre de vingt-cinq, supprimé par un édit de mars 1667, et rétabli par lettres patentes de juillet 1673, mais en faveur du maire seulement, à la condition qu'il exercerait sa charge pendant trois années.

du souverain pour nous, en ranimant notre zele et notre fidélité, doit aussi redoubler nos vœux pour l'illustre maison à laquelle nous nous trouvons si inviolablement attachés.

« Cette chaîne de grands hommes qui ont été successivement les dépositaires de l'autorité royale dans cette province, ne s'est pas formée des liens de notre liberté ; elle a été plutôt une suite heureuse de protecteurs, qui nous ont bien plus servi de peres qu'ils ne nous ont traités en maîtres.

« Leur titre de gouverneur particulier de cette ville, en rendant leurs fonctions plus immédiates et nous rapprochant davantage de leur tribunal, rend en même temps leurs grâces plus familieres, plus sensibles et plus fréquentes.

« Le jeune seigneur destiné à leur survivre, Messieurs, nous annonce les mêmes félicités ; la nature s'est hâtée de nous les préparer. Les belles qualités dont il brille déjà, et qui se découvrent en lui en plus grand nombre que les années, sont cultivées par l'éducation la plus parfaite, et tout nous répond que, fidele à marcher sur les pas de ses ancêtres, il saura nous faire jouir des mêmes priviléges.

« Que ne pouvons-nous, Messieurs, en plaçant ces lettres dans nos fastes, graver sur le même vélin les sentiments dont nos cœurs sont pénétrés! Nos neveux y trouveroient les plus dignes traces de leur devoir.

« A ces causes, Messieurs, je requiers et suis d'avis que les lettres de survivance de Monseigneur le comte de Crussol au gouvernement des provinces de Xaintonge et d'Angoumois, et des villes, château et citadelle d'Angoulesme et de Xaintes, dont copies vidimées sont représentées et lecture vient d'être faite, soient registrées au greffe et secrétariat du Corps-de-Ville, pour y avoir recours quand besoin sera. »

Le lieutenant général de Xaintonge et Angoumois est M. le marquis de Jonzac, fils de M. le comte d'Aubeterre; le lieutenant de Roi d'Angoumois est M. le marquis d'Eschoisy.

Le lieutenant de Roi de Xaintonge est M..... (1)

Il y a aussi un commandant au château d'Angoulesme, qui n'étoit autrefois qu'un simple concierge qui n'avoit aucune autorité sur la ville, le maire y ayant le commandement, avec le titre de capitaine, et tenant les clefs de la ville, qu'il recevoit lors de son élection, conformément aux priviléges, droits et concessions de nos Rois, et suivant l'usage observé depuis environ trois siecles; mais feu M. le duc de Montauzier, dans le temps de sa grande faveur, obtint des provisions de lieutenant de Roi de la ville et château d'Angoulesme pour ce commandant, et ôta les clefs au maire à l'occasion des guerres civiles, en 1651, ce qui a continué depuis.

Histoire du pays.

L'Angoumois ne paroît pas avoir été connu du temps de Jules César : cet historien n'en fait aucune mention dans ses *Commentaires*. On voit par la carte qui en a été tirée que le pays d'entre la

---

(1) Le marquis de Soudeilles.

Xaintonge, le Poictou, le Limouzin et le Périgord, qui y sont marqués, n'y a aucune dénomination, et qu'il n'y est fait mention d'aucune place, soit que ce pays fût confondu avec ces autres, comme dépendant de quelqu'une de ces quatre provinces ou faisant partie de chacune, soit qu'il fût alors entièrement couvert de bois et non fréquenté; il n'y est même fait aucune mention de la Charente, dont le cours qui le traverse sembloit devoir être connu, à moins qu'on ne veuille dire que les rivieres ne l'étant, en ces temps-là, qu'autant qu'elles étoient navigables, la Charente n'ayant été mise que depuis en état de navigation, étoit aussi inconnue que le pays qu'elle arrosoit.

L'Aquitaine ne comprenoit pas alors les pays dont nous parlons; elle ne s'étendoit que depuis la Garonne jusqu'aux Pyrénées, en descendant au Midi. On croit que ce fut sous Auguste qu'elle fut augmentée des pays qui sont depuis la Garonne jusqu'à la Loire, en remontant vers le septentrion.

Histoire particuliere de la ville d'Angoulesme.

Il y a apparence que la ville d'Angoulesme, qui n'étoit point certainement bâtie alors, le fut dans la suite par les Romains, puisqu'elle se trouva une forte place lorsque Clovis la prit sur les Goths ou Visigoths, à moins qu'on ne voulût dire qu'elle avoit été édifiée par ces derniers peuples; mais le peu de temps qu'ils occuperent le pays, qui fut de moins d'un siecle, comparé au long temps pendant lequel les Romains le dominerent, qui fut de plus de quatre cents ans, fait présumer sa construction plus ancienne que la gothique.

D'ailleurs, nous ne voyons aucunes traces ni vestiges qui nous conduisent à croire qu'Angoulesme fut bâti par les Goths; nous trouvons, au contraire, que partie des principaux lieux de la province empruntent leurs noms de termes latins et ont leur racine dans cette langue, ce qui doit nous faire comprendre que les Romains, qui l'avoient apportée et rendue dominante dans les Gaules après leurs conquêtes, avoient donné les dénominations à chaque lieu suivant sa nature et sa situation, à mesure qu'ils occupoient le pays en le défrichant, et qu'ils y établissoient des habitations; par exemple : la Charente, *Carantonus*, ab *Acheronte;* Aubeterre, ab *Alba terra,* le terroir y ayant en effet la couleur blanche ; Montignac, qui est un château sur la montagne au pied de laquelle les eaux passent, vient de *Mons in aquis;* Maignac, sur la Touvre, à l'endroit où la riviere est la plus large, a *Magnis aquis;* Vibrac, où la Charente est rapide, a *Vibrantibus aquis;* Angeac, où les eaux serpentent, ab *Anguentibus aquis ;* Bassac, où elles sont basses, a *Bassis aquis;* et peut-être Coignac, a *Cognitis aquis,* parce que Coignac a été longtemps la tête de la navigation de la Charente, inconnue au-dessus; Saint-Amant de Boixe ou des Bois, a *Buxetis;* Saint-Amant-de-Bonnieure, sur la riviere de ce nom, a *Bono ydore,* qui est un mot grec qui veut dire bonne eau, depuis latinisé, et ensuite francisé comme les autres, et ainsi du reste (1).

On peut donc conjecturer que les Romains ayant pénétré dans le cœur et dans toutes les parties de la province, en ayant été pour ainsi dire les pre-

(1) Toutes ces origines de noms de lieux, à l'exception de celles qui sont attribuées à Aubeterre, à Saint-Amant-de-Boix et à Saint-Amant-de-Bonnieure, lesquelles se justifient par les textes des documents du moyen âge, ne sont que des jeux de l'imagination. Bien des gens, en Angoumois, qui ne manquent pas de certaines prétentions à la science et ne se font pas faute de fabriquer à plaisir des étymologies, pensent encore, comme notre auteur, que les terminaisons en *ac* dans les noms de lieux dérivent du substantif *aqua*, tandis qu'un peu d'attention et de recherches suffisent pour se convaincre que ce mot est toujours traduit dans la langue française par *aigue*, dans la langue du Limousin et du Périgord par *aïgo*, et dans la langue vulgaire de notre pays par *aive*. Il serait facile de citer, en s'aidant du *Dictionnaire des Postes*, un grand nombre de noms de lieux, étrangers à notre province, dont l'origine incontestable et bien connue confirmerait nos observations; nous nous bornerons à rappeler seulement quelques noms qui appartiennent à notre contrée : Aiguechave (*Aqua cava*), dont nos modernes géographes, par un écart d'orthographe singulier, ont fait *ecchave*, et même *ecquechave*; Aiguependant (*Aqua pendens*); Montaigon (*Mons aquosus, de Monte aquoso*). — Sans doute, si nous songeons à l'état d'enfance dans lequel était encore la philologie, au temps de Gervais, nous devons être indulgent pour lui; nous ne pouvons que sourire, en lisant les étymologies de fantaisie qu'il nous présente; mais que devons-nous penser de sa critique, lorsqu'il fait venir le nom de la Charente, *Carantonus*, de l'Achéron, se fondant vraisemblablement sur la fiction poétique imaginée par le poëte Ronsard, dans le passage suivant de son Hymne IXe (liv. I), sur la bataille de Moncontour ?

> Ils (les calvinistes) ont été foudroyés,
> Poudroyés
> Sur les bords de la Charante.
> Charante, qui prend son nom
> D'Acheron,
> A tels espritz sert de guide,
> Les passant comme en bateau,
> Par son eau,
> Au riuage Acherontide.

miers colons, et ayant répandu des habitations partout, ne négligerent pas d'en construire une principale dans le centre du pays où se trouve Angoulesme, dont la situation, fortifiée par la nature, entre deux rivieres, à portée des bois, des prairies et des plaines, et dans le meilleur terroir de la province, dut être choisie par ces peuples pour en faire le chef-lieu, le nom de cette ville se tirant aussi du latin et les auteurs qui en ont écrit en cette langue l'appelant encore tantôt *Incola,* comme premiere et principale habitation, et tantôt *Incolea, Inculisma, Æqualisma, Aquilisma, Engolesima* et *Engolisma.*

Histoire de l'Aquitaine (1).

L'augmentation de l'Aquitaine, sous Auguste, donna lieu à la diviser en deux parties, l'une qualifiée premiere et l'autre seconde. L'Angoumois fut compris avec le Poictou, la Xaintonge, le Bordelois et l'Agenois, sous la seconde.

L'Aquitaine fut encore augmentée et divisée dans la suite, sous d'autres empereurs romains. L'Angoumois fut séparé de la partie d'Aquitaine qu'on appeloit Novempopulanie et de Bordeaux.

Lorsque l'empire romain commença à chanceler, les Vandales se jeterent dans les Gaules, et principalement dans l'Aquitaine, qu'ils ravagerent plutôt

---

(1) Les faits relatés dans cet article sont généralement exacts; mais la chronologie laisse beaucoup à désirer. Nous l'avons rectifiée dans nos notes à l'aide de l'*Art de vérifier les dates.*

qu'ils ne la conquirent. L'empereur Honorius, qui voyoit l'empire attaqué de toutes parts et presque inondé par les nations barbares, fut obligé de céder une partie de l'Aquitaine aux Visigoths, qui s'emparerent dans la suite du reste de cette province et l'occuperent tout entiere, sous le titre de royaume, établissant leur capitale à Toulouze, où leurs Rois se maintinrent pendant environ quatre-vingt-dix ans.

Les François, d'un autre côté, ayant pénétré par le Rhin dans la Gaule Belgique et dans la Celtique, étendirent leur domination sous leurs premiers Rois, jusqu'à Clovis, lequel entra en guerre avec Alaric, lors roi des Visigoths. Les deux armées se rencontrerent à Civaux, près de Poictiers, où Clovis présenta la bataille à Alaric, le défit et le tua de sa main, en 507, ou 508 selon quelques auteurs, ou, selon d'autres, en 509 (1).

L'année d'après cette victoire (2), Clovis assiégea partie des débris de l'armée des Visigoths, qui s'é-

(1) Cette bataille eut lieu, en 507, *in Campo* ou *Campania Vocladensi*, suivant l'expression des plus anciens chroniqueurs et historiens, à la proximité du Clain, et à la distance de dix milles de Poitiers. Toutefois, les auteurs ne sont pas d'accord sur le nom moderne qu'il convient d'appliquer à cette ancienne désignation de lieu. Trois localités du Poitou ont été indiquées comme correspondant au *Campus Vocladensis;* ce sont : Civaux (aujourd'hui canton de Lussac, arrondissement de Montmorillon), Vouillé (aujourd'hui chef-lieu de canton, arrondissement de Poitiers), et Voulon (aujourd'hui canton de Couhé, arrondissement de Civray). La dernière opinion nous paraît la plus vraisemblable ; elle a été développée d'une façon remarquable par MM. de Beauregard et Saint-Hypolite dans les *Mémoires de la Société des Antiquaires de l'Ouest.* (V. t. II, année 1836, p. 109, et t. XI, année 1844, p. 59.)

(2) En 508.

toient réfugiés à Angoulesme, comme dans la place la plus forte de ces provinces. Une dévote tradition nous apprend que ce prince, qui s'étoit fait chrétien depuis quelques années, prévoyant qu'il ne pourroit que très-difficilement forcer la ville, se mit en prieres, et que, par l'intercession de saint Jean, dont la fête tomboit le lendemain, il obtint le secours du ciel, et qu'à son réveil il trouva une bréche qui s'étoit faite pendant la nuit, et qu'à la faveur de cette ouverture il emporta la ville d'assaut et passa tous les Visigoths, qui y étoient en grand nombre, au fil de l'épée.

Il y a actuellement, dans le mur de la ville et dans l'endroit même où l'on prétend que cette bréche miraculeuse s'étoit faite, une église bâtie en l'honneur de saint Jean, qu'on assure avoir été édifiée en mémoire de cet événement.

Quoi qu'il en soit de la vérité de ce miracle, soit que Dieu l'ait voulu permettre en faveur d'un Roi nouvellement baptisé, pour établir le christianisme dans des temps où il n'étoit pas encore bien affermi et où l'Église étoit d'ailleurs travaillée par l'hérésie des Ariens, soit que les murs étant tombés par vétusté, Clovis se servit habilement de cette conjoncture pour imprimer à ses soldats une plus grande vénération pour lui et une plus grande confiance en leur prince, qui paroissoit si visiblement favorisé du ciel, on conçoit toujours qu'Angoulesme étoit une place close forte et importante, ce qui doit faire présumer qu'il y avoit déjà du temps qu'elle étoit construite.

Clovis acheva de réduire absolument toute la Gaule Aquitaine l'année suivante, qui fut en 510, et établit à Angoulesme, pour évêque, Aptonius son chapelain, comme on l'a déjà dit, et un comte ou gouverneur dont les fonctions n'étoient qu'à vie (1).

Après la mort de Clovis, ses enfants ayant partagé ses États, le royaume d'Orléans et celui d'Aquitaine échurent à Clodomir, qui fut tué quelques années après, en 521 (2), dans une bataille contre les Bourguignons.

Quoique par la mort de Clodomir le royaume d'Aquitaine appartînt à ses enfants, néanmoins Childebert, Clotaire et Théodoric, ses freres, s'en emparerent, et, pour se maintenir dans leur usurpation, massacrerent dans la suite les enfants de Clodomir.

Après cette cruelle action, ils partagerent entre eux trois les États qu'il avait laissés, et Clotaire eut en son lot la partie d'Aquitaine qui comprenoit l'Angoumois et les pays circonvoisins; mais ses deux autres freres étant dans la suite décédés sans postérité masculine, Clotaire réunit seul en sa personne non-seulement le reste du royaume d'Aquitaine, mais encore le surplus de la monarchie des Gaules.

Clotaire ayant épousé jusqu'à cinq femmes et eu des enfants de trois, sa famille s'étoit divisée même

---

(1) La soumission de l'Aquitaine et le commencement de l'épiscopat d'Aptonius I eurent lieu en 508.
(2) En 524.

de son vivant. Le fils qu'il eut de sa troisieme femme, nommé Chranus, dont l'histoire fait mention comme d'un monstre de cruauté, s'étoit élevé contre son pere et avoit pillé l'Angoumois et les pays circonvoisins; mais son pere le punit des maux qu'il avoit faits en le privant de la vie.

Après la mort de Clotaire, arrivée en 564 (1), sa monarchie fut divisée entre les quatre fils qu'il laissa; le puîné desquels, qui fut Gontran, eut en partage les royaumes d'Orléans et d'Aquitaine.

En 573 (2), la mort de l'aîné, décédé sans enfants, ayant donné lieu à un nouveau partage entre les trois freres survivants, Gontran laissa l'Aquitaine au dernier, qui étoit Sigebert.

Mais celui-ci ayant été obligé de passer en Allemagne, Chilpéric, son autre frere, profitant de son absence, s'empara violemment de cette partie de l'Aquitaine qui comprend l'Angoumois, le Poictou et la Xaintonge, dont ses troupes furent néanmoins chassées par celles de Sigebert.

Théodebert, fils de Chilpéric, qui commandoit l'armée de son pere, ayant été fait prisonnier, obtint sa liberté par un traité, au préjudice duquel ayant recommencé la guerre et commis une infinité de cruautés et de ravages dans ces mêmes provinces, il fut enfin défait et tué dans une bataille qui se donna, non pas à Angoulesme, comme l'ont écrit quelques historiens, mais à quatre lieues de cette ville, près de Boixe et de la Charente, d'où son

---

(1) Après le 10 novembre 561.
(2) En 567.

corps fut transporté et inhumé au monastere de Saint-Cybard.

Bertrand Bosson, qui eut la principale part aux événements de cette guerre, commandoit alors pour Sigebert dans le pays, en qualité de comte ou gouverneur amovible, comme un bailli ou sénéchal, pour se servir des propres termes des annalistes, dont les offices n'étoient qu'à temps.

Les divisions intestines ayant continué ailleurs entre Sigebert, Chilpéric et Gontran, le premier fut assassiné devant Tournay par les émissaires de Frédégonde, femme de Chilpéric, en 578 (1), comme l'histoire nous l'apprend; et, si on l'en croit, cette même Reine eut aussi part ensuite à la mort de son mari, tué par Landeric en 587 (2).

Par le trépas de Sigebert, qui étoit mort paisible possesseur de l'Aquitaine, ce royaume étoit dévolu sans difficulté, comme ses autres États, à Childebert son fils, lors en fort bas âge; mais Chilpéric s'étoit emparé de ces États du vivant de Sigebert; et, après la mort de Chilpéric, Gontran exigea le serment de fidélité d'une partie des villes de l'Aquitaine au nom de Clotaire, deuxieme fils de Chilpéric, qui étoit aussi lors dans l'enfance.

Les peuples de l'Angoumois et du Limouzin, reconnaissant le droit du légitime héritier, et n'ayant peut-être pas encore perdu le souvenir des dures exactions que Chilpéric avoit commises sur eux, refuserent de prêter serment à son fils Clotaire et de-

(1) En 575.
(2) En 584.

meurerent fideles à Childebert. Cette division des peuples d'Aquitaine, pour la reconnaissance d'un souverain, rendit ce pays le théâtre d'une nouvelle guerre dont ils furent déchirés, et donna lieu à un Gondauld (1), qui se disoit fils de Clotaire Ier, de se présenter avec une armée aux portes d'Angoulesme, où les habitants le reçurent, soit parce qu'ils le croyoient de bonne foi tel qu'il se disoit, ou parce qu'ils ne se trouvoient pas en état de lui résister.

Manulphe, évêque d'Angoulesme, ayant voulu lui remontrer qu'il n'étoit pas fils de Clotaire, un de ceux de la suite de Gondauld donna un soufflet à ce prélat, qui souffrit encore d'autres outrages et violences à cette occasion (2); mais Gondauld, ayant

(1) Aussi nommé Gondovald ou Gondebaud.

(2) Gervais commet ici une étourderie digne d'un écolier; on en jugera en lisant la note suivante de La Charlonye (V. *Annotations sur le recueil en forme d'histoire de F. de Corlieu*), dans laquelle a été puisé le fait faussement rapporté ci-dessus, faute d'attention : « C'est au chapitre VII du « troisiesme liure qu'il (Aimoin, religieux de Fleuri-sur-Loire, dans sa « *Chronique*) parle de l'entrée de Gondeault en la ville d'Angoulesme, où « de vérité il fut recueilli auecque tout honneur de l'éuesque et des habi- « tants, mais c'estoit à cause qu'on le iugeoit estre fils de Clotaire, car au- « trement il n'y eut point eu d'accez non plus qu'en la ville de Périgueux « et celle de Tholoze, les portes de laquelle luy furent fermées, et ne luy « eussent point esté ouuertes, sans la craincte que l'on auoit de son armée « qui estoit proche de la ville. Encores y estant entré, l'éuesque Ma- « nulphe ne se peut contenir de luy déclarer ouuertement qu'il n'estoit « du sang royal et filz de Clotaire, comme il vouloit qu'on creut, pour « succéder à la couronne; ce qui esmeut de telle façon Monmol, qu'on « tenoit estre l'un des principaux fauoris de Gondeault, qu'à l'instant, sans « respect aucun de sa dignité épiscopale, il lui bailla rudement sur la « iouë, disant comment il auoit esté si téméraire de parler ainsi à leur « roy, etc... » — On voit donc que notre distrait auteur a mal lu ou mal compris le texte de La Charlonye, et qu'il a pris pour un évêque d'Angoulême l'évêque de Toulouse Manulphe ou Magnulfe, dont le nom ne figure, bien entendu, sur aucune liste des prélats de notre diocèse.

dans la suite été vérifié imposteur, perdit la vie à Comminges.

En 590, il fut fait un traité de paix (1) par lequel une partie de l'Aquitaine demeura à Childebert, lequel y joignit les États de Gontran, qui mourut en 597 (2); mais lui-même étant mort en 600 (3), et, à ce qu'on croit, du poison qui lui fut donné à l'instigation de la reine Frédégonde, laissa deux enfants, qui furent Théodebert et Théodoric ou Thierry. L'Aquitaine échut à Théodebert, mais il n'en jouit pas tranquillement. Le pays fut d'abord agité de guerres civiles par la révolte des Gascons; les deux freres se firent ensuite la guerre. Théodebert fut pris et fait mourir par Théodoric, qui périt à son tour, ainsi que les enfants qu'avoit laissés Théodebert, par les cruautés de Brunéchilde, leur aïeule.

Clotaire II devint par ce moyen non-seulement roi d'Aquitaine, mais encore seul et unique monarque des Gaules en 619 (4). Il établit Sadragesille gouverneur du royaume d'Aquitaine, lequel en cette qualité jouissoit d'une partie des revenus de cet Etat.

Après la mort de Clotaire II, arrivée en 631 (5), Dagobert son fils, ayant été couronné roi de France, donna en apanage à Héribert son frere tout le royaume d'Aquitaine, depuis la Loire jusqu'aux monts Pyrénées; mais Héribert étant mort en

---

(1) Le traité d'Andelot, dans la Haute-Marne, eut lieu en 587.
(2) En 593.
(3) En 596.
(4) En 613.
(5) En 628.

640 (1), et, peu de temps après, son fils unique, nommé Childeric, étant aussi décédé sans postérité, le royaume d'Aquitaine revint à la couronne de France. Dagobert mourut en 645 (2) et laissa les royaumes de France et d'Aquitaine à Clovis II, qui décéda en 662 (3) et laissa ses États à Clotaire III.

Ce fut sous ce prince que les gouverneurs des provinces du royaume d'Aquitaine, qui n'avoient été jusqu'alors qu'à vie, commencerent à s'en déclarer seigneurs, maîtres et propriétaires héréditaires, sous les titres les uns de ducs et les autres de comtes. Ils se fortifierent dans leurs entreprises sous les regnes suivants, et surent profiter de la foiblesse des neuf Rois fainéants, pour se maintenir dans l'indépendance. C'est principalement en Gascogne que la révolte avoit commencé. Eudes ou Eudon, qui prit ensuite la qualité de duc d'Aquitaine, acheva de lui faire secouer le joug en sa faveur, et s'en rendit entierement le maître. Charles-Martel fit la guerre à Eudes, le vainquit et le fit mourir, et s'empara de l'Aquitaine comme d'un pays de conquête (4).

Son fils Pépin-le-Bref ayant été élevé à la cou-

(1) En 631, à Blaye.
(2) Le 19 janvier 638.
(3) En 656, après le 5 septembre.
(4) D'éminents historiens, parmi lesquels figurent les bénédictins auteurs de l'*Histoire du Languedoc* et de l'*Art de vérifier les dates*, MM. Fauriel, de Sismondi, Michelet et autres, ont fait du duc Eudes un mérovingien issu, par Boggis, de Haribert, frère du roi Dagobert. Ce système, qui repose uniquement sur une prétendue charte octroyée en 845 par Charles le Chauve au monastère d'Alaon, en Catalogne, et mise au jour pour la première fois au XVII.e siècle par le cardinal de Aguirre, dans sa collection des

ronne de France et étant passé en Italie, Vaifre ou Gautier, fils d'Eudes (1), se saisit pendant son absence de l'Aquitaine. Pépin, à son retour, lui fit la guerre, qui dura quelques années. Vaifre fit démanteler beaucoup de fortes places de l'Aquitaine, afin que Pépin ne s'en prévalût pas contre lui, et Pépin en fit autant, dans le même esprit, de la ville d'Angoulesme, après l'avoir saccagée, et de celles de Périgueux et d'Agen, qu'il fit rétablir ensuite; enfin Vaifre, ayant été abandonné des siens, fut tué près d'Angoulesme par les habitants du pays, en 768 (2).

Après la mort de Pépin-le-Bref, arrivée en la même année, Charlemagne son fils assembla ses forces à Angoulesme, pour continuer la guerre que son pere avoit eue contre Hunauld, que quelques-uns croient avoir été frere de Vaifre (3). Hunauld

conciles d'Espagne, a été complétement ruiné par une savante dissertation de feu M. Rabanis, ancien doyen de la Faculté des lettres de Bordeaux, publiée en cette ville, dès 1841, sous le titre de : *Essai historique et critique sur les mérovingiens d'Aquitaine*, et rééditée en 1856, avec des développements nouveaux, chez Aug. Durand, libraire à Paris. Il n'est donc pas inutile de faire remarquer que Gervais est dans le vrai lorsqu'il considère Eudes comme un brillant aventurier qui aurait soulevé l'Aquitaine pour s'en rendre maître ; mais notre auteur est moins heureux en avançant que le duc des Aquitains fut mis à mort par Charles Martel. Les deux ennemis s'étaient réconciliés à l'époque où les Sarrasins victorieux étaient venus menacer la ville de Poitiers. — « Cette réconciliation, dit D. Vaissette, fut sans doute sincère et de bonne foi, et nous ne voyons pas qu'elle ait été altérée pendant le reste de leur vie. — Eudes, étant mort en 735, fut remplacé par son fils Hunald.

(1) Waifre était petit-fils d'Eudes et fils de Hunald.

(2) Il fut assassiné dans le Périgord, la nuit du 2 juin 768, par quelques-uns de ses domestiques qui avaient promis à Pépin de l'en défaire.

(3) Hunald était père de Waifre, et fils du duc Eudes, auquel il avait

avoit mandé aux Angoumoisins de prendre les armes contre le Roi, mais ils répondirent qu'ils n'avoient point de guerre à faire aux François : ce sont les propres mots de la chronique. Hunauld s'étoit retiré, aux approches de Charlemagne, auprès de Loup, roi des Basques, ou, selon d'autres, roi des Gascons, lequel le remit entre les mains de ce prince. Quelques auteurs disent que Hunauld se sauva en Lombardie, où il fut tué peu de temps après. Quoi qu'il en soit, après la prise, fuite ou mort de Hunauld, Charlemagne demeura paisible possesseur de l'Aquitaine, aussi bien que des autres États de la monarchie françoise, par la retraite de Carloman son frere en un monastere.

En 781, Charlemagne, ayant mené ses enfants Louis et Pépin à Rome, y fit sacrer et couronner Pépin, qui étoit l'aîné, roi d'Italie, et Louis, qui fut depuis surnommé le Débonnaire, roi d'Aquitaine, avec augmentation de pays. Mais, avant ce voyage, il avoit établi des ducs et comtes en divers lieux de l'Aquitaine, savoir : un duc en Gascogne, depuis appelée Guyenne, contenant les trois sénéchaussées de Bordeaux, de Bazas et des Lannes; un comte à Toulouze, un à Angoulesme qu'on ne nomme point, un autre en Poictou et un autre en Périgord, et de même ailleurs; et il ordonna ensuite que lesdits ducs et comtes tiendroient lesdits duchés et comtés

succédé en 735. Après dix ans de luttes contre Charles-Martel et ses enfants Pépin et Carloman, il se retira, en 745, dans le monastère de l'île de Rhé, fondé par son père, et n'en sortit qu'en 768, à la mort de son fils Waifre, dans le dessein de soutenir la nationalité des peuples du Midi contre les envahissements des hommes du Nord.

du roi d'Aquitaine, et lui feroient hommage par chacun an, et que le royaume d'Aquitaine seroit aussi tenu à foi et hommage de la couronne de France.

Des auteurs ont écrit que Charlemagne n'établit point un comte héréditaire à Angoulesme et qu'il y laissa celui qui y étoit déjà, qu'on dit avoir été Taillefer de Léon (1), qui n'étoit à ce qu'on croit qu'un gouverneur à temps ou à vie.

Louis-le-Débonnaire tint le royaume d'Aquitaine, dès l'année 781, et continua d'en jouir jusqu'à la mort de Charlemagne, arrivée en 815; auquel temps, ou en 817 (2), il le donna à Pépin son fils, qui mourut ensuite avant lui, en 838, laissant un fils du même nom âgé seulement de huit ans.

Louis donna l'Aquitaine à Charles, son fils du second lit, au préjudice du jeune Pépin, ce qui y causa de grands troubles, les uns tenant pour Charles et les autres pour Pépin. Mais après la mort de Louis, arrivée en 840, Charles surnommé le Chauve, lui ayant succédé, fit prendre dans la suite et mettre en religion Pépin, lequel fut néanmoins rétabli quelque temps après, et, s'étant joint à Charles son frere, autre fils de Pépin le vieux, ils se maintinrent en Aquitaine par le secours des comtes

---

(1) V. ce qu'en disent Corlieu, au chap. V de son *Recueil en forme d'histoire*, et Vigier de La Pile, dans son *Histoire de l'Angoumois*, chap. II, art. 1er.

(2) Charlemagne mourut le 28 janvier 814. C'est vers la fin de cette année que Pépin I fut envoyé par son père pour le remplacer en Aquitaine; mais il ne fut reconnu solennellement roi qu'en 817, dans la diète d'Aix-la-Chapelle. Il mourut à Poitiers le 13 décembre 838.

et barons du pays même dont nous parlons, pendant que leurs oncles, enfants de Louis-le-Débonnaire, se faisoient la guerre. Mais après le partage qui fut fait entre les trois freres, Charles, qui se trouva paisible de ce côté-là, revint sur ses deux neveux Pépin et Charles en Aquitaine, les vainquit, les prit, les fit tondre et mettre chacun en un monastere, où ils moururent depuis. Les historiens ne sont pas bien d'accord du temps de ce dernier événement : les uns le placent en 852, d'autres après l'année 854; quelques-uns ajoutent que Charles-le-Chauve établit ensuite roi d'Aquitaine Charles son second fils, qui mourut avant lui en 865; bien d'autres n'en font aucune mention (1).

Quoi qu'il en soit, les Normands s'étant répandus comme un torrent dans l'Aquitaine, la ravagerent cruellement; mais l'époque de leur descente dans cette province n'est pas bien fixée. Tous les historiens s'accordent à dire que ces peuples, venant comme des essaims des pays du Nord, inondoient les provinces de France plutôt en destructeurs qu'en conquérants, et qu'ils y mettoient tout à feu

---

(1) Charles, frère de Pépin II, fut relégué, l'an 849, par son oncle, Charles-le-Chauve, dans l'abbaye de Corbie, et obligé d'embrasser la cléricature; en 856, il devint archevêque de Mayence, et mourut en 863. — Pépin II, après de fréquentes alternatives de succès et de revers dans sa longue lutte avec Charles-le-Chauve, trompé par Rainulphe, comte de Poitou et duc d'Aquitaine, fut pris en 865, livré à son ennemi, conduit par son ordre à Senlis, et enfermé, non pas dans un monastère, mais dans une étroite prison, où il finit ses jours peu de temps après. — Charles, roi d'Aquitaine, fils de Charles-le-Chauve, mourut le 29 septembre 865. — Enfin, Charles-le-Chauve lui-même, après un règne de trente-sept ans, finit sa carrière le 6 octobre 877.

et à sang ; leur marche, qui tenoit plus de la fureur qu'elle n'étoit une guerre de troupes réglées, et leurs troupes innombrables, jetoient la terreur partout et obligeoient les habitants des lieux où ils pénétroient de déserter. L'Angoumois souffrit extrêmement de la seconde ou troisieme irruption de ces peuples féroces : ils brûlerent tous les pays et mirent Angoulesme à sac aussi bien que les villes voisines ; et cette nation impie s'étant attachée principalement à détruire les monasteres, celui de Saint-Cybard fut ruiné comme les autres des environs.

Charles-le-Chauve étant venu en Aquitaine, y supprima le titre de royaume dans une assemblée d'États qui fut tenue à Limoges, et le réduisit en duché, dont le siége principal fut établi à Bordeaux, sous le nom de Guyenne, sous lequel il rangea seulement les trois sénéchaussées dont on a déjà parlé. Il mit en même temps un comte à Angoulesme et en d'autres villes, pour résister aux Normands, sans aucune dépendance du duc de Guyenne, chacun devant relever en particulier immédiatement de la couronne de France.

Le comte d'Angoulesme nommé Turpio soutint la guerre contre les Normands pendant quinze ans ou environ, et mourut les armes à la main contre eux, et en ôtant la vie à un de leurs Rois.

Son frere Émenon ou Muna lui succéda et ne vécut que deux ans, le comte de Xaintes et lui s'étant tués tous deux dans un combat, au sujet du château de Taillebourg.

Turpio et Émenon étoient qualifiés de leur vivant du titre de comte ou gouverneur, ce qui sembleroit vouloir dire que leur autorité n'étoit qu'à temps ou à vie, et l'annaliste d'Angoulesme (1) dit qu'après la mort d'Émenon, qu'il prétend être arrivée en 866, Charles-le-Chauve, ne voulant pas que le pays demeurât sans gouvernement, y envoya pour commander un de ses parents nommé Vulgrin, frere d'Aldoin, abbé de Saint-Denis, quoique Émenon eût laissé un fils nommé Aymar, qui ne lui succéda point, ce qui prouve que ce titre n'étoit pas héréditaire. Charles avoit aussi fait Vulgrin comte de Périgord.

Vulgrin, dont la valeur est célébrée par les historiens, tint tête aux Normands pendant plus de trente années et fut enterré à Saint-Cybard.

Après sa mort, Aldoin, son fils aîné, s'empara du comté d'Angoulesme, et Guillaume, son puîné, de celui de Périgord, si nous en voulons croire le même annaliste. Mais l'auteur des *Annotations* sur son histoire (2) soutient au contraire que Vulgrin leur pere leur en avoit fait partage de son vivant, et qu'ils y succéderent comme à des biens patrimoniaux, et que c'étoit par ce même droit que Vulgrin avoit aussi remis à Guillaume le vicomté d'Agen, que sa femme, sœur du comte de Toulouze (3), lui avoit porté en dot.

---

(1) François de Corlieu (V. *Recveil en forme d'histoire de ce qui se trovve par escript de la ville et des comtes d'Engolesme*).

(2). Gabriel de La Charlonye (V. *Annotations sur le recveil en forme d'histoire de F. de Corlieu*, réimprimées par M. l'abbé Michon, à la suite de l'ouvrage de Corlieu; Paris, 1846, in-4).

(3) Rogelinde, fille et non sœur du duc de Toulouse Bernard.

Il y a apparence que Charles-le-Chauve, en établissant en Aquitaine des comtes, dont le terme ne signifioit en ces temps-là que celui de gouverneur, n'avoit pas entendu les créer héréditaires, ni renouveler des titres de propriété qu'on avoit usurpés sous les regnes de ses prédécesseurs, qui s'en étoient si mal trouvés, et que Charles-Martel avoit été obligé de détruire par la force des armes. On doit plutôt juger que ces comtes ou gouverneurs, imitant leurs devanciers, penserent comme eux à perpétuer ces emplois dans leurs familles; que celle de Turpio étant finie en la personne d'Émenon, son frere, Vulgrin, qui ne leur avoit succédé que par commission, songeant à sa postérité, sur la fin du regne de Charles-le-Chauve, âgé, infirme, affoibli et occupé ailleurs, et pendant le court regne de Louis-le-Begue et les troubles des suivants, se servit de l'autorité presque souveraine que lui donnoit la guerre qu'il soutenoit contre les Normands pour assurer ses titres à ses enfants, lesquels après sa mort surent aussi profiter, pour s'y maintenir, de la foiblesse du regne de Charles-le-Simple, qui parvint en ce même temps à la couronne, ce qui continua sous ses successeurs; pendant lesquels regnes les guerres des Normands travaillant le royaume, les Rois étant déchus de leur puissance et leur autorité étant méprisée, les seigneurs s'approprierent de tous côtés leurs gouvernements, et les rendirent héréditaires. Hugues Capet ayant trouvé ces petits souverains établis dans les provinces, et sa politique le portant à les ménager, fut obligé de les confirmer.

Comtes d'Angoulesme.

1. — Pour revenir à Vulgrin, il a plu à nos historiens de le qualifier premier comte héréditaire d'Angoumois; et cette province, qui avoit jusqu'alors suivi presque toujours la fortune de l'Aquitaine, dont elle avoit été un membre dépendant, commença et continua depuis sous la lignée de ces comtes à avoir ses événements particuliers.

2. — Aldoin rétablit les murs d'Angoulesme, qui étoient alors démantelés, ouverts de toutes parts et presque déserts, et le fortifia si bien qu'il devint l'asile des peuples voisins. La pancarte de Charroux dit que les moines de cette abbaye se réfugierent à Angoulesme, qui étoit la plus forte place de toute l'Aquitaine, pour se mettre à couvert des incursions des Normands, et qu'ils y porterent leur fameux reliquaire de la Sainte-Vertu, qui étoit, dit-on, le prépuce de Notre-Seigneur, et que, comme ils vouloient ensuite le remporter, Aldoin le leur ôta pour le placer dans la chapelle de Saint-Cybard, laquelle subsiste encore; mais que Dieu le frappa et le punit de son péché, lui et son peuple, ce qui l'obligea de renvoyer honorablement le reliquaire, et que néanmoins il mourut dans l'an.

On ne rapporte ici ce trait que pour faire connoître le peu de foi qu'on doit ajouter aux relations de ces temps-là, qui sont presque toutes fondées sur les écrits des moines, lesquels, abusant de la pieuse crédulité des peuples et de ce qu'ils étoient les seuls qui eussent l'usage des lettres, ensevelies sous la violence des guerres dans des siecles ignorants, inséroient dans leurs histoires tout ce qu'ils croyoient pouvoir favoriser leurs intérêts (1).

3. — Guillaume, fils d'Aldoin, lui succéda; il fut surnommé Taillefer, pour avoir fendu dans une bataille un capitaine normand, corps et cuirasse, jusqu'à la poitrine, et transmit ce surnom à toute sa postérité. Il termina de ce côté-ci la guerre des Normands.

4.— Arnauld ou Hernauld, son fils, lui succéda et fut quatrieme comte d'Angoulesme; il fut dépossédé dudit comté, mais il le recouvra après trente ans de dépossession (2), et commença la fondation de l'abbaye de Saint-Amant-de-Boixe.

(1) Nous devons rappeler qu'en 1844 M. l'abbé Michon, dans une note de la *Statistique monumentale de la Charente*, page 68, a publié sur la *Sainte-Vertu* des recherches historiques pleines de critique et d'érudition. — Il nous est impossible de ne pas mentionner aussi les attaques violentes auxquelles cette relique a donné lieu en 1862, de la part d'une certaine partie de la presse française et étrangère, par suite de la découverte faite à Charroux, le 9 août 1856, de deux riches reliquaires qui avaient disparu depuis trois siècles, et dont la description détaillée fut insérée l'année suivante dans le *Bulletin de la Société des antiquaires de l'Ouest* (2e trimestre de 1857). On peut consulter sur cette affaire, qui eut en son temps un retentissement assez considérable, une brochure de monseigneur Pie, intitulée : *Allocution prononcée par monseigneur l'évêque de Poitiers, dans la conférence ecclésiastique supérieure de sa ville épiscopale, à l'occasion de la controverse soulevée au sujet des reliquaires de Charroux.* Paris, Étienne Giraud, 1863, in-8.

(2) Arnauld Manzer, ou le Bâtard, fils naturel de Guillaume Ier Taillefer, ne succéda point à son père. Dès l'an 962, à la mort de Guillaume, Arnauld Bouration, fils aîné de Bernard, comte de Périgord, se rendit maître du comté d'Angoulême. L'héritier naturel revendiqua, les armes à la main, la succession paternelle; mais ce ne fut qu'après la mort de Bouration, vers la fin de l'année 975, qu'il demeura possesseur du comté. Cet héritage ne lui avait donc échappé que pendant treize années seulement.

5. — Guillaume, fils d'Arnauld, fut cinquieme comte d'Angoulesme. Il s'allia à la maison de France, ayant épousé la tante de la femme du roi Robert (1). Ce comte fut également renommé pour sa valeur et pour sa piété, et soutint plusieurs grandes guerres dans lesquelles il surmonta toujours ses ennemis. Il acheva la construction de l'abbaye de Saint-Amant (2), bâtit le château de Montignac, dont il subsiste encore une partie, et qui a depuis passé aux seigneurs de la Rochefoucauld; et édifia aussi pour son habitation une maison que les annalistes nomment palais, dans la ville d'Angoulesme, qui subsiste encore en partie sous le nom de maison de Taillefer : elle appartient à présent aux religieuses du Tiers-Ordre de Saint-François, qui la font servir à l'usage d'un four. La simplicité et néanmoins la solidité de ce bâtiment font assez connoître la différence des édifices de ces siecles d'avec ceux de celui-ci. Ce même comte, quoique dans la vieillesse, voulut ajouter aux différents voyages qu'il avoit déjà faits celui de la Terre-Sainte, ce qui étoit la grande dévotion de ces temps-là. L'histoire laisse croire qu'à son retour il fut ensorcelé et empoisonné par sa bru et qu'il en mourut, et les historiens ne veulent pas laisser la liberté d'en douter, en donnant pour preuve de ce fait que la vérité en fut établie par un combat en

---

(1) En effet, le comte d'Angoulême Guillaume II avait épousé Gerberge, fille d'Adélaïde de Vermandois et de Geoffroi Grisegonelle, comte d'Anjou, et sœur, suivant D. Vaissette, d'Arsinde (*Aliàs* Blanche), qui eut de son mariage avec Guillaume III Taillefer, comte de Toulouse, Constance, mariée en 998 au roi Robert II.

(2) Elle fut terminée en 988.

champ clos qui se donna entre deux champions sous les murs de la ville d'Angoulesme, et dans lequel le chevalier du comte vainquit celui de sa bru.

6. — Aldoin II fut sixieme comte d'Angoulesme, et ne vécut qu'un an (1).

7. — Geoffroy Taillefer fut le septieme comte d'Angoulesme, et se signala par un voyage d'outre-mer et par les bienfaits qu'il fit à différentes églises.

8. — Foulques, l'aîné de ses enfants, fut le huitieme comte d'Angoulesme; deux de ses freres en furent successivement évêques. Il eut des contestations avec Guillaume, l'un d'eux, au sujet des annates qu'il prétendoit percevoir sur l'évêché. Ce fut ce même Guillaume, évêque, qui bâtit le château de Touvre, et dont les masures paroissent encore. Il eut aussi la guerre avec Guillaume Geoffré, duc d'Aquitaine. Les usurpations de Foulques exciterent les gentilshommes du pays à s'emparer, à son exemple, des biens d'église, et peut-être que la noblesse de la province a conservé de nos jours quelques restes de cet esprit.

9. — Guillaume Taillefer, IIIe de ce nom, fils aîné de Foulques, fut neuvieme comte d'Angoulesme. Il eut différentes guerres avec d'autres seigneurs, ses voisins, pendant lesquelles il fut livré des combats et fait des sièges. Ces petits souverains faisoient ainsi la guerre les uns contre les autres dans ces temps-là. On peut juger combien les peuples

---

(1) Suivant le P. Labbe et les auteurs de l'*Art de vérifier les dates*, il occupa le comté de 1028 à 1032, date de sa mort.

qui étoient sous leur domination en souffroient et à quel point ces divisions intestines déchiroient l'État et affoiblissoient l'autorité royale.

Ce même Guillaume se retira ensuite au monastere de Saint-Cybard, qu'il rétablit, et y rappela et réforma les moines que les courses des Normands avoient dissipés et qui, pendant leur fuite, s'étoient écartés de leur regle. Ses prédécesseurs y étoient tous enterrés ; mais il n'y fut pas inhumé lui-même, parce qu'étant depuis passé dans la Terre-Sainte, il mourut à son retour en repassant par l'Allemagne. Sa bravoure, son adresse, sa force au fait des armes, et principalement à cheval, ont été célébrées par nos historiens.

10. — Vulgrin, son fils, IIe du nom, dixieme comte d'Angoulesme, fut encore un grand homme de guerre, et l'eut comme son pere avec ses voisins et ses vassaux, principalement avec le duc de Guyenne et les seigneurs de la Rochefoucauld.

11. — Guillaume Taillefer, IVe du nom, fils aîné de Vulgrin II, onzieme comte d'Angoulesme, voulut dépouiller l'évêque d'Angoulesme de quelques-uns de ses biens ; mais Louis-le-Jeune l'en empêcha, et l'emmena ensuite avec lui dans son voyage d'outre-mer.

Louis, à son retour, ayant fait dissoudre son mariage avec Aliénor ou Éléonore, fille du duc de Guyenne, qui lui avoit porté cette province en dot, cette princesse se maria alors avec Henri, lors duc de Normandie et qui parvint depuis à la couronne d'Angleterre. Les noces se firent à Poictiers. Guillaume, comte d'Angoulesme, y assista non point en qualité de vassal du duché de Guyenne, car il ne l'étoit pas, comme on l'a déjà observé, mais comme ami et voisin.

Mais Henri étant devenu roi d'Angleterre et sa puissance faisant ombrage, le comte d'Angoulesme, celui de la Marche et plusieurs autres seigneurs se joignirent à Louis-le-Jeune, qui reconnoissoit la faute qu'il avoit faite en répudiant Aliénor, et qui cherchoit à se fortifier contre un rival puissant, auquel il avoit inconsidérément donné lieu de s'établir dans le cœur de son royaume. Guillaume continua toujours d'être attaché à la France, ce qui le rendit l'ennemi déclaré de Henri et attira plusieurs ravages en Angoumois.

12, 13 et 14. — Après la mort de Guillaume IV, arrivée en 1177 (1), Vulgrin, IIIe du nom, et Guillaume V, ses enfants, furent successivement douzieme et treizieme comtes d'Angoulesme; mais tous deux n'ayant vécu qu'un an ensuite (2), et étant morts sans enfants mâles, Aymar Taillefer, leur frere, leur succéda et hérita aussi de l'attachement de son pere à la France et de sa haine pour l'Anglois, contre lequel il eut de grandes guerres à soutenir. Quelques historiens ont prétendu que Richard, fils et successeur de Henri, avoit pris Angoulesme d'assaut, après une très-vigoureuse résistance, en l'année 1193; d'autres, quoique contemporains et de la même nation que ce prince, n'en font aucune

---

(1) Le 7 août 1178.

(2) Wulgrin III survécut près de trois ans à son père, étant mort le 29 juin 1181. Guillaume V décéda peu de temps après.

mention. Il est surprenant qu'un fait aussi considérable dans l'histoire puisse être faussement avancé ou omis (1).

Aymar n'ayant point d'enfants mâles, avoit pensé à marier Isabelle, sa fille unique, avec Hugues de Lesignan, fils de Hugues-le-Brun, comte de la Marche. Ce mariage paroissoit d'autant plus convenable qu'il terminoit les différends qui étoient survenus entre ces deux maisons au sujet du comté même d'Angoulesme, qu'on prétendoit qu'Aymar avoit usurpé sur Mahauld, sa niece, fille unique de Vulgrin, et mere du dernier Hugues.

Mais Jean-sans-Terre, devenu roi d'Angleterre, duc d'Aquitaine et comte de Poictou, par la mort de Richard son frere, ayant été invité aux noces qui devoient se faire en la ville d'Angoulesme, se trouva si épris de la beauté d'Isabelle, qu'il obligea l'évêque du lieu de célébrer son mariage avec elle dans l'église même où on étoit assemblé pour la cérémonie d'entre elle et Hugues de Lesignan, qui l'avoit déjà fiancée. L'ambition et les bienséances eurent peut-être bien autant de part que l'amour à cet événement, à cause qu'Angoulesme, qui ne dépendoit pas, comme on l'a déjà dit, de son duché d'Aquitaine, se trouvant situé entre Bordeaux et Poictiers, convenoit fort à ses desseins. Cette

---

(1) Ce fait est incontestable. En 1194, Richard Ier s'empara de la ville d'Angoulême en six heures de temps, après un assaut des plus meurtriers. Ce prince nous l'apprend lui-même dans une lettre qu'il adressait, le 22 juillet de la même année, à Hubert, archevêque de Cantorbéry, et par laquelle il lui annonçait que durant la campagne d'Aquitaine il avait fait prisonniers près de 300 chevaliers et environ 40,000 soldats.

violence réveilla les querelles et les guerres entre les comtes de Lesignan et d'Angoulesme d'une part, et le roi d'Angleterre d'autre, qui se terminerent dans la suite par l'entremise d'Isabelle, laquelle en moyenna les traités.

Jean-sans-Terre ayant été accusé de la mort d'Arthur de Bretagne, son neveu, fut cité pour fait de félonie, comme vassal de la cour de France, par-devant Philippe-Auguste, à la cour des Pairs, où n'ayant point comparu, tout ce qu'il possédoit dans le royaume fut confisqué et réuni à la Couronne.

Mais comme il ne jouissoit point du comté d'Angoulesme, qui appartenoit à Aymar son beau-pere, qui ne mourut qu'après lui, le comté passa dans la suite à Isabelle par le décès de son pere, dont elle recueillit la succession après son retour en France, où elle revint dès que le roi d'Angleterre, son mari, fut mort.

Quelques auteurs ont écrit qu'Isabelle fut alors reçue à Angoulesme avec un grand applaudissement, qu'elle y fit son entrée solennelle et que le maire de la ville lui présenta les clefs; mais on peut douter de ce fait, parce que le retour de cette Reine fut en 1217 (1), et que l'institution de la

---

(1) Gervais, comme le P. Anselme, les auteurs de l'*Art de vérifier les dates*, et tous nos chroniqueurs angoumoisins, confond ici les faits et les dates qui concernent les comtes de la Marche, de la maison de Lusignan. Il est important de rectifier ces erreurs. 1º Isabelle, fille d'Aimar, ne fut point fiancée à Hugues X. Elle l'avait été au père de ce dernier, Hugues IX, à qui elle fut enlevée par Jean sans Terre. Elle épousa le roi d'Angleterre en 1200, et non en 1202, comme l'ont rapporté plusieurs historiens. 2º Ce n'est point en 1217 que la veuve de Jean sans Terre épousa Hugues X. — Son mariage eut lieu entre le 10 mars et le 22 avril 1220.

mairie d'Angoulesme n'a eu lieu qu'en 1373 (1).

15. — Isabelle Taillefer épousa en secondes noces, après son retour en France et la mort d'Aymar son pere, le même Hugues de Lesignan, son ancien fiancé, à qui Jean-sans-Terre l'avoit ravie, et lequel par ce mariage devint le quinzieme comte d'Angoulesme, et transmit ce titre aux successeurs de son nom, la maison et lignée des Taillefer ayant fini en la personne d'Isabelle, qui conserva cependant le titre de Reine jusqu'à sa mort, malgré son mariage.

Cette qualité jointe à la fierté naturelle d'Isabelle, la porta à faire refuser par Hugues, son mari, l'hommage qu'il devoit à cause du comté de la Marche à Alphonse, frere de saint Louis, que le Roi avoit établi comte de Poictou, et les engagea dans la suite à de grandes guerres contre le Roi même. Ils eurent recours à celui d'Angleterre, fils d'Isabelle, pour les soutenir. Ce prince vint en per-

---

(1) C'est à tort que notre auteur ne fait remonter l'établissement de la mairie, dans la capitale de l'Angoumois, qu'à l'époque où ses habitants reçurent une charte de commune du roi Charles V. Il se trompe encore lorsque, s'appuyant sur la date de cette charte, qui ne fut octroyée qu'en janvier 1373, il met en doute le fait de la présentation, par un maire d'Angoulême, des clefs de cette ville à la reine d'Angleterre, lorsqu'elle y fit son entrée solennelle, après son retour en France. — Il faut remarquer que l'acte précité de la bienveillance du souverain ne fit que consacrer officiellement, en les étendant, les institutions municipales dont jouissaient les habitants d'Angoulême depuis une époque qu'il serait sans doute très-difficile de préciser, mais qui est assurément bien antérieure au XIVe siècle. La preuve nous en est fournie par une charte inédite de février 1215, que nous avons présentement sous les yeux, et dans laquelle Pierre Guillaume, maire d'Angoulême, est cité parmi les témoins : « *Testibus....., Petro Willelmi, tunc majore Engolisme.* »

sonne pour secourir sa mere et son vitric (1), et amena des troupes en Xaintonge; mais après avoir perdu une bataille à Taillebourg, il fut obligé de repasser la mer. Le comte et la comtesse d'Angoulesme n'eurent d'autre ressource que de recourir à la clémence de Louis, et, quoiqu'on eût dit qu'Isabelle avoit voulu attenter par le poison à la vie du Roi, il consentit néanmoins à un traité, qui fut fait à Pons en 1242.

16. — L'Aquitaine se trouvoit cependant dévolue à la couronne de France, tant par la confiscation dont on a déjà parlé que par la mort de Jean-sans-Terre, qui avoit seulement continué jusqu'à son décès de jouir d'une partie de ce duché; saint Louis avoit ensuite supprimé et divisé le duché d'Aquitaine et laissé à Henri III, roi d'Angleterre, par un traité passé entre eux, après plusieurs treves, en 1259, les pays d'au delà de la Charente; mais l'Angoumois, qui en étoit toujours demeuré indépendant et séparé, avoit passé après la mort d'Isabelle, arrivée en 1245 (2), à Hugues-le-Brun, son fils aîné, qui fut le seizieme comte d'Angoulesme, même du vivant de son pere, qui s'étoit retiré en son comté de la Marche.

Ils firent ensuite ensemble le voyage d'outre-mer avec saint Louis, en 1248, au retour duquel Hugues pere mourut.

---

(1) Expression vieillie, citée par Roquefort dans son *Glossaire de la langue romane*. Elle traduit littéralement le mot latin *vitricus* et signifie : beau-père, mari d'une femme qui a des enfants d'un autre lit.

(2) En 1246.

Hugues fils eut de grandes contestations avec Robert de Montbron, évêque d'Angoulesme, et, par sentence arbitrale rendue en 1259, le comte fut condamné à une espece d'amende honorable et à fonder l'entretien de trois cierges pour brûler à perpétuité, au devant du grand autel de l'église cathédrale Saint-Pierre. On ne sait si la premiere partie de cette sentence fut exécutée, mais la fondation subsiste encore, et le domaine du Roi en est chargé (1).

Les freres germains de Hugues prirent part aux guerres civiles qui troublerent de son temps l'Angleterre; ils y passerent plus d'une fois pour secourir le roi Henri, leur frere utérin, et ils s'y signalerent en plusieurs occasions; mais il n'est pas vrai qu'ils y furent tués, comme l'ont prétendu quelques historiens anglois.

17. — Son fils Hugues de Lesignan, seigneur de Fougeres (2), lui succéda et fut le dix-septieme comte d'Angoulesme. Il eut procès avec une sœur qui prétendit droit et partage dans le comté d'Angoulesme. Il fut décidé par un arrêt du Parlement de Paris du 8 novembre 1267, que ce comté étoit un fief de dignité de même nature que les principautés et l'État souverain, et, en cette qualité, affecté aux mâles et fils aînés, et la prétention de la sœur fut réduite à un simple apanage viager. La même question fut encore jugée en faveur du même comte,

---

(1) Les contestations dont parle notre auteur n'eurent point lieu entre Hugues XI et l'évêque d'Angoulême, mais bien entre ce dernier et Hugues XII. Hugues XI était mort en 1250, dans la campagne d'Égypte.

(2) Hugues XII avait épousé, vers 1257, Jeanne, fille et héritière de Raoul de Fougères.

contre la comtesse de Leicester, son autre sœur, qui prétendoit aussi portion dans l'apanage de Geoffroy de Lesignan, leur frere commun, décédé sans enfants. L'arrêt qui fut rendu deux ans après réduisit son droit à un simple usufruit (1).

Le même Hugues de Fougeres faisoit battre monnoie, ce qui ne lui étoit pas contesté; mais on prétendit qu'en y mettant son coin il n'avoit pas droit de la faire changer, et que le rabais ou le surhaussement étoient des actes de la premiere souveraineté, qui n'appartenoient qu'au Roi, ce qui fut ainsi jugé contre Hugues, nonobstant sa possession contraire, par arrêt rendu en l'année 1281 (2).

18.—Hugues de Fougeres étant mort en 1282 (3), son fils Hugues-le-Brun lui succéda et fut le dix-huitieme comte d'Angoulesme. Il bâtit la grande tour du château de cette ville et d'autres ouvrages dont la solidité se fait encore admirer. Il mourut sans

---

(1) Les deux arrêts rendus par le parlement de Paris en 1267 et 1269 ne concernent pas les sœurs du comte d'Angoulême. La demanderesse était Aliénor, veuve du comte de Leicester, Simon de Montfort, et fille de Jean sans Terre et d'Isabelle, par conséquent tante de Hugues XII (V. 1º les *Olim*, t. Iᵉʳ, p. 265 et 308; 2º l'*Inventaire des actes du parlement de Paris*, publié par M. Boutaric, t. Iᵉʳ, p. 109 et 129; Paris, 1863, in-4.)

(2) L'arrêt du 1ᵉʳ juin 1281, qui défendit au comte d'Angoulême d'affaiblir sa monnaie, fut rendu, sur les plaintes du clergé, non contre Hugues XII, qui était mort en 1270, à la seconde croisade de saint Louis, mais contre son fils, Hugues XIII. Il rappelait seulement un autre arrêt du 9 février 1266, qui avait ordonné à Hugues XII de retirer de la circulation de la monnaie de mauvais aloi que l'on confondait avec la bonne. (V. 1º les *Olim*, t. Iᵉʳ, p. 638 et 1044; t. II, p. 172 et 866; 2º l'*Inventaire des actes du parlement de Paris*, publié par M. Boutaric, t. Iᵉʳ, p. 94 et 1222; Paris, 1863, in-4.)

(3) Nous avons dit, note 2, qu'il était mort en 1270.

enfants en 1303 (1), et fut enterré en l'église de la Couronne.

19. — Guy de Lesignan, son frere, dix-neuvieme comte d'Angoulesme, lui succéda, et mourut fort jeune, quatre ans après, c'est-à-dire en 1307 (2), et fut enterré au couvent des Jacobins de Poictiers, que ses prédécesseurs avoient fondé, après avoir fait son testament en faveur de Philippe-le-Bel, qui, à ce qu'on prétend, l'étoit allé voir dans sa maladie et l'avoit engagé à lui donner tous ses biens (3).

20. — Philippe-le-Bel, comme héritier institué de Guy de Lesignan, étant donc devenu vingtieme comte d'Angoulesme, vint en personne en prendre possession en cette qualité et y traita avec la famille de Guy, qui prétendoit s'y opposer.

Philippe mourut en 1314, après avoir fait son tèstament, par lequel, entre autres choses, il réserva à la couronne de France le comté d'Angoulesme, avec les châteaux de Coignac, Merpins et Lesignan.

21, 22 et 23. — Après la mort de Philippe-le-Bel,

---

(1) Il mourut vers le 1er novembre 1302.

(2) Avant le 28 novembre 1308.

(3) Gervais se trompe, avec beaucoup d'autres auteurs, lorsqu'il avance que Gui ou Guiard avait institué Philippe le Bel son héritier. Le comte avait, par son testament du 22 septembre 1304, choisi sa sœur aînée, Yolende, pour lui succéder; mais le roi, qui convoitait depuis longtemps la riche succession des comtes de la Marche, employa pour arriver à ses fins toutes les ressources de son esprit procédurier, et fut assez habile pour amener toute la famille du comte Gui à traiter avec lui. Il laissa à Yolende la jouissance des comtés de la Marche et d'Angoulême, et racheta successivement les droits de Jeanne de la Marche, de Marie, comtesse de Sancerre, et d'Aimar de Valence, comte de Pembroke.

ses trois enfants, qui furent Louis-le-Hutin, Philippe-le-Long et Charles-le-Bel, furent successivement rois de France et vingt-unieme, vingt-deuxieme et vingt-troisieme comtes d'Angoulesme.

Charles-le-Bel maria sa niece, fille de Louis-le-Hutin et reine de Navarre par sa mere (1), avec Philippe, comte d'Évreux, en lui donnant en dot et pour ses droits dans la Navarre le comté d'Angoulesme, avec pacte de réversion à la Couronne à défaut d'hoirs mâles.

24. — Philippe d'Évreux, devenu par sa femme vingt-quatrieme comte d'Angoulesme, s'y tint jusqu'à ce que, après la mort de Charles-le-Bel, Philippe de Valois leur ayant remis le royaume de Navarre, ils s'y retirerent, la Reine conservant néanmoins toujours la propriété et le titre de comtesse d'Angoulesme.

Jusque-là et depuis le traité passé entre saint Louis et Henry III, roi d'Angleterre, au sujet de la Guyenne, confirmé par Philippe-le-Bel et exécuté par leurs successeurs, l'Anglois avoit joui assez tranquillement de la Guyenne; et, s'il s'étoit élevé quelquefois des troubles entre les deux nations, ce n'avoit été qu'à l'occasion de quelques châteaux, surpris ou construits, contre les traités, sur les limites de cette province, ce qui avoit toujours été suivi de pacification, sans autre suite.

Mais en 1335, Robert d'Artois, persécuté en France et chassé de tous côtés par l'inimitié de

---

(1) Jeanne, née le 28 janvier 1312 (N. S.), hérita de la Navarre par son père, qui lui-même en avait hérité par sa mère, Jeanne de Navarre.

Philippe de Valois, se réfugia en Angleterre, où il persuada à Édouard III que la couronne de France lui appartenoit, à cause d'Isabelle, sa mere, fille de Philippe-le-Bel, quoique la loi salique, qui n'admet pas les femmes à la succession de cette couronne, ne dût pas être ignorée d'Édouard, qui avoit même été exclu par cette raison de la régence du royaume de France après la mort de Charles-le-Bel, et avoit ensuite reconnu Philippe de Valois pour héritier légitime de la couronne, lui ayant fait hommage en cette qualité du duché de Guyenne.

Après une légere treve, qui fut rompue par les Anglois, le comte d'Herby, qui commandoit à Bordeaux pour Édouard, lequel s'étoit qualifié roi de France, prit Angoulesme par composition en 1345, ayant su profiter du temps qu'il sut que cette ville étoit sans garnison. Les habitants ne se rendirent qu'après avoir stipulé un délai pour être secourus par la France, pendant lequel Philippe ne se trouva pas en état de leur envoyer personne. Ce fut la premiere fois, à ce qu'on croit, que les Anglois entrerent à Angoulesme, mais ils n'y demeurerent que depuis le mois de juin de cette année jusqu'au mois de janvier suivant, que Philippe envoya assiéger la ville par une armée de cent mille hommes, commandée par le duc de Normandie son fils.

Le siége fut soutenu par la garnison angloise avec tant de fermeté qu'il dégénéra en blocus.

Le capitaine Norwech, qui commandoit cette garnison, connoissant que les habitants d'Angoulesme avoient le cœur françois, trouva moyen par une subtilité ménagée à la faveur d'une treve d'un jour, d'en faire échapper sa troupe; et, après sa retraite, les habitants se rangerent sous l'obéissance de leur ancien maître.

Philippe d'Évreux, qui avoit été tué en Grenade (1) dès l'année 1343, avoit laissé reine de Navarre et comtesse d'Angoulesme, sa veuve, qui mourut à Paris en 1349. Il sembloit que par la mort de cette princesse le comté d'Angoulesme dût appartenir à Charles, roi de Navarre, son fils aîné; mais sa foiblesse et la situation d'Angoulesme, qui servoit de frontiere au royaume du côté de la Guyenne, contre les Anglois, obligerent d'abord Jean, roi de France, parvenu à la couronne par la mort de Philippe de Valois son pere, arrivée en 1350, de retenir cette ville; puis il donna tout le comté d'Angoulesme à Charles d'Espagne, qu'il fit aussi connétable, en considération de la parenté qui étoit entre eux et de ses services.

La maison d'Évreux, mécontente de ce que le connétable lui avoit enlevé le comté d'Angoulesme, le fit assassiner en son lit, en la ville de Laigle en Normandie, en 1353 (2); mais le roi de Navarre n'entra pas pour cela en possession du comté. Jean le retint, ce qui donna lieu entre eux à une guerre, qui fut ensuite terminée par un traité suivant lequel et moyennant récompense assignée au roi de Navarre,

---

(1) Ayant été secourir Alphonse XI, roi de Castille, contre les Maures, il tomba malade au siége d'Algézire et vint mourir à Xérès, le 13 septembre 1343 selon le P. Anselme, ou dix jours plus tard suivant Ferréras, à l'âge de trente-huit ou trente-neuf ans. (V. l'*Art de vérifier les dates*, édit. de 1783, t. Ier, p. 755.)

(2) Le 9 janvier 1354 (N. S.)

l'Angoumois demeura réuni à la couronne de France.

La guerre, qui étoit demeurée suspendue par quelques treves entre la France et l'Angleterre, se ralluma en 1355. Le prince de Galles, fils d'Édouard, passa en Aquitaine, et, l'année suivante, alla de Bordeaux auprès de Poictiers, avec une armée assez foible. Le roi Jean, après lui avoir donné le temps de se fortifier, se confiant sur le nombre supérieur de ses troupes, l'attaqua sans considérer que l'avantage du lieu étoit pour son ennemi. Jean fut défait le 19 septembre 1356, pris prisonnier et conduit en Angleterre.

Cet événement si fatal à la France fut suivi du traité de Brétigny, conclu le 8 mai 1359 (1), par lequel, entre autres choses, l'Angoumois fut cédé au roi d'Angleterre, sous la réserve de l'hommage, en exécution de quoi le roi Jean, depuis remis en liberté, écrivit aux habitants d'Angoulesme de reconnoître Édouard; mais leur attachement à la France, ne pouvant s'accommoder de ce changement de maître, les porta à refuser une premiere fois l'entrée de leur ville à l'Anglois, et ce ne fut qu'après une seconde lettre du roi Jean et par une obéissance particuliere à ses ordres, qu'ils y reçurent le général Chandos, sur la fin de l'année 1361.

Le prince de Galles vint ensuite à Angoulesme avec la princesse son épouse; ils y établirent leur séjour. La princesse y accoucha, ce qui donna lieu à une magnifique fête et à un grand concours de

(1) 1360.

seigneurs, parmi lesquels se trouva Pierre de Lesignan, roi de Chypre, son cousin, qui étoit venu en France réclamer du secours pour la Terre-Sainte.

Le gouvernement du prince de Galles ne fut pas aussi doux que la politique l'exigeoit; il fit regretter celui de France. Ses airs impérieux et trop hautains, sa préférence en faveur de ceux de sa nation, au mépris des gens du pays, et un tribut extraordinaire qu'il voulut lever sous le nom de fouage sur les peuples, les obligerent de porter leurs plaintes au roi de France suzerain. Charles V, qui régnoit alors, c'est-à-dire en 1368, étant parvenu à la couronne par la mort du roi Jean son pere, arrivée à Londres dès le 8 avril 1364, les écouta et fit citer le prince de Galles à la cour des Pairs, pour y rendre compte de sa conduite. Il répondit qu'il s'y trouveroit, mais que ce seroit avec le bassinet et à la tête de soixante mille hommes. Cette réponse fiere et hardie donna lieu à un arrêt de confiscation en 1370, et au renouvellement de la guerre entre les deux couronnes.

Les succès en furent d'abord partagés en divers événements, mais enfin le prince de Galles, qui avoit été obligé de repasser la mer dès l'année 1368, étant mort à Londres en 1376, l'Angleterre, privée d'un tel chef et du secours du général Chandos, qui faisoit sa place d'armes d'Angoulesme (où il se trouve encore une ancienne porte de son nom), et qui avoit été tué près du lieu de Lussat, en Poictou, dès l'année 1369, ne se trouva plus en état de profiter de ses avantages, et la mort du roi Édouard, survenue en 1377, qui ne laissa pour successeur qu'un foible enfant, donna lieu à la sagesse et à la prudence de Charles V de ramener ces pays à son obéissance.

Angoulesme fut une des premieres villes qui donnerent l'exemple aux autres. Les habitants ayant appris en 1372 qu'Henri Haye, leur gouverneur anglois, avoit été défait avec une partie de sa garnison et pris prisonnier à Soubize, et ayant toujours le cœur françois, se servirent de la conjoncture pour secouer le joug d'une nation étrangere. Ils attaquerent les armes à la main les troupes angloises qui étoient demeurées dans la ville, tuerent tout ce qui en restoit, fermerent leurs portes aux débris de celles qui revenoient de Soubize, et avec une fermeté qu'on ne peut assez louer, se remirent sous l'obéissance de leur ancien et légitime souverain, et surent s'y maintenir toujours, quoique les autres villes et forteresses des environs fussent encore occupées par les Anglois, qui n'en furent absolument chassés que plusieurs années après.

Charles V reconnut et récompensa la fidélité des habitants d'Angoulesme. Il leur accorda en cette considération les priviléges dont il sera parlé ci-après, et donna ensuite l'Angoumois et la Xaintonge à Jean, duc de Berry, son frere, qui travailla à réduire les autres forteresses de la province, jusqu'en l'année 1380, qu'il remit le tout après la mort de Charles V, arrivée en cette même année, entre les mains de Charles VI (1); mais avant cette réduc-

---

(1) La date indiquée par Gervais est inexacte. Le P. Anselme, t. III, p. 107, donne, d'après Du Tillet (*Inventaires des apanages*, p. 302), le sommaire de lettres du 8 septembre 1374, portant « délaissement et renoncia-

tion, le plat pays eut infiniment à souffrir des incursions des deux partis, et en fut presque entierement désolé.

En 1392, Charles VI donna en apanage à Louis, son frere, le duché d'Orléans et le comté d'Angoulesme et de Vertus (1).

Louis, duc d'Orléans et comte d'Angoulesme, fut assassiné à Paris, le 23 novembre 1407, par les gens du duc de Bourgogne.

Sa veuve et ses enfants tâcherent de venger cette mort. La maladie du Roi le mettant hors de situation de leur faire justice, les enfants envoyerent un cartel de défi au duc, qui n'y répondit que par un libelle injurieux. Ils furent obligés d'appeler les Anglois, et quoiqu'ils n'en tirerent aucun secours, ils furent cependant contraints de composer avec eux à une grosse somme; et ne s'étant pas trouvés en état de

« tion de Jean, duc de Berry, au roi Charles V, des comtés de Saintonge « et d'Angoulême, que ledit roi lui avait laissés à sa vie. » — D'un autre côté, Corlieu dit, sans fournir ses preuves, que le duc remit en 1386 le comté d'Angoulême au roi Charles VI, moyennant la somme de 80,000 livres, qui lui fut payée comme indemnité des frais de la guerre soutenue pour la réduction de la Guyenne. — Vigier de la Pile, qui a relaté ces deux faits contradictoires, s'est efforcé de les concilier, en faisant observer, dans son *Histoire de l'Angoumois*, p. 42, qu'il n'y aurait rien d'impossible à ce que, après 1374, le duc de Berry eût retenu le commandement des troupes et le gouvernement du pays, quoiqu'il n'en eût point le domaine et qu'il n'eût pas conservé le titre de comte. — Vigier nous semble avoir raison; mais pour trancher la question en toute connaissance de cause, il faudrait avoir sous la main les documents originaux qui concernent l'apanage du frère de Charles V.

(1) Louis, créé duc d'Orléans en 1392, ne jouit que plus tard du comté d'Angoulême. Il le reçut en augmentation d'apanage, le 6 octobre 1394, suivant le P. Anselme.

la payer en entier, Jean, comte d'Angoulesme, encore jeune, fut mené en otage en Angleterre pour le restant, et fut retenu pendant plus de trente ans, et non pas Charles, son frere aîné, comme l'ont avancé faussement quelques auteurs. Sa longue captivité demeura aussi impunie que l'assassinat de son pere. Louis XII, parvenu à la couronne dans la suite, se trouva en termes de venger la mort cruelle de son aïeul, mais on sait la belle réponse qu'il fit à ceux qui l'y exhortoient : que le roi de France ne vengeoit point les querelles du duc d'Orléans.

Après le retour du comte Jean en France, il y servit fort utilement l'État pour le recouvrement de la Guyenne, et mourut ensuite en odeur de sainteté, au mois d'avril 1468 (1), à Coignac, d'où son corps fut porté et enterré dans l'église cathédrale d'Angoulesme.

Charles, son fils, lui succéda au comté d'Angoulesme et mourut au mois de février 1495, peu de temps après s'être marié avec Louise de Savoie (2), d'où naquit, en la ville de Coignac, François Ier, qui fut aussi comte d'Angoulesme et parvint dans la suite à la couronne, après la mort de Louis XII, arrivée en 1514.

François Ier érigea d'abord le comté d'Angoulesme en duché, et le délaissa en douaire ou jouissance à Louise de Savoie, sa mere. Après la mort

---

(1) Le 30 avril 1467.

(2) Il mourut le 1er janvier de l'an 1496 (N. S.). Il avait épousé, par contrat passé à Paris le 16 février 1488 (N. S.), Louise, fille aînée de Philippe, dit Sans Terre, comte de Bresse, puis duc de Savoie.

de Louise, il le donna en apanage à Charles, duc d'Orléans, son second fils, par le décès duquel le duché revint et fut réuni à la couronne, où il demeura joint et incorporé sous les regnes suivants, jusqu'à ce que Louis XIV le donna en usufruit à feu Mme de Guise et ensuite en apanage à feu M. le duc de Berry, par la mort de qui il est encore revenu à la couronne.

Le duché d'Angoulesme, dans les derniers temps, fut plutôt un titre d'honneur qu'il n'étoit considérable par ses revenus; il comprenoit le domaine particulier d'Angoulesme et celui de Coignac et Merpins.

Domaine royal d'Angoumois.

Le domaine particulier d'Angoulesme consistoit en rentes seigneuriales, agriers et péages, dans la ville d'Angoulesme et aux environs, avec des étaux, bancs à bouchers et droits de minage, dans la même ville, quelques eaux et pêcheries sur la riviere de Charente, et toutes celles de Touvre, ensemble quelques usages et exploits dans les bois du Roi.

Le domaine de Coignac et Merpins est situé dans la petite ville de Coignac et aux environs et dans la châtellenie de Merpins, qui y est joignante; il consiste en moulins bannaux et en semblables droits de rentes et agriers, etc.

Angoulesme est dans la généralité de Limoges, Coignac et Merpins sont dans celle de la Rochelle; néanmoins ces domaines n'en ont jamais composé qu'un seul en une même intégralité, connu sous le titre indivisible de duché d'Angoulesme, et toujours possédé aussi sans division, en premier lieu par les comtes d'Angoulesme, et dans la suite par les apanagistes ou usufruitiers.

Mme de Guise en a joui en cette derniere qualité jusqu'à son décès, arrivé en 1696.

Les forêts royales, comme étant de toujours du grand domaine royal, étoient exceptées de l'apanage et de l'usufruit.

Le grand et le petit domaine se trouvoient beaucoup diminués de ce qu'ils avoient été anciennement, par les usurpations qui en avoient été faites en différents temps, soit par les seigneurs particuliers à l'occasion du voisinage de leurs terres, soit par les fermiers, receveurs et régisseurs, qui s'étoient trouvés posséder des biens dans l'étendue du Domaine.

Ces usurpations s'étoient fortifiées dans la suite par la perte ou par la soustraction des titres, et par la négligence qu'on avoit eue à les faire vérifier.

M. de Bernage, ci-devant intendant de la province (dont le zele et l'attention pour les intérêts du Roi sont connus), ayant reconnu ce désordre, ne trouvant ni papiers terriers, ni documents du domaine d'Angoulesme, tout ce qu'on en représentoit consistant seulement en quelques reconnoissances à rechercher dans les études de notaires et en des feuilles volantes, simples mémoires et papiers de recette informes, avoit pensé à faire vérifier ce domaine, et avoit jeté pour cela les yeux sur le sieur Gervais, lors assesseur, et à présent lieutenant criminel du Présidial d'Angoulesme; mais la guerre qui survint en ce temps-là, d'autres occupations, l'aliénation de ce même domaine, et le passage de M. de Bernage dans une autre généralité, firent tomber ce projet.

Dans le temps que Mme de Guise jouissoit du domaine particulier d'Angoulesme, il pouvoit valoir 8 à 9,000 livres de revenu; sur quoi, déduisant les réparations locatives, aumônes, fondations, gages d'officiers, entretien de bâtards, pain des prisonniers, frais de justice et autres, ordinaires et extraordinaires, il se trouvoit certaines années, et même communément, que Mme de Guise n'en tiroit pas 1,500 livres de quitte.

Le domaine de Coignac lui étoit plus fructueux, parce que, d'un côté, son produit étoit plus fort de 3 ou 4,000 livres que celui d'Angoulesme, et que, d'un autre côté, les charges passives y sont beaucoup moins considérables, si bien qu'on croit que Mme de Guise tiroit en particulier de ce domaine 8 à 10,000 livres de revenu annuellement, sans parler des offices.

Depuis la mort de Mme de Guise, les choses ont encore diminué par des aliénations qu'on a faites en conséquence des édits de Sa Majesté.

Le domaine particulier d'Angoulesme a été presque tout vendu les années 1697 et 1703. Il n'en reste plus que le droit de minage, engagé à vie au sieur Moreau, payeur des rentes de l'Hôtel-de-Ville de Paris, au mois de juin 1719, et qui peut valoir 700 livres par an ou environ ;

Deux prises dans la paroisse de Vars, au devoir de vingt boisseaux froment, mesure d'Angoulesme, et quarante-deux sols huit deniers en argent, avec un droit d'agrier estimé 80 ou 100 livres ;

Plus une autre dans la paroisse de Torsat, au devoir de cinq boisseaux froment, quatre boisseaux avoine, deux gélines et sept sols six deniers en argent ;

Plus, sur la Tour-Blanche, quarante livres par an ;

Et sur la seigneurie d'Aubeterre douze livres aussi par an ;

De sorte qu'on est obligé, à présent, de prendre les frais de justice sur les formules et autres fonds.

Il y a eu aussi des aliénations faites à Coignac, qui en ont diminué le domaine ; mais ce qui en reste, joint à celui d'Angoulesme, est encore d'un si petit objet, qu'il ne sauroit servir d'apanage. On y ajoutoit depuis longtemps le domaine d'Alençon, dont la valeur n'est pas rapportée ici, parce que cela n'est pas du dessein de ces Mémoires.

Mme de Guise pourvoyoit aux bas offices et avoit la nomination seulement des autres, auxquels le Roi donnoit des provisions.

En 1710, le Roi donna en apanage le duché d'Angoulesme, avec le domaine d'Alençon, dont Mme de Guise avoit joui, à M. le duc de Berry.

M. Desmarests, lors contrôleur général, écrivit le 3 juin de cette année à M. Bosc du Bouchet, qui étoit en ce temps intendant de la province, pour avoir un état exact de la valeur et du revenu du duché d'Angoulesme, du domaine de Coignac et de la châtellenie de Merpins, et être informé en même temps des offices, tant ordinaires qu'extraordinaires, auxquels Mme de Guise avoit droit de nommer ou de pourvoir lorsqu'elle possédoit ces domaines. M. Bosc envoya en réponse des éclaircissements conformes à ce qu'on vient d'observer.

Il y eut contestation entre les Chambres des comptes de Paris et de Normandie, au sujet de l'évaluation de ces domaines, à cause que ceux d'Angoumois sont dans le ressort de l'une et que ceux d'Alençon sont du ressort de l'autre, ce qui étoit néanmoins fort aisé à régler, puisque chacune de ces chambres pouvoit faire l'évaluation du domaine de son ressort, et que les deux évaluations ensuite rapportées et conférées auroient fixé l'évaluation de la totalité. Quoi qu'il en soit, cette raison ou peut-être ce prétexte arrêtèrent la prise de possession de M. le duc de Berry, à qui on adjugea, en attendant, 200,000 livres par an, pour tenir lieu de la valeur des domaines réels, et le droit aux offices, suivant que Mme de Guise en avoit joui. On ne peut pas marquer ici le montant de la valeur de ce droit, parce qu'il est casuel; on observe seulement qu'il est considérable et que le sieur Pinette de Charmoy, qui en avoit traité avec Mme de Guise de son vivant, y avoit fait une fortune assez grosse; au surplus, on ajoutera dans la suite de ces Mémoires un état de la consistance et de la valeur des offices royaux de la province.

Le conseil de M. le duc de Berry, sentant l'importance de cet article et ayant d'ailleurs en vue de faire entrer le prince en jouissance de ces domaines, et peut-être de les réunir et rétablir dans leur ancienne beauté, pensa à avoir une personne de confiance sur les lieux, pour donner les instructions nécessaires et veiller aux intérêts de Sa Majesté. Il jeta pour cela les yeux sur le sieur Gervais, lors assesseur au Présidial d'Angoulesme, qui fut chargé de ce soin par arrêté et délibération du Conseil du 25 juin 1711; à quoi M. de la Rochepot, chancelier, et M. Maynon, surintendant, concoururent unanimement, ce qui donna lieu à cet officier de prendre une connoissance particuliere du domaine d'Angoumois, et pourroit rendre son ministere de quelque utilité si Sa Majesté jugeoit à propos à présent, ou dans la suite, d'en ordonner la vérification pour en constater la consistance et en rappeler les dépendances éclipsées. On fut content des instructions et des avis qu'il donna à ce sujet en ce temps-là, et, ayant traité dans la suite de la charge de lieutenant criminel du même présidial, la nomination et autres expéditions lui en furent délivrées gratis aux parties casuelles et à la chancellerie de M. le duc de Berry.

Il ne paroît pas inutile d'observer ici, à l'occasion du domaine d'Angoumois, qu'on crut, dans le temps du Systeme, que le Roi penseroit à le retirer; on a pensé encore la même chose depuis. Peut-être que le zele des bien intentionnés pour le service, qui leur faisoit envisager avec regret le dépiécement d'un si beau morceau, donna lieu à ces bruits. L'arrêt du Conseil du 13 mai 1724, qui ordonnoit que les offres, encheres et surencheres, pour la revente des domaines engagés, seroient reçues en rentes payables au domaine du Roi par les nouveaux engagistes qui se présenteroient comme plus offrants et derniers enchérisseurs, à la charge par eux de rembourser en argent comptant les finances des anciens engagistes, n'a eu jusqu'à présent aucun effet en Angoumois. La cause de cette inaction vient, d'un côté, de ce que ceux qui auroient pu se présenter pour enchérir quelques domaines attendoient l'événement de l'affaire de Boutteville, dont on a parlé ailleurs, et qui n'a été décidée au Conseil que nouvellement, entre le sieur de Varaize et les héritiers du feu sieur de Béon de Luxembourg, et de ce que, d'un autre côté, cette maniere de tenter la voie d'entrer dans un domaine par la dépossession forcée d'un ancien engagiste, laquelle il peut éviter en enchérissant lui-même, et la crainte pour le nouveau à son tour d'une semblable dépossession, éloignent les prétendants. Il semble que beaucoup de ces domaines se trouvant aliénés au-dessous de leur juste valeur, il seroit plus naturel que le Roi les retirât, en remboursant les particuliers, et les réunît à ce qui lui en reste, pour en rétablir l'intégralité, ce qui formeroit annuellement des fonds pour l'assignat des frais de justice et autres besoins, et pourroit être d'une grande ressource pour les nouveaux engagements qu'on en pourroit faire dans les cas d'une pressante nécessité ; mais comme les aliénations qui en ont été faites en différents temps et à diverses personnes ne sont pas égales ni tarifées, il seroit juste d'en différencier les remboursements.

Château d'Angoulesme.

C'est à cause du château d'Angoulesme que beaucoup de fiefs de dignité, terres et seigneuries de la province relevent immédiatement du Roi ; et quoique dans les différents engagements qui ont été faits des justices, rentes et agriers, et autres droits roturiers dépendant de son domaine, on n'ait compris ni pu comprendre les hommages inséparables du chef-lieu, néanmoins, comme l'aliénation et le dépiécement des droits utiles de ce domaine l'ont fait comme abandonner depuis, il est à craindre que les vasselages ne s'en éclipsent en partie dans la suite, par la cessation de leur service, les délais accordés par les arrêts du Conseil des 21 juillet 1716, 21 août 1717, 15 janvier, 30 juin et 24 décembre 1718, 4 juillet et 25 décembre 1719, 23 juillet 1720, 31 juillet 1721, 22 février et 22 juillet 1722, aux vassaux de Sa Majesté, pour rendre leurs hommages dus à cause de son heureux avénement à la couronne, ayant cessé par ce dernier. Les trésoriers de France du Bureau de Limoges ont bien fait quelques mouvements pour en faire rendre quelques-uns, mais ces hommages n'ayant pas été suivis de dénombrements vérifiés, les choses continuerent toujours dans la même confusion, et il n'y a qu'une vérification exacte et suivie faite sur les lieux par un commissaire spécial, qui puisse fixer et assurer pour l'avenir la consistance des droits du Roi à cet égard.

Le château d'Angoulesme a commencé et continué d'être bâti en différents temps et à diverses reprises par les comtes d'Angoulesme ; mais c'est M. d'Épernon qui en augmenta l'enceinte et fit faire les fortifications qui subsistent aujourd'hui. Ces fortifications étoient bonnes, suivant le goût et l'usage de son temps ; il y employa de grosses sommes qu'il tira des recettes du Roi dans le pays pendant beaucoup d'années. Une de ces fortifications, qu'on nomme l'Éperon, qui coûta en effet des sommes immenses, donna lieu au bon mot de Henri IV : *qu'il ne se chausseroit jamais d'éperons d'Angoulesme.* Leur grandeur en rendroit à présent la défense plus difficile, et outre qu'il faudroit une armée presque entiere pour la soutenir, la maniere d'attaquer les places ayant infiniment changé, ces vastes ouvrages ne résisteroient pas comme ceux d'une construction moderne. La situation tant du château que de la ville est néanmoins telle qu'on en pourroit faire une des places les plus fortes du royaume en y faisant de nouveaux ouvrages. L'élévation du lieu, terrassé presque de toutes parts, défendu et rendu presque inaccessible par deux rivieres à l'un des bouts et aux deux flancs, fortifié d'ailleurs par un triple mur et beaucoup d'ouvrages, et la difficulté de creuser des tranchées de l'un à l'autre bout, en rendroient l'attaque assez difficile.

On avoit pensé en plusieurs occasions à fortifier Angoulesme; mais depuis que Bordeaux et la Rochelle sont devenues des places de guerre, on a perdu cet objet de vue; on avoit même projeté, par cette raison, d'en raser le château comme piece inutile, de grande dépense pour le Roi, et dont la conservation pouvoit devenir dangereuse en certains temps. Il paroissoit qu'autant qu'il importe à la sûreté d'un État de tenir ses places frontieres et maritimes en état de défense, autant devoit-on tenir ouvertes les villes du dedans, ces remparts intérieurs pouvant quelquefois fomenter et entretenir des guerres civiles, et servir de retraites aux mécontents ; mais les remontrances de quelques personnes intéressées à la conservation du château d'Angoulesme comme citadelle de guerre firent échouer ce projet.

Cependant ce château, qui contient un emplacement et des bâtiments très-spacieux, coûte pour son entretien des sommes immenses au Roi. Feu M. le duc d'Orléans ayant ordonné, au commencement de l'année 1723, d'y faire les réparations absolument nécessaires, M. de Breteuil chargea de ce soin le sieur Gervais, lieutenant criminel, qui en fit l'adjudication. Quelques précautions qu'on pût prendre pour éviter les superflus, il ne laissa pas que d'en coûter 14,000 livres, y compris la réparation de la Halle ; et l'on demande aujourd'hui 16,000 livres pour d'autres à faire au château seul. Au reste, il ne sert au Roi à aucun autre usage qu'à la garde de quelques prisonniers peu importants et à une pension d'une compagnie d'invalides de soixante hommes.

Le parc qui en ferme l'enceinte pourroit être arrenté au profit du Roi aux particuliers, qui y édifieroient des maisons, ce qui serviroit à l'agrandissement et à la décoration de la ville, dont le terrain est extrêmement serré et les plus beaux quartiers gâtés par les maisons religieuses, qui y sont répandues en trop grande quantité, et même dans le centre (1). Les démolitions des fortifications inutiles

---

(1) De 1778 à 1789, ce projet fut mis à exécution par le comte d'Artois (Charles-Philippe de France), apanagiste du duché d'Angoulême. Les ar-

seroient employées à ces constructions; le corps du château pourroit être conservé, tant pour servir à y tenir encore des prisonniers par ordre du Roi qu'à des prisons pour ceux de la justice; et en y transportant le palais pour les assises de tous les différents siéges et tribunaux royaux, on épargneroit au Roi une charge et redevance annuelle de 400 livres, qu'il paye aux Jacobins pour celui qu'ils fournissent, et qui n'est d'ailleurs ni beau ni commode. On établiroit dans ce nouveau palais un simple concierge, lequel, moyennant des gages médiocres et les petits profits qu'il auroit d'ailleurs, pourroit également veiller, avec des geôliers, à la garde de tous les différents prisonniers. Il seroit juste, en ce cas, de conserver au commandant du château ses mêmes appointements, mais pendant sa vie seulement.

Le Roi trouveroit encore un autre profit et un avantage en reprenant l'ancienne citadelle, qui sert actuellement de prison, et pourroit faire un autre usage de ce bâtiment, d'ailleurs incommode pour le présent et trop éloigné du lieu où la justice s'exerce.

On avoit pensé, il y a quelques années, à établir un magasin de vivres au château d'Angoulesme, pour servir aux troupes qui seroient employées à la guerre contre l'Espagne ou à d'autres vues. M. Delesseville, lors intendant de la province, le fit visiter par le sieur Gervais, qui fournit un mémoire exact

---

chives départementales (série A) possèdent tous les titres d'acensement des terrains qui étaient compris dans le parc et sur l'emplacement desquels est aujourd'hui bâti le plus beau quartier de la ville.

et détaillé à ce sujet, vers l'année 1717. Il y observa d'abord :

Qu'en général la province d'Angoumois n'est pas assez abondante en grains pour qu'on doive penser à y en ramasser suffisamment pour un magasin, les habitants étant obligés d'en tirer des provinces circonvoisines pour leur subsistance dans les années de stérilité ;

Que, dans les plus fertiles, on en pourroit cependant faire venir à Angoulesme, qui est au centre de la province, des marchés de Ruffecq, Manle, la Rochefoucauld, Confolant, Chabanois, la Vallette et Montmoreau, qui sont les entrepôts du débit des blés tant des lieux voisins que des provinces de Poictou, Limouzin, Périgord et Xaintonge ;

Qu'on en pourroit tirer en certains temps jusqu'à 14 ou 15,000 sacs, partie froment et partie méteil, le sac de 200 livres pesant, qui reviendroient, réduction faite au boisseau, mesure d'Angoulesme, qui est du poids de 90 livres ou environ, à près de 40,000 boisseaux ; mais il seroit à propos de ne faire cet amas qu'avec circonspection, sans rien faire enlever aux marchés d'Angoulesme et des autres lieux, où les grains affluent le moins, pour ne pas exciter de rumeur populaire ;

Que l'endroit le plus favorable pour servir de magasin seroit la place d'armes haute du château d'Angoulesme, qui a plus de 16 toises de long sur 8 de large, bien planchéiée et tillée (1) en partie, et

---

(1) Expression locale. — On entend par *tillage*, en Angoumois, un lattis en bois blanc qui remplace le plâtre pour les plafonds et la pierre pour les voûtes.

assez ouverte pour donner l'air nécessaire à la conservation des grains, et où ils seroient en toute sécurité, la conduite pouvant même y être faite par une arriere-porte appelée du Secours, sans passer par la ville;

Et qu'on pourroit encore faire servir de grenier succursale ce qu'on appelle le grenier du Roi, placé au-dessus de la grande halle de la ville, et qui étoit employé à cet usage par les fermiers, receveurs ou régisseurs du Domaine avant les aliénations. Ce grenier est d'une assez grande étendue pour pouvoir contenir beaucoup de blé, en y laissant même suffisamment de place pour le remuer, étant de 22 toises de long sur 8 de large. Il a été nouvellement recouvert à neuf et est à cet égard en fort bon état et pour longtemps; il ne seroit question que de recarreler quelques endroits du pavé où les carreaux manquent, ce qui ne seroit pas une dépense d'un objet considérable.

Commandant du château d'Angoulesme.

Le sieur de Villoignon (1), qui commande à présent en qualité de lieutenant de Roi au château d'Angoulesme, n'étant pas parfaitement instruit des droits de sa charge lorsqu'il en prit possession, voulut exiger, dans les commencements, beaucoup de choses onéreuses des habitants d'Angoulesme,

---

(1) Ce personnage était de la maison de Raymond, que nous trouvons en possession de la charge de lieutenant de Roi à Angoulême pendant près d'un demi-siècle, depuis 1712 au moins jusque après 1759.

lesquels, accoutumés de toujours à la douceur de ses prédécesseurs et à la bonté de nos gouverneurs, crurent devoir lui contester les nouveautés qu'il entreprenoit. Le feu Roi, informé de leurs plaintes, décida qu'un droit d'entrée sur le bois que la ville avoit voulu accorder auparavant au commandant du château par pure honnêteté, demeureroit supprimé.

Sa Majesté s'expliqua à ce sujet sur toutes les autres choses qu'on toléroit aux commandants des places, par simple bienséance, et déclara qu'elle n'entendoit qu'ils en jouissent qu'autant que la maniere dont ils traiteroient les habitants porteroit ceux-ci à vouloir bien leur continuer les mêmes gratifications.

Le sieur de Villoignon voulut aussi forcer les maire et échevins de lui aller rendre des visites à certains jours de l'année, et à lui faire des complimens que le cœur n'auroit pas dictés, et auxquels lui-même n'auroit peut-être pas alors répondu d'une maniere convenable à la décence et à ce qui semble dû à un corps vénérable par son ancienneté, et composé des premiers magistrats et des personnes les plus distinguées de la ville. Il obtint, sur cela et sur d'autres chefs, une espece de réglement au Conseil le 16 septembre 1714, qui avoit pour fondement des usages supposés; mais comme cette cause s'y trouvoit exprimée, et que dans le fait l'énonciation en étoit erronée, le sieur de Villoignon, mieux instruit dans la suite des coutumes observées avant lui, se désista de ces nouveautés par une police qu'il passa avec les officiers de la ville le 17 juin

1715. Cette police contient huit articles d'explications et modifications sur autant de prétentions du sieur de Villoignon énoncées au réglement, et qui ont été par lui reconnues, approuvées, consenties et signées sous le bon plaisir de Sa Majesté.

Il y est reconnu premierement que les visites en corps de la part des maire et échevins au lieutenant de Roi n'avoient jamais été pratiquées, et que l'extension qu'on avoit prétendu y donner en faveur de celui qui commanderoit au château en son absence, et qui n'est souvent qu'un subalterne, sergent de salade ou d'invalides, n'avoit aucun fondement;

2° Que l'obligation à laquelle on y assujettissoit les maire et échevins d'aller au château, lorsqu'ils y seroient mandés soit par le lieutenant de Roi, soit, en son absence, par celui qui y commande, pour le service du Roi, souvent et presque toujours prétexté pour satisfaire au service particulier, demeureroit restreinte à la personne du lieutenant de Roi seulement ;

3° Que l'obligation d'aller avertir au château, dans le cas de convocation générale, seroit pareillement restreinte, outre que le lieutenant de Roi ne doit jamais se mêler des délibérations de la communauté ;

4° et 5°. Que les publications des édits, déclarations du Roi et arrêts de son Conseil, ordonnances du sénéchal, du maire et du lieutenant général de police, pour les affaires du Roi, publiques, civiles, criminelles et de police, qui se font au son du tambour, ne concernant en rien le militaire, le lieutenant de Roi, et, en son absence, celui qui commande à la garnison du château, ne doivent point s'en mêler;

6° Que, lorsqu'il s'agira de loger des troupes, le maire y doit vaquer sans retardement et sans attendre la permission du lieutenant de Roi, qui ne doit se mêler en aucune maniere du logement, le maire n'empêchant pas, au surplus, que les officiers d'un régiment, lorsqu'il passera entier, n'aillent rendre visite au lieutenant de Roi et lui montrer leur route, le faisant même avertir du passage, pourvu que le service du Roi et la troupe n'en souffrent.

7° Que le maire doit demeurer en possession de mettre les troupes de milice bourgeoise sous les armes pour le cas de simple réjouissance, hors le temps de guerre, et lorsqu'il ne s'agit point du service du Roi, sans l'autorisation du lieutenant de Roi.

8° Et enfin, que les contestations qui peuvent survenir entre les officiers de ladite milice bourgeoise, pour les rang, marches et autres fonctions qui n'intéressent en rien le service de Sa Majesté, seront réglées par le maire en la maniere accoutumée.

Le sieur de Villoignon avoit aussi prétendu contre toutes régles, et au préjudice de la disposition formelle de l'article 22 du réglement du 25 novembre 1716, que la ville d'Angoulesme étoit une place de guerre, peut-être en vue d'y assujettir les habitants à une juridiction militaire qui auroit renversé l'ordre judiciaire qui y existe de toujours. On l'en a désabusé.

M. le Blanc décida aussi, dans une autre occasion, sur l'avis de M. de Breteuil, suivant l'usage constant de plus de trois siecles, et conformément aux titres, que les portiers étant aux gages de la ville, le sieur de Villoignon n'avoit pas droit de les faire emprisonner dans son château. Le mouvement des troupes survenues en 1718 et les quartiers qui furent établis à Angoulesme en cette année donnerent occasion à cette prétention jusqu'alors inouïe, et obligerent le sieur Gervais, lieutenant criminel, qui étoit aussi maire de ce temps-là, de faire publier un placard le 20 juillet audit an, par lequel il étoit dit que sur ce qui avoit été remontré que soit à l'occasion des fournitures qui devoient être faites par les habitants aux gens de guerre, ou autrement, il arriveroit souvent des désordres entre eux, à quoi il n'avoit pu jusqu'alors être convenablement pourvu, ce qui provenoit probablement de ce que les ordonnances et réglements intervenus sur ces matieres n'y avoient pas été rendus assez notoires, et encore de ce que, contre l'esprit et au préjudice de leurs dispositions formelles, et par des entreprises abusives, les particuliers avoient été par le passé induits en erreur sur la compétence de leurs véritables juges, en sorte que les plaignants étant dans l'incertitude des tribunaux auxquels ils devoient s'adresser, et les affaires ayant le plus souvent été portées par devant des personnes auxquelles la connoissance n'en appartenoit pas, les parties se seroient trouvées commises et la punition des coupables éludée ou retardée, d'où s'en seroit ensuivie l'impunité des fautes, qui en auroit autorisé les récidives; à quoi étant nécessaire de remédier pour l'avenir et de re mettre les choses en régle, il étoit ordonné que les dites ordonnances et réglements seroient exécutés selon leur forme et teneur, et en conséquence, entre autres choses, que lorsqu'à l'occasion des contraventions auxdits réglements ou autrement, il arriveroit quelque rixe, querelle, crime ou délit de la part des officiers, cavaliers, dragons ou soldats, à quoi les habitants ou autres sujets de Sa Majesté auroient intérêt, ou qui seroient par eux commis, les parties plaignantes se retireroient par devers le lieutenant criminel, pour leur être par lui sur ce pourvu, en ladite qualité, ou qu'il en seroit informé par-devant lui, et la poursuite faite à la requête et diligence du procureur du Roi en la sénéchaussée et siége présidial contre les coupables, selon l'exigence des cas, conformément à l'ordonnance de 1665, article 43 ; à celle du mois d'août 1670, article 15 du titre 1er ; à l'article 50 du titre 6, livre 4e, du Code militaire, et autres, sauf les cas qui se commettroient de soldat à soldat, dont la connoissance est réservée par lesdites ordonnances et réglements aux juges militaires à qui elle appartient aussi selon les cas ; et que, conformément aux articles 28 et 29 du réglement du 8 avril précédent, lorsqu'il arriveroit quelques désordres dans la ville, s'ils étoient commis par les habitants, les plus coupables d'entre eux seroient conduits dans la maison du maire ou du lieutenant criminel, sauf à l'égard seulement des cavaliers, dragons ou soldats, d'être conduits au corps de garde.

Cette derniere disposition étoit devenue nécessaire à cause que beaucoup de personnes de toute condition avoient été souvent menées aux corps de garde des troupes, et d'autres jetées dans les cachots du château, et livrées aux insultes et à la violence du soldat.

M. le comte de Chamilly, qui commandoit en ce temps-là à la Rochelle, à qui le sieur Gervais crut devoir faire part de ce placard, l'approuva par sa lettre du 12 janvier 1719.

Un calme heureux a enfin succédé à ces petits orages qui troubloient auparavant la tranquillité publique.

Le sieur de Villoignon, qui s'étoit d'abord livré à des conseils inquiets qui l'obsédoient, rendu depuis à lui-même, et d'ailleurs ramené par les remontrances sages et remplies de douceur de M. le duc d'Uzez, paroît prendre le parti de se concilier avec ses compatriotes ; tout est à présent réuni et de bonne intelligence, et chacun, selon son état, dans la ville et dans le château, concourt de bonne union au service du Roi, au bien et au repos de ses sujets.

Ce fut dans ce même château que M. le duc d'Espernon fut attaqué par le sieur Normand, maire, le jour de Saint-Laurent de l'année 1588 (1). Le maire,

---

(1) François Normand, Ier du nom, écuyer, sieur de Puygrelier, premier lieutenant du vice-sénéchal d'Angoumois, élu maire et capitaine de la ville d'Angoulême le 8 avril 1588, mort à l'âge de trente-huit ans, à l'attaque du château, le 10 août de la même année. Il avait épousé, par contrat de mariage du 2 septembre 1576, Létice Du Souchet, fille de N. Du Souchet, écuyer, sieur des Gentils. (V. *Généalogie de la famille Normand*, par M. E. Castaigne. Angoulême, impr. Nadaud, 1861, in-4°.)

assisté d'abord de son beau-frere Souchet et de six autres habitants seulement, commença l'attaque dans la garde-robe du duc, où on croyoit le trouver, et où il fut tiré peut-être trop légerement des coups d'armes à feu sur quelques-uns de ses domestiques; un de ses secrétaires y fut même tué. Ce bruit lui donna le temps de se barricader dans son cabinet, où il avoit passé, heureusement pour lui, un moment auparavant. Il y tint bon, accompagné seulement de l'abbé Delbene et du sieur de Lisle; ce qui ayant donné le temps à quelques gentilshommes et à des gardes de sa compagnie de venir à son secours, le maire et les siens furent attaqués et repoussés à leur tour dans un autre appartement, où ils se défendirent néanmoins en gens de cœur et de résolution. Le maire y fut blessé à mort et tous ceux de sa suite fort dangereusement.

Les habitants de la ville, excités au son du tocsin par le frere du maire, s'étant assemblés tumultueusement et armés, attaquerent le château, et y ayant fait une ouverture, M. d'Espernon y courut, tua de sa main le frere du maire et repoussa le reste à l'aide des siens. Il pourvut encore par sa bravoure et sa vigilance à toutes les autres attaques qui furent faites de beaucoup d'autres parts; mais il fut sur le point de succomber sous des ennemis plus redoutables, qui furent la faim et la soif, n'ayant subsisté avec son monde, pendant plus de quarante heures, que de quelques livres de pain bis et de quatre bouteilles de vin sans eau.

Cependant, étant arrivé un secours de quelques cavaliers au duc, dans le faubourg, et le maire étant mort de ses blessures dans le château, il fut moyenné un traité par l'entremise de l'évêque et des officiers de justice de la ville. Tout fut pacifié et oublié de part et d'autre, et une parfaite tranquillité succéda, sans autres suites, au trouble et à la violence qui avoient agité le public pendant plusieurs jours.

Il parut alors des relations de cette affaire, dont quelques-unes même furent imprimées (1); on s'y traita de conspiration, d'assassinat et de tous les termes les plus odieux dont on peut noircir une action. Il n'est pas étonnant qu'on tînt un semblable langage dans un lieu où M. d'Espernon commandoit avec un pouvoir despotique, où son autorité étoit plus respectée que celle du Roi même, et dans un

(1) Nous connaissons les suivantes : 1° *Discours véritable de la malheureuse conspiration et attentat contre la personne de Monseigneur le duc d'Espernon.....* par François Normand, dict Puigrelier, maire de la ville d'Angoulesme, et ses complices. A Angoulesme, par Olivier de Minieres, 1588, pet. in-8° de 24 feuillets; 2° *Discours véritable de ce qui s'est passé dans la ville d'Angoulesme entre les habitants et le duc d'Espernon.* Paris, Roffet, 1588, in-8°; pièce aux initiales N. D. A., réimprimée dans le tome XII (1re série) des *Archives curieuses de l'hist. de France*, publiées par Cimber et Danjou. — Plusieurs historiens ont aussi donné des récits de cette affaire, notamment de Thou (*Hist. univ.*), d'Aubigné (*Hist. univ.*), Davila (*Hist. des guerres civiles*), Mézeray (*Hist. de France*), G. Girard (*Hist. de la vie du duc d'Espernon*). — Nous signalerons encore deux autres relations : l'une, inédite, a été achetée en 1860, à la vente d'autographes de feu M. Lucas de Montigny, et appartient à M. Gellibert Des Séguins, député au Corps législatif; l'autre est conservée à la Biblioth. impér., section des MS, fonds de Béthune, n° 8778, f° 75. Nous en avons donné connaissance à la Société arch. et hist. de la Charente, dans le courant de l'année 1858. Elle vient, du reste, d'être publiée dans le journal *le Charentais*, numéro du 2 septembre 1864, par M. Sénemaud aîné, ancien greffier du tribunal civil d'Angoulême et commissaire central de police à Limoges, qui habite aujourd'hui Bordeaux, d'après une transcription assez peu exacte que possède la Bibliothèque publique de cette dernière ville.

temps où cette derniere se trouvoit affoiblie par les grands mouvements qui travailloient l'État ; mais les historiens qui en ont écrit sans passion en des temps et dans des circonstances plus libres, nous apprennent que la Cour, soupçonnant M. d'Espernon de favoriser le parti du roi de Navarre et des religionnaires, avoit engagé le Roi de consentir à le faire arrêter, que l'ordre en avoit été signé à la sollicitation du duc de Guise, ennemi de M. d'Espernon, par M. de Villeroy, lors secrétaire d'État, et délivré au beau-frere du maire, avec recommandation verbale de le prendre mort ou vif, et que le maire et ses partisans, outrés ligueurs, n'avoient pas été fâchés d'être chargés de cette entreprise. Cet écrit ne parut pourtant jamais, mais il y a apparence que le maire en étant porteur lors de l'action, on le trouva dans ses poches après sa mort, et que M. d'Espernon le supprima.

Ce fut aussi dans ce même château que le duc d'Espernon retira la reine Marie de Médicis, mere de Louis XIII, le premier jour de mars 1619, après l'avoir enlevée de celui de Blois ; elle s'y tint avec sa cour et le duc jusqu'au mois d'août suivant, que le traité appelé d'Angoulesme ayant été fait, elle passa à Angers, et on y voit encore les restes d'un vieux corps de logis qui porte toujours le nom de : *l'Appartement de la Reine*, soit que ç'ait été à cette occasion qu'on l'eût nommé ainsi, soit qu'il eût peut-être reçu ce nom dès le temps de la reine d'Angleterre et comtesse d'Angoulesme, dont on a ci-devant parlé.

Ce fut pendant ce séjour que la mere de Louis XIII

fit à Angoulesme que l'évêque de Luçon, devenu depuis cardinal de Richelieu, se rendit auprès d'elle et qu'il commença à y prendre cette faveur dont il se servit dans la suite pour en acquérir une plus grande auprès du Roi son fils, et contre elle-même.

Et ce fut encore en ce même temps et à l'occasion de cette faveur naissante, qui avait exclu Rucclay (1) et les autres qui avoient eu part auparavant à la confidence de la Reine, que le marquis de Thémines, qui en étoit un, attaqua et tua dans une des rues de la ville d'Angoulesme, Richelieu, frere aîné de l'évêque de Luçon (2).

(1) On peut consulter sur l'abbé Ruccelay, gentilhomme florentin d'origine, et l'un des confidents les plus intimes de la reine Marie de Médicis, l'*Histoire du duc d'Espernon* par Girard, lequel avait particulièrement connu ce personnage.

(2) Le marquis de Thémines était Antoine de Lauzières, fils aîné du maréchal de France Pons de Lauzières, marquis de Thémines. Il était capitaine des gardes de la reine, lorsqu'il tua en duel le frère aîné du futur cardinal, Henri Du Plessis, seigneur de Richelieu, mestre de camp du régiment de Piémont. Voici en quels termes un témoin oculaire que nous avons déjà cité, Girard, raconte cet événement : « Un jour, en pleine rue, le « marquis de Thémines, monté sur un bidet, rencontra Richelieu. Il mit « pied à terre ; ils parlèrent ensemble : l'entretien ne fut pas long. On leur « vit incontinent l'épée à la main ; le marquis se plia, et gagna le dessous « de celle de Richelieu, qui étoit plus longue que la sienne. En se pliant, « il reçut un coup qui alloit tout le long du dos et ne faisoit que fleurer la « peau ; mais de la sienne il donna du même temps dans le cœur de Richelieu, dont il tomba roide mort par terre, sans jamais parler ni se mouvoir. Je fus inopinément spectateur de ce combat avec quelques autres. « Combien de grandes charges futures vîmes-nous vacquer par ce petit « coup ! et qu'est-ce que ne devoit point espérer ce mort de l'infinie puissance de son frère, dans le cours d'une plus longue vie ? »

Citadelle d'Angoulesme.

Il y avoit autrefois une citadelle à Angoulesme, fort ancienne et très-forte, selon les premiers temps; les Anglois en faisoient leur place d'armes pendant qu'ils occupoient le pays et que le général Chandos y commandoit. Il en reste encore un corps de bâtiment en angle, appelé tour preignante, parce qu'elle en enferme une autre ronde intérieure. Ce bâtiment étoit flanqué de quatre grosses tours carrées, le tout planté sur le bord de la montagne, et qui domine sur la principale avenue de la ville et sur le faubourg de l'Houmeau. Cette piece est située sur les murs de la ville, qui sont terrassés et naturellement fortifiés en cet endroit, en sorte qu'on en pourroit encore faire une place de résistance, en la fortifiant à la moderne. Les quatre tours étoient autrefois séparées par une petite cour de donjon, qui est à présent perdue par la rupture des murs qui l'environnoient, ce qui a donné lieu à en faire une rue ou lieu de passage public.

Depuis les fortifications faites au château par M. d'Espernon, on a abandonné cette vieille citadelle, qui en porte néanmoins toujours le nom, et on la fait servir actuellement de prison royale; mais comme le terrain et l'habitation en sont assez serrés, il arrive que les prisonniers pour crimes y sont confondus avec les civils, et les hommes avec les femmes, à quoi il paroîtroit important de remédier. M. de Breteuil avoit projeté dans cette vue de faire réédifier les deux murs qui joignoient les tours. Les prisons auroient par ce moyen une cour de donjon, outre le préau; on pourroit séparer d'habitation les prisonniers pour différentes causes et de différents sexes; les prisons en seroient plus dégagées et les prisonniers plus commodément et plus décemment logés. Au reste, le chemin qu'on a fait à l'occasion de cette rupture n'est d'aucune nécessité; il y en a un autre derriere les prisons, qui est également d'usage, et enfin les frais de ce rétablissement ne seroient que d'un fort petit objet.

Casernes.

Le 25 septembre 1719, le Roi ayant rendu une ordonnance pour la construction des casernes dans les vingt généralités du royaume, la province d'Angoumois fut comprise dans l'état. On devoit en construire une à Manle et une à Charmant, ces deux lieux de la généralité de la Rochelle, où on n'y travailla point; une à Marthon, en la généralité de Limoges, où il ne fut aussi rien fait, et une à Angoulesme.

M. de Puységur en envoya les plans, le 18 octobre suivant, au sieur Gervais, lors maire de cette ville. M. de Breteuil alors intendant, sachant combien cet établissement y seroit utile, répondant aux empressements des habitants, rendit une ordonnance, le 25 janvier 1720, portant qu'il seroit imposé la somme de 8,000 livres sur ceux qui étoient sujets au logement, pour être employée aux dépenses à faire pour cette construction, autres que celles de l'achat des matériaux et des salaires des ouvriers, dont Sa Majesté vouloit bien se charger. Il fut levé partie de cette somme, et le travail fut poussé au point non-seulement que les excavations et fondations furent faites, mais encore que les murs de face et partie de ceux de refend furent élevés à raisonnable hauteur.

On fit aussi une ouverture dans l'ancien mur de clôture de la ville, pour descendre dans le bas-parc du château, dont le terrain avoit été choisi pour cette construction. Le fossé y fut comblé, et on y éleva une terrasse en pente douce qui servoit au transport des matériaux, et qui étoit destinée au passage des troupes pour aller aux casernes, sans passer par les portes et entrées détournées du château, et sans embarrasser la garnison.

Les sieurs de Tourondet, de Serment, le Fevre et de Presteselle, ingénieurs du Roi, donnerent successivement leurs soins à cet ouvrage, et on ne doute pas qu'il n'eût réussi si on l'eût continué encore un peu de temps. On avoit lieu de croire que Sa Majesté y voudroit bien contribuer par quelques secours, et les efforts que les habitants d'Angoulesme auroient faits pour se rédimer personnellement du pesant fardeau du logement auroient pu mener bientôt ce travail à sa fin.

M. de Breteuil avoit rendu une ordonnance, le 2 mai 1720, portant que les matériaux et décombres des masures de l'ancien Hôtel-de-Ville d'Angoulesme seroient transportés sur l'emplacement et employés à la construction du corps de casernes, ce qui l'auroit beaucoup facilitée. Les sieurs abbé et religieux de l'abbaye de la Couronne, de qui ce vieux monument releve, s'y étoient bien opposés, mais comme la mouvance ne consistoit qu'en un simple hommage ou prestation d'une légere somme à chaque mouvance d'abbé, il auroit été facile de les rendre taisants en les indemnisant d'un devoir modique, qui ne leur étoit point servi et qui étoit assis sur une ruine qui ne pouvoit que leur être fort inutile, et au public.

Comme l'emplacement des casernes étoit à la charge des villes, M. de Breteuil avoit fixé une somme de 150 francs pour être payée par chacun an par les habitants d'Angoulesme au commandant du château, pour le dédommager de la portion du parc destinée à la construction des casernes.

Il fut frappé une médaille pour jeter dans les fondements, sur la face de laquelle les armes de M. de Breteuil étoient gravées, et au bas étoient ces mots latins : FELICITAS TEMPORVM ; et au contour : FRANCISCVS VICTOR LE TONNELIER DE BRETEVIL, LEMOVICENSIS PRÆFECTVS ; et au revers, aussi au contour : SVMMO VRBIS SOLATIO CASAS MILITARES STRVXIT ANNO SALVTIS M.DCC.XX. Au cœur étoient les armes de la ville, et au-dessous ces mots : LVDOVICO XV REGNANTE, PHILIPPO AVREL.

M. le duc d'Orléans ayant jugé à propos de faire surseoir à cette construction, et les temps n'ayant pas permis depuis de la reprendre, le sieur Gervais rendit ses comptes à M. de Breteuil de sa commission à ce sujet et remit les matériaux entre les mains du sieur Arnauld, son successeur maire, qui s'en chargea suivant le procès-verbal et inventaire qui en fut fait par le sieur Limouzin, autre ingénieur porteur des ordres de M. de Breteuil à cet effet, le 12 février 1722.

Dans la suite, ces mêmes matériaux ont été vendus par ordre de la Cour, et le prix en provenant destiné à refermer l'ouverture du parc, en extraire les fondements et murs commencés, aplanir le terrain comme il étoit auparavant, et faire des réparations et embellissements à la ville, à quoi on travaille actuellement; mais ils n'égaleront pas celui que M. de Bernage fit faire dans le temps qu'il étoit intendant de la province, à la place appelée de Beaulieu, qui étoit auparavant brute, inégale et close en partie de vieux murs. Il y fit unir le terrain, qui fut planté d'ormes en allée, qui ont parfaitement bien réussi. Ses murs trop élevés en furent rasés à la circonférence jusqu'à la hauteur d'appui, et recouverts de pierres de taille, ce qui forme une des plus belles terrasses qui soient en France. Elle a 120 toises de long sur 32 toises de large dans sa première partie, et, retournant en équerre, elle contient encore 54 toises de long sur 5 toises de large.

Elle a dans son point de vue, d'un côté un coteau en vignobles qui la borne à une juste distance, et entre deux une petite plaine fournie de vergers, de jardins et de hameaux qui forment le plus agréable mélange du monde, bordée et entourée de prairies, de bois et de champs dans une perpétuelle culture, et garnie d'habitants dispersés. Cette même plaine est enfin coupée par deux grands faubourgs, et traversée par la riviere de Charente, dont le canal en cet endroit abondant et droit, et d'un cours égal pendant une lieue d'étendue, semble s'aller perdre dans la montagne ou coteau qui termine la plaine, et le long duquel la riviere couverte par les bois se dérobe aux yeux pendant quelque temps, et, venant ensuite à reparoître dans toute son étendue, semble renaître comme d'une nouvelle source, ce qui forme un objet des plus singuliers. On voit aussi, de cette même terrasse et comme sous ses pieds, les vieilles ruines de l'ancienne abbaye de Saint-Cybard, curieuses et respectables par leur antiquité, et dont la partie de celles de l'église qui se soutiennent encore a également résisté à l'injure des temps, aux incursions des Normands et aux violences des Huguenots.

M. de Bernage ayant fait ouvrir des ateliers pour le travail de cette place dans une année de disette, trouva moyen, en procurant l'ornement de la ville, d'en faire subsister les pauvres et ceux des environs qui voulurent y venir gagner leur vie, ce qui donna lieu d'y élever un monument en marbre sur lequel on grava l'inscription latine qui s'ensuit :

LVDOVICO MAGNO.

QVOD IN EXTREMA ANNONÆ CHARITATE,
ÆQVATO BELLILOCI CAMPO,
EGENTIVM INOPIAM VTILI LABORE SVBLEVAVIT,
FAMEM FVGAVIT,
CIVITATI AMBVLATIONEM ET ORNAMENTVM PARAVIT,
LVDOVICVS BERNAGE, PROVINCIÆ PRÆFECTVS,
OPERIS AVCTOR ET CONCILII ADMINISTER,
POSVIT ANNO REPAR. SALVT. M.DC.XCIX (1).

(1) Le souvenir des bienfaits de M. de Bernage ne fut malheureusement

Maisons servant de casernes.

Au lieu des casernes royales perpétuelles qui n'ont pu être construites à Angoulesme, on a pris des maisons des particuliers pour servir à cet usage, tant dans la ville que dans les faubourgs, et on y caserne les troupes qui sont en quartier. Dans les passages, on loge les autres chez les habitants.

Les propriétaires des maisons servant de casernes furent payés en 1720, par le sieur Gervais, lors maire, en billets de banque, qui lui furent remis par les ordres de feu M. le duc d'Orléans, des quinze premiers mois de leurs loyers, c'est-à-dire des trois derniers mois de 1717, que l'établissement avoit commencé, et de l'année entière 1718, à raison de 5 livres par an par chaque couchette placée dans la maison ; sur quoi ayant été déduit le prix des matériaux fournis pour réparations, le reste se réduisoit à peu de chose ; depuis ce temps-là, ils n'ont rien touché. L'entretien des maisons ayant été négligé depuis que le sieur Gervais est sorti de charge, beaucoup se trouvent à présent en fort mauvais état, ce qui tourne également au désavantage des propriétaires et à l'incommodité des gens de guerre.

Cependant ces maisons, au nombre de vingt ou environ, ne laissent pas que de contribuer à la ra-

---

pas de longue durée dans notre ville. Le monument élevé par la reconnaissance publique avait déjà disparu en 1756, puisque Vigier de La Pile, au chap. IV de son *Histoire de l'Angoumois*, qu'il paraît avoir écrite vers cette époque, dit que « cette pièce n'avait pu résister à la malice de quelques libertins qui l'avaient enlevée. »

reté des habitations à louer et même à acheter dans Angoulesme, ce qui empêche bien des familles de la campagne de s'y venir établir, qui y feroient des consommations et dépenses et y répandroient un argent utile aux artisans et aux autres habitants de la ville.

Logement des troupes.

Lorsqu'il passe un bataillon complet à Angoulesme, on est assez embarrassé pour le loger. La ville ne contient dans son enceinte que 850 feux, les faubourgs et franchises environ autant, sur quoi retranchant les ecclésiastiques, nobles et privilégiés, le reste n'est qu'une poignée d'artisans et gens de métier ou de labeur, mal logés, mal meublés, et presque tous hors d'état de loger le soldat.

Il y a peu de villes d'une aussi petite étendue qui renferment autant de maisons religieuses. On a déjà dit ailleurs qu'il y a treize maisons religieuses toutes d'une enceinte vaste, dont beaucoup placées dans le centre de la ville. Il y a d'ailleurs, outre les bâtiments de la cathédrale, de l'évêché et du doyenné et des églises paroissiales, plusieurs maisons canoniales et presbytérales hors du commerce et en main-morte. Le nombre des chanoines, prêtres, curés et autres ecclésiastiques est de plus de cinquante ; celui des gentilshommes résidant dans la ville de plus de cinquante familles ; et celui des officiers de justice et autres exempts privilégiés, de plus de cinquante, sans compter la compagnie des gardes de M. le duc d'Uzez.

L'enceinte du château occupe près de la moitié du terrain de la ville; c'est un espace vaste, vide en partie et presque inutile. On a déjà observé que la réduction de ce corps énorme seroit également avantageux au Roi, à l'État, au public, à la province et à la ville d'Angoulesme en particulier, qui, se trouvant située sur le sommet d'une montagne et dans une chaîne de rochers, ne peut s'étendre par cet obstacle, et qui, étant néanmoins dans un pays de commerce, à la tête de la navigation de la Charente et dans l'entrepôt de trois ou quatre provinces, pourroit recevoir quantité de marchands et négociants et devenir une ville bien plus importante qu'elle n'est, dans le cœur du royaume, si on lui donnoit cette facilité de se grossir.

La fourniture et entretien des lits pour la compagnie de soixante invalides en garnison au château est aux frais de la ville. On en fait un bail au rabais tous les cinq ou six ans; le fonds, qui en est actuellement de 650 livres, se prend sur les octrois; on y comprend aussi le bois pour le corps de garde de la garnison. Le Roi lui a accordé outre cela, depuis quelques années, dix cordes de bois par an, pour les casernes intérieures et le chauffage ordinaire des soldats pendant les cinq mois d'hiver, qui sont : novembre, décembre, janvier, février et mars.

Il se tient une cantine au château, à la faveur de laquelle on peut frauder. On laisse d'ailleurs passer une quantité assez considérable de vin pour la table du lieutenant de Roi, ce qui est un motif de diminution pour le bail des octrois de la seconde moitié appartenant à la ville, et influe aussi à perte sur les aides. Les fermiers des octrois ayant voulu, en l'année 1720, s'opposer à une entrée indéfinie, qui se faisoit sous le nom du lieutenant de Roi, il vint à la porte un détachement de la compagnie du château, soutenu d'un autre du corps de garde du régiment de Poictou, qui étoit alors en garnison à Angoulesme, lesquels, à main armée, écarterent les commis et firent non-seulement entrer toutes les voitures qu'il leur plut pour le château, mais encore donnerent lieu aux particuliers, par la fuite des commis intimidés et l'abandon des portes, de passer une infinité de choses sujettes aux droits d'entrée sans les payer.

La même chose seroit arrivée en la même année 1720, lorsque le sieur de Villoignon fit enlever par des invalides le nommé Boire, portier de la ville, qu'il tint enfermé dans le château plus de quinze jours, s'il n'y eût été pourvu par intérim par le sieur Gervais, lors maire, et que M. de Breteuil, lors intendant, n'eût ensuite remis en liberté ce particulier, en conséquence des ordres de la Cour; mais de semblables inconvénients n'arriveront sans doute plus, puisque, d'un côté, il a été passé quelque sorte de convenants à cet égard entre la ville et le sieur de Villoignon, et que, d'un autre côté, les directeurs des aides, pour le prévenir en leur faveur, ont pris le parti de faire une pension annuelle de 300 livres audit sieur de Villoignon. Cependant tout cela tourne toujours à la charge du Roi et de la ville.

Il y a un garde-magasin au château d'Angoulesme qui a 180 livres d'appointements. Les fonctions de cet officier paroissent assez inutiles dans un lieu où il n'y a pour toute artillerie que six canons de fonte de quatre et de huit livres de balles, et quelques fusils et pistolets de dragons, au nombre d'environ 180 de chaque qualité.

Lieux de passage des troupes en Angoumois.

Les lieux de passage et logement des troupes en marche dans la province sont Manle, Angoulesme, et Charmant, pour venir de Poictou en Guyenne; le premier et le dernier de ces lieux sont de la généralité de la Rochelle. Le passage de Manle est très-fréquenté; les troupes y sont passablement bien pour un gîte de campagne pendant une seule nuit. Il ne seroit pas possible d'en trouver un meilleur ni même aussi bon sur cette même route; il n'y a que les voitures pour les bagages et les malades qui y soient difficiles à fournir, à cause que les paroisses qui sont situées au delà du pont, vers la partie septentrionale, et quelques autres à côté du bourg, se trouvant de la généralité de Limoges, ne peuvent être commandées pour faire le service.

Charmant est une paroisse de campagne composée de quelques hameaux écartés, où les troupes sont dispersées et très-mal logées; et comme les nouveaux réglements qui, en ordonnant la suppression des étapes, ont enjoint aux soldats de vivre à leurs dépens au moyen de leur solde, ne sont point observés dans ces petits lieux, où les gens de guerre sont absolument les maîtres, les habitants sont obligés par force de les nourrir, ce qui va mettre ces pauvres gens dans la nécessité d'abandonner leurs domiciles pour se réfugier en d'autres lieux exempts de passage.

Ce lieu se trouve aussi fort embarrassé pour la fourniture des voitures, n'y ayant que cette unique paroisse et l'enclave de Voulgezac adjointe, les deux ensemble ne faisant que le nombre de dix à douze bouviers, qui en soient chargées, à cause que les autres lieux circonvoisins sont de la généralité de Limoges.

Marthon est encore un lieu de passage lorsque les troupes tournent du côté de Limoges. Le passage étoit depuis longtemps à Charras, bourg à deux lieues de là; ce n'est que depuis quelques années qu'il a été remis à Marthon, où les troupes sont assez mal; il est aussi de la généralité de Limoges.

Saint-Cybard-le-Peyrat, de la même généralité, est encore un lieu de passage dont on se sert lorsque la marche d'un trop grand nombre de troupes a besoin d'être partagée en différentes routes; mais comme le lieu est des plus misérables, n'y ayant que très-peu de mauvaises habitations dont les propriétaires sont de malheureux paysans presque sans pain et dans un pays où tout manque, on a accoutumé de partager le logement avec la petite ville ou bourg de la Rochebeaucourt, qui en est voisine, à l'entrée du Périgord, en la généralité de Bordeaux.

Montignac, en la généralité de la Rochelle, sert aussi quelquefois, mais rarement, de gîte aux troupes, lorsqu'elles viennent de Xaintonge et du pays d'Aunix, pour passer en Limouzin ou en Périgord, et de là en Gascogne. Ce lieu-là est très-serré, mal pourvu, et où les troupes ne sauroient être bien.

Cellefroin, en la même généralité, sert quelquefois dans les routes de traverse; mais la difficulté des passages des eaux pour y parvenir, la pauvreté des habitants et la ruine des maisons du lieu devenu presque désert et où on manque presque de tout par la dureté du climat et la mauvaise qualité du pays, ayant fait connoître les incommodités de cette route, elle n'est presque plus usitée.

La plus grande incommodité que les syndics de tous ces petits lieux éprouvent dans les passages, outre celle que les habitants ressentent par la nourriture forcée du soldat, est la fourniture des voitures lorsqu'il passe des corps entiers. Si les commandants de ces corps vouloient exécuter les articles 30, 33 et 34 du réglement du 8 avril 1718, pour la quantité de charrettes qu'ils peuvent prendre, pour le poids dont elles doivent être chargées et pour l'exactitude du payement aux conducteurs, ce service seroit infiniment moins onéreux aux sujets du Roi; mais ils exigent quelquefois jusqu'à 14 charrettes, attelées chacune de quatre ou six bœufs, et les chargent extraordinairement, tant de leurs bagages, armes et malades, que de femmes, valets et soldats se portant bien. Ceux qui assistent à cette conduite sont communément des grenadiers ivres et brutaux, qui pressent à l'excès la marche des bœufs dont on se sert dans le pays, quoique ces animaux soient d'un pas lent; ils les poussent au delà de leur force, et la voiture ne répondant pas à leur vivacité, ils maltraitent avec férocité les malheureux bouviers qui les conduisent, les renvoyant sans payement, après avoir chargé de coups les bêtes de voitures, en sorte que beaucoup meurent ou se trouvent dépéries et déchues de moitié de valeur à leur retour, ce qui est cause qu'à la premiere nouvelle d'une marche de troupes, tout fuit aux environs des lieux de passage. Il s'ensuit encore d'autres inconvénients, qui sont que les syndics de ces lieux sont obligés de fuir eux-mêmes pour éviter la fureur des gens de guerre, qui, outrés de ne pas trouver leurs voitures prêtes, s'en prennent en ce cas aux syndics, les insultant et maltraitant, et ne faisant pas moins que de les lier et attacher à la queue de leurs chevaux, ou bien les syndics demandent des grenadiers de la troupe pour envoyer contraindre les bouviers des paroisses commandées; des grenadiers s'y portent comme en pays ennemi, y commettent mille violences et exigent de l'argent, des vivres et autres choses pour exempter du service ceux qui sont mieux en état de contribuer.

C'est ainsi qu'au milieu de la plus longue et de la plus tranquille paix nous voyons l'image et nous ressentons les effets de la plus sanglante guerre. Ces maux, et bien d'autres, causés par les désordres des troupes qui se répandent impunément et avec une licence effrénée dans toutes les campagnes, dans les temps de leur marche, diminuent cependant de leurs excès passés, depuis que M. de Breteuil, ayant été chargé du département de la guerre, a commencé et continué de donner de meilleurs ordres pour la discipline des troupes. Toutes les fois que les syndics envoient des procès-verbaux de ces désordres, il vient une retenue à leur profit sur les régiments qui les ont commis; mais la timidité de la plupart de ces syndics leur faisant craindre le retour des mêmes corps et d'en essuyer de nouveaux mauvais traitements, en haine et par vengeance de leurs plaintes, les oblige souvent de les supprimer.

La ville de Châteauneuf étoit sans doute autrefois un lieu de logement pour les troupes qui passoient d'Angoumois en Xaintonge ou qui en revenoient. Elle se trouve précisément située à moitié chemin d'Angoulesme à Coignac, et à trois lieues de distance de l'une et de l'autre de ces villes, qui en font six de France, longueur suffisante et assez ordinaire pour la marche des troupes. Il y a apparence, et on croit l'avoir appris par tradition, que M. d'Espernon, engagiste de Châteauneuf, fit supprimer ce logement, dans le temps de sa grande faveur. Quoi qu'il en soit, comme on compte six grandes lieues de pays, et même sept d'Angoulesme à Coignac, c'est-à-dire plus loin que de Paris à Estampes, et par des chemins difficiles, il arrive que toutes les fois que les troupes font cette route, elles ne peuvent se rendre qu'à la nuit, et que partie et les bagages ne viennent même que le lendemain.

MM. les intendants de la Rochelle ont bien tâché de remédier à ce dernier inconvénient en établissant un entrepôt de voitures à Bassac, qui est une paroisse située à moitié chemin des deux villes; mais lorsque les gens de guerre ont une fois chargé en l'une pour aller en l'autre, ils ne veulent point s'arrêter en chemin pour décharger et recharger sur d'autres voitures leurs bagages, et contraignent les bouviers de continuer leur marche jusqu'au lieu de l'arrivée, ce qui leur cause des pertes irréparables.

On pourroit faire cesser un désordre si préjudiciable également au Roi, aux troupes, au public et aux particuliers, en mettant un logement à Châteauneuf. Il y a même apparence qu'il y étoit autrefois; et on croit savoir, par tradition, qu'il en fut ôté du temps de M. d'Espernon, seigneur engagiste de ce lieu, qui se servit du grand crédit qu'il avoit pour l'en faire affranchir, et on ne s'est pas avisé depuis de l'y remettre, peut-être parce que la Cour n'a pas été informée de la nécessité qu'il y avoit de le faire.

Milices d'Angoumois.

L'Angoumois n'est pas une province où il soit fort aisé de former des corps de troupes, ni même d'y trouver de quoi faire de simples recrues. Les gens de la campagne y sont des rustiques communément grossiers, accoutumés à la culture de la terre, sans tournure ni disposition pour le service; il n'y a guère que dans la capitale et dans les petites villes du plat pays qu'on trouve quelques fils de petits bourgeois et d'artisans qui s'enrôlent dans le vin et par libertinage. La misère y excitoit autrefois les plus pauvres du bas peuple; mais depuis que les gens de labeur ont trouvé à s'employer avec profit, que les journaliers ont été recherchés, que l'excès du prix de leurs salaires les a tirés de la nécessité et que la plupart sont même devenus aisés, tous fuient le service.

Le Roi avoit autrefois chargé les paroisses de fournir et entretenir des milices, qui faisoient un corps de troupes en cette qualité; mais les peuples, d'ailleurs engagés au payement des grosses impositions que la guerre obligeoit de faire, ne se trouvant pas en état de soutenir un si grand fardeau, ces troupes furent congédiées à la paix. On n'a pas jugé à propos nouvellement de les rétablir sur le même pied d'entretien; elles ne laissent pas d'être à charge dans leur levée.

Sa Majesté, par ordonnance du 2 novembre 1702, prescrivit une levée de soldats d'infanterie pour recruter l'armée d'Italie, qui devoient être fournis par les paroisses et communautés des provinces et généralités du royaume. La généralité de Limoges fut employée dans l'état général pour en fournir sept cents, et l'élection d'Angoulesme fut comprise dans la répartition particuliere qui fut faite de ce nombre pour en fournir deux cent vingt.

Le 30 octobre 1703, la levée de semblables recrues fut aussi ordonnée; on en fit autant en 1711; et par autre ordonnance du 15 janvier 1719, le Roi ayant ordonné la levée de vingt-neuf bataillons, faisant 23,400 hommes de milice, à prendre aussi dans les paroisses des élections et généralités du royaume, l'élection d'Angoulesme n'y fut comprise que pour deux cents hommes, qu'on eut encore bien de la peine à fournir; cependant on lui en demande à présent quatre cents.

On ne sauroit exprimer les maux qu'ont causés les levées de ces milices. Toutes les fois qu'il en a été question, dès que le commissaire approchoit pour faire tirer les jeunes hommes des paroisses au sort, ils s'éclipsoient tous, et cette fuite générale empêchoit absolument la culture des terres. Les contraintes qu'on étoit obligé d'exercer sur les parents pour représenter leurs enfants ruinoient les meilleures familles. Souvent le hasard du sort le faisoit tomber sur les sujets les plus impropres au métier ; et, en général, ces soldats, entraînés par force à la guerre, comme des victimes à l'autel ou des criminels au gibet, périssoient presque tous de ce qu'on appelle la maladie du pays, de désespoir et de tristesse, dès qu'ils étoient arrivés à leurs quartiers ; le reste désertoit ou étoit communément de très-mauvais soldats. Il n'y a que l'extrême besoin où les grandes et longues guerres ont réduit un État qui puisse obliger à se servir d'un moyen aussi violent pour en avoir.

Sur les bruits de guerre qui s'étoient répandus dans les derniers temps, on s'étoit enquis des armes qui pouvoient être chez le sieur Rambaut, marchand négociant du faubourg de l'Houmeau-lez-Angoulesme, restantes d'une fabrique qu'il avoit entreprise avant la fin des dernieres guerres du regne de Louis XIV. Il s'y trouva, au mois d'octobre 1725, mille fusils de traite, huit cents de dragonnes, mil huit cents mi-boucaniers, citadelles et mi-citadelles.

Il se trouva aussi, dans le même temps, quelques montures de fusils de bois de noyer chez un autre particulier du même faubourg.

La Cour ayant désiré, environ le même temps, d'être informée de l'état des bois de noyer dans la province, et si on en pourroit tirer et les faire transporter dans les principales fabriques d'armes, qui sont à Maubeuge, Charleville et Saint-Estienne-en-

Forez, pour s'en servir à les monter, il fut répondu :

Que la province d'Angoumois étoit assez abondante en noyers avant 1709, mais que l'hiver de cette année-là les ayant gelés, on pouvoit dire qu'il ne s'en étoit pas sauvé un seul. Il ne reste que quelques rejets en peu de lieux, qui ne viendront jamais beaux, et quelques plants provenant de noix que quelques particuliers ont eu l'attention de planter depuis, et qui ne sont qu'une espérance pour nos neveux ;

Qu'ainsi il n'y a nulle ressource pour en tirer actuellement de l'ouvrage, et ce ne sera qu'après le siecle que les nôtres en pourront trouver dans ce qui est aujourd'hui sur pied; et comme ce ne pourra encore être qu'en fort petite quantité, il seroit du bien de l'État de grossir cet objet pour son temps, par une multiplication présente des plants;

Qu'on ne doit pas s'attendre que les particuliers s'y donnent d'eux-mêmes, le génie de ceux qui cultivent à présent la terre n'étant plus comme celui de nos peres, qui portoient leur prévoyance plus loin. Chacun, plus pressé de ses besoins actuels, ne pense qu'à ce qui peut lui procurer une jouissance et une utilité personnelles. La sagesse du prince, en qui réside l'intérêt public, peut aller au-devant de la destruction d'une espece d'arbre qu'il est avantageux au royaume de repeupler, même pour des temps postérieurs à son regne;

Que, comme il a plu à Sa Majesté d'ordonner un établissement de pépinieres, il seroit à propos de tenir la main à ce qu'on y élevât une grande quantité de jeunes noyers, lesquels se trouvant propres dans quelques années à être replantés, chacun s'empresseroit d'y en venir prendre, pour les placer dans ses domaines, et ceux qui ont été les plus paresseux ou les moins attentifs à faire de semblables éleves seroient les plus empressés à profiter de ces plants tout venus pour les distribuer dans leurs fonds;

Qu'à l'égard des planches de noyers qui pourroient se ramasser dans la province, et dont on propose le transport dans les lieux de fabriques d'armes, il semble inutile d'en chercher les moyens, à cause de la petite quantité qui en reste, ayant presque toutes été employées en meubles ou passées chez l'étranger. Outre qu'il n'y a pas d'apparence de se servir de l'autorité du Roi pour les tirer des mains des particuliers, la recherche, en ce cas, n'en sauroit être que pénible, de beaucoup de frais et abusive. On pourroit seulement révoquer ou restreindre la permission trop étendue de sortir du royaume des bois de menuiserie, qui avoit été accordée par l'arrêt du Conseil du 15 décembre 1722, et donner en même temps charge et commission à quelques personnes d'en acheter pour le compte du Roi.

On finissoit ce mémoire responsif en observant que, comme la brasse ou toise carrée du madrier de noyer propre à être mis en œuvre pour des fûts de fusils se vend jusqu'à 20 livres, et que la recherche pour le Roi en feroit encore augmenter le prix, on croyoit qu'il étoit plus convenable de prendre le parti de se servir d'autre sorte de bois pour monter les armes à feu.

Milice bourgeoise d'Angoulesme.

La milice bourgeoise de la ville, faubourgs et franchises d'Angoulesme est divisée en neuf compagnies, chacune commandée par un capitaine et un lieutenant créés par édit du mois de mars 1694. Les compagnies, composées d'un nombre inégal de mousquetaires, forment toutes ensemble un corps de 900 hommes ou environ, à la tête duquel il y a un commandant, sous le titre de colonel particulier, et un major, créés par le même édit susdaté; mais le colonel général né est le maire, qui en est le véritable chef.

Cette troupe ne seroit pas en état de marcher ailleurs; mais elle pourroit, dans l'occasion, faire le service pour la garde et la défense de la place, et en décharger d'autant les troupes réglées, qui seroient employées ailleurs.

Mairie et privileges de la ville d'Angoulesme.

Le maire d'Angoulesme est d'une très-ancienne institution. Il fut établi avec le titre de capitaine de la ville, par Charles V, en considération de ce que les habitants s'étoient soustraits volontairement et les armes à la main à la domination de l'Anglois, dont ils avoient secoué le joug et égorgé les garnisons, pour se mettre sous l'obéissance de la France. Ce Roi leur accorda les mêmes privileges, gages, franchises, libertés, et érection du Corps-de-Ville que les rois Philippe-Auguste, en 1204, et Philippe de

Valois, en 1331, avoient concédés aux maire, échevins et bourgeois de Saint-Jean-d'Angély, conformes à ceux de la ville de Rouen et à ceux que Sa Majesté avoit donnés à celle d'Abbeville, et qu'elle entendoit donner à celle de la Rochelle. Les lettres patentes de Charles V qui portent ces privileges sont de l'année 1373.

Le même Roi exempta ensuite la ville d'Angoulesme de toutes tailles, aides et impôts.

Louis XII, en 1507, déclara les maire, échevins et conseillers du Corps-de-Ville d'Angoulesme, au nombre de vingt-cinq, nobles et leur postérité, même avec privilege de pouvoir parvenir au degré de chevalerie, tout ainsi que s'ils étoient extraits de noble race, avec exemption de ban et arriereban, en faisant la garde en temps de guerre en leur ville, et tous ceux dudit corps capables de pouvoir acquérir et tenir fiefs et biens nobles, sans payer aucune finance ni indemnité, et au surplus exempts de toutes charges publiques.

François Ier, comte d'Angoulesme, étant parvenu à la Couronne, non-seulement confirma tous ces privileges en faveur de sa chere patrie (c'est ainsi qu'il l'appeloit), mais il lui en accorda encore de nouveaux, et entre autres celui d'Université en toutes facultés, conformément à celle de Paris, Poictiers et Toulouze, par lettres patentes de l'année 1516; mais ce privilege est devenu inutile, et l'Université n'a jamais été établie à Angoulesme, soit à cause des oppositions des autres voisins, soit par d'autres raisons.

L'exemption de tailles pour tous les habitants s'y est toujours conservée et subsiste encore.

Celle des francs-fiefs pour le Corps-de-Ville s'étoit aussi maintenue, tant par les arrêts du Conseil du 18 juillet 1653 et autres, des Chambres de francs-fiefs et amortissement, et encore par arrêt du Parlement du 4 septembre 1657, que par décharges accordées en différents temps par MM. les intendants de Limoges, de Bordeaux et de la Rochelle.

Les officiers du Corps-de-Ville d'Angoulesme possesseurs de biens nobles, ayant été poursuivis en conséquence de l'édit du mois d'août 1692, et s'étant opposés et pourvus au Conseil sur le fondement de leurs titres et de leur possession dans laquelle ils avoient jusqu'alors été maintenus dans toutes les précédentes recherches, ils firent recevoir leur opposition par M. Hudebert du Buisson, ce qui forma un procès avec le traitant, qui prétendit que les privileges d'Angoulesme ainsi que des autres villes du royaume ayant été révoqués, l'opposition devoit subsister.

On lui répondit que le privilege d'exemption des francs-fiefs étoit particulier pour le Corps et Maison-de-Ville d'Angoulesme, seulement composés de cent personnes, et que les autres habitants de la ville n'en jouissoient, ni n'en prétendoient jouir; qu'il étoit vrai que le privilege de noblesse anciennement accordé aux échevins et conseillers, au nombre de vingt-quatre, étoit révoqué, mais que celui d'exemption du droit de francs-fiefs, qui étoit différent, distinct et séparé, accordé audit Corps-de-Ville entier, tant auxdits échevins et conseillers qu'aux pairs, au nombre de soixante-quinze, ne se trouvoit pas compris dans cette révocation.

Cependant les besoins de l'État ayant porté M. d'Argenson, qui étoit procureur-général de la Chambre souveraine des francs-fiefs, de donner des conclusions raisonnées contre la demande du Corps-de-Ville d'Angoulesme au mois de septembre 1693, MM. les commissaires de cette Chambre rendirent ensuite un arrêt en conformité, portant qu'ayant égard à la déclaration du Roi, du mois de mars 1667, qui a révoqué les privileges de noblesse de la Maison-de-Ville d'Angoulesme et autres, et en conséquence l'exemption des francs-fiefs, il est ordonné que les rôles attestés au Conseil contre les échevins, conseillers et pairs dudit Corps-de-Ville, pour les taxes de francs-fiefs sur eux imposées, seroient exécutés, à quoi on se conforma.

En 1718, ces officiers, étant poursuivis pour le même droit, s'adresserent à M. d'Argenson, qui, ne voulant pas démentir son premier zele pour ce recouvrement, leur fit réponse, le 12 septembre de cette même année, qu'ils ne pouvoient se dispenser de payer les francs-fiefs.

Ils se pourvurent, au mois de mai de l'année suivante, par-devant M. de Breteuil, lors intendant de la province, lequel, ne pouvant révoquer l'arrêt de 1693, donna son ordonnance le 22 de ce même mois, portant qu'on se pourvoiroit au Conseil, et cependant que les rôles seroient exécutés par provision.

Depuis ce temps-là, ces officiers s'étant mal défendus et la cause commune ayant été négligée, la provision passive a comme passé en définitive.

A l'égard du privilege de noblesse, dont les maire, échevins et conseillers, au nombre de vingt-cinq, avoient toujours joui depuis Charles V, il avoit été révoqué généralement par la déclaration du Roi du mois de mars 1667; mais par lettres patentes du mois de juillet 1673, particulieres pour Angoulesme, Sa Majesté rétablit le privilege de noblesse en la personne du maire seulement, à la charge de servir pendant trois ans à l'avenir, au lieu qu'il ne servoit auparavant et suivant les statuts qu'une année. Les mêmes lettres accorderent le rétablissement du privilege de noblesse, par effet rétroactif, aux familles de ceux qui avoient passé par la mairie depuis 1667 jusqu'en 1673.

Louis XIV étant mort en 1715, le Corps-de-Ville et les habitants d'Angoulesme obtinrent des lettres patentes de confirmation de tous leurs privileges, au mois de juin 1717. Ces lettres, relatives à celles que Louis XIV avoit accordées en 1644, et à toutes celles des Rois prédécesseurs de Sa Majesté, qui avoient confirmé, successivement et de regne en regne, ces privileges depuis leurs concessions, étoient indéfinies et ne faisoient pas mention de la révocation de 1667; au contraire, en confirmant les privileges de la même maniere qu'ils l'avoient été à l'avénement de Louis XIV à la Couronne, elles donnerent lieu aux échevins et conseillers du Corps-de-Ville d'Angoulesme de prétendre que le privilege de noblesse étoit rétabli en leurs personnes comme il subsistoit avant la déclaration du Roi de 1667, ce qui sembloit autorisé par les arrêts d'enregistrement de toutes les Cours, qui n'avoient apporté aucune modification ni restriction à la clause de confirmation générale portée par les lettres de 1717; mais par arrêt du Conseil du 25 octobre 1719, rendu sur l'avis de M. de Breteuil, Sa Majesté auroit déclaré, en interprétant en tant que besoin lesdites lettres, qu'elle n'avoit entendu confirmer en faveur du Corps-de-Ville d'Angoulesme d'autres privileges que ceux dont il avoit joui ou dû jouir, en vertu des lettres patentes du mois de juillet 1673, sans y avoir prétendu donner aucune extension par celles du mois de juin 1717, et, en conséquence, confirmé et maintenu le privilege de la noblesse en la personne seule du maire, pour lui et ses enfants, nés et à naître en légitime mariage, après néanmoins trois années de service dans ladite fonction, et qu'il jouiroit ainsi que sesdits enfants de tous les honneurs, prérogatives, privileges et prééminences, comme s'il étoit issu de noble et ancienne extraction, ensemble des exemptions et immunités qui lui ont été accordées par les lettres patentes du mois de juillet 1673, auxquelles Sa Majesté n'entend et n'a rien entendu innover par celles accordées au Corps-de-Ville d'Angoulesme pour la confirmation de ses privileges. Cet arrêt fut enregistré au greffe et secrétariat de la Maison-de-Ville d'Angoulesme le 17 septembre suivant et a été suivi d'exécution, les échevins et conseillers dudit corps s'y étant conformés. C'est le sieur Gervais, lieutenant criminel au Présidial, qui étoit alors maire électif en exercice.

On ne trouve point les noms des maires depuis l'établissement fait par les lettres patentes de Charles V de l'année 1373, jusqu'en 1390, que Jean Prevost fut maire, parce que les registres s'en trouvent adirés aussi bien que ceux de beaucoup d'autres années suivantes; mais on compte, malgré les vides, plus de deux cent trente maires, électifs jusqu'en 1692, que les maires perpétuels furent érigés en titre d'office, par édit du mois d'août de cette même année.

On leur créa aussi des lieutenants par autres édits des mois de mai et d'août 1702; et, par un troisieme du mois de décembre 1706, on avoit aussi créé des maires et lieutenants de maire alternatifs perpétuels.

Ces officiers subsisterent jusqu'à l'édit du mois de juin 1717, qui les supprima et ordonna qu'à commencer au 1er janvier 1718, il en seroit usé au sujet de l'élection et nomination des maires suivant la maniere qui se pratiquoit avant 1692.

L'article 5 du même édit portoit, qu'au moyen de la suppression, les baillis et sénéchaux, ensemble les autres juges, demeureroient rétablis dans tous les droits et prérogatives dont ils jouissoient par le privilege de leurs charges avant la création et l'établissement des officiers supprimés.

Cette clause donna lieu, d'un côté, au sénéchal d'Angoumois, de prétendre qu'il étoit en droit d'exercer son ancienne fonction dans le choix du maire, et les officiers du Corps-de-Ville d'Angoulesme, d'un autre, crurent que l'intention de Sa Majesté étoit de les rétablir dans leur premiere liberté d'élire leur maire.

Les statuts de ce corps qui réglent la forme de l'élection, portent qu'il y peut être procédé en trois manieres :

L'une par la voie du Saint-Esprit, lorsque le corps étant assemblé, le dimanche d'avant Pâques fleuries, appelé de *Judica me,* jour destiné à l'élection, quelqu'un du corps propose par maniere d'inspiration trois sujets qui sont unanimement agréés, et sont ensuite présentés au sénéchal ou à son lieutenant, pour prendre des trois celui qu'il lui plaira ;

L'autre est celle du compromis, lorsque le corps s'en rapporte à un certain nombre de personnes, pour choisir les trois sujets qui doivent être présentés au sénéchal ;

Et la troisieme est par la voie scrutine, c'est-à-dire, lorsque chaque membre du corps écrit en particulier sur un billet les noms des trois sujets qu'il veut. Ces billets pliés sont jetés au chapeau d'un enfant, et ensuite ouverts et examinés avec grande exactitude, et les trois qui s'y trouvent avoir le plus de voix sont présentés au sénéchal ou à son lieutenant, qui en prend un des trois, tel qu'il lui plaît de choisir, le fait maire, et lui fait prêter le serment en lui mettant en main les clefs de la ville.

C'est cette derniere maniere d'élire le maire d'Angoulesme qui paroît avoir été la seule pratiquée depuis l'institution jusqu'à présent, tous les registres qui se trouvent depuis trois cent cinquante ans dans les archives du Corps-de-Ville, et depuis moins de temps dans le greffe de la Sénéchaussée y étant conformes.

Le recueil imprimé des maires d'Angoulesme (1), contenant leurs noms et ordre, extraits des anciens cahiers, qui est entre les mains de tout le monde, ne permet à personne d'ignorer certaines particularités singulieres à ce sujet, dont quelques-unes s'ensuivent :

Mme Louise de Savoie, comtesse d'Angoulesme, avoit prié le Corps-de-Ville d'Angoulesme de pourvoir de la charge de maire Martin Renauld Caluaut, son procureur général, par lettre du 15 avril 1498 ; et néanmoins, conformément aux statuts, Georges du Cimetiere fut élu maire.

Au mois de mai 1506, le mariage de François, duc de Valois, comte d'Angoulesme, ayant été arrêté avec Mme Claude de France, fille unique de Louis XII, le maire et quelques échevins d'Angoulesme, en qualité de députés du Corps-de-Ville, s'y trouverent par ordre du Roi et de Mme Louise de

---

(1) Il porte le titre suivant : *Les noms et ordre des maires, eschevins et conseillers de la maison commune d'Angoulesme, depuis la concession des priviléges de noblesse, tirés fidelement de ses anciens cayers, avec les choses les plus remarquables qui se sont passées pendant leur mairie et eschevinage depuis ladite concession jusques à présent*, par M. J. Sanson, avocat en Parlement. A Angoulesme, par Me Mauclair, MDCLI ; pet. in-4°. — M. l'abbé Michon, comme complément de son édition du *Recueil en forme d'histoire* de F. de Corlieu, et de l'*Histoire de l'Angoumois* par Vigier de la Pile, a donné une réimpression de l'ouvrage de Sanson, augmentée de documents inédits, tirés des archives de la mairie d'Angoulême, et d'une suite des maires de cette ville depuis 1651 jusqu'à nos jours. Paris, 1846 ; in-4°.

Savoie, mere de François, lesquels signerent un acte le 19 du même mois, par lequel ils s'obligerent de procurer par effet, et de tout leur pouvoir, que le mariage accordé seroit entierement entretenu, accompli et consommé, incontinent que les mariés seroient parvenus en âge pour le consommer.

En 1556, les sieurs du Corps-de-Ville, voulant, suivant leurs privileges, procéder le dimanche de *Judica me*, à l'élection d'un maire, François Terrasson présenta une lettre de cachet du roi Henri II, par laquelle il leur étoit mandé d'élire ledit Terrasson maire, ce qui fit que ladite élection fut remise et que lesdits sieurs députerent par devers Sa Majesté, pour lui faire leurs très-humbles remontrances; et depuis, s'étant rassemblés pour procéder à l'élection d'un maire, ledit sieur Terrasson présenta une nouvelle lettre du Roi en sa faveur; sur quoi les sieurs du Corps-de-Ville, pour ne désobéir à ces lettres, et, en obéissant, ne préjudicier à leurs priviléges, suivant iceux, élurent pour être présentés au sieur sénéchal Jean Desmoulins, Jean Ruffier et ledit Terrasson, lequel fut élu maire, par M. Laurent de Lageard, chevalier, sénéchal d'Angoumois.

Le Roi Henri III ayant donné en 1576, par un traité de treve, la ville d'Angoulesme à M. le duc d'Alençon, son frere, les maire et habitants n'ayant voulu recevoir ce dernier (1), furent assignés au Con-

---

(1) On peut consulter sur cette affaire : 1° le *Plaidoyé d'Étienne Pasquier pour la ville d'Angoulesme, faict en Parlement, à Paris, le 4 febvrier* 1576.

seil, et depuis renvoyés au Parlement, où ayant été ouïs et ayant produit leurs privileges, portant entre autres choses qu'ils ne pourroient à l'avenir être aliénés ni mis hors de la puissance des Rois de France, pour quelque cause que ce fût, le Roi leur octroya, avant qu'il intervînt arrêt, des lettres patentes par lesquelles il approuva leur refus comme ayant été fait en vertu de leurs privileges et pour son service, lesquelles furent vérifiées en la Cour.

Pendant les troubles de l'année 1649, le Corps-de-Ville d'Angoulesme envoya des députés à Saint-Germain, au Roi Louis XIV, pour l'assurer de la fidélité constante des habitants, et Sa Majesté y répondit par une lettre très-gracieuse et très-honorable, le 14 mars de cette même année.

L'année suivante, Louis XIV et la Reine sa mere, régente, passerent à Angoulesme, où ils firent quelque séjour, apres avoir été reçus à leur satisfaction, ce dont ils donnerent des marques.

Les habitants offrirent au Roi de lever et entretenir à leurs dépens cent cinquante hommes d'armes, pendant que les troubles de Guyenne dureroient. Sa Majesté agréa et accepta leur offre, et daigna les en remercier, avec de nouveaux témoignages d'honneur, par sa lettre écrite de Libourne, le 8 août 1650.

Les troubles de Guyenne ayant recommencé

(V. les *Œuvres* de ce magistrat, t. II, lettre 1re du livre VI; Amsterdam, 1723); 2° la *Lettre du duc de Montpensier*, rendant compte à la reine mère Catherine de Médicis de la déconvenue de ses gens à leur arrivée à Angoulême, publiée par nous dans le *Bulletin de la Société arch. et hist. de la Charente* (1er trimestre de 1859, p. 41).

l'année d'après, M. le duc de Montauzier, gouverneur de la province, vint avec un secours à Angoulesme, qui étoit menacé d'un siége. Les maire et habitants, secondant son zele pour le service du Roi, mirent promptement leur ville en état de défense, et se comporterent de maniere à faire changer les ennemis de l'État de dessein; ils envoyerent un député à Bourges pour en rendre compte au Roi et lui renouveler les assurances de leur fidélité, et il en rapporta une lettre conforme à leurs souhaits, datée du 27 octobre 1651.

En 1690, le feu Roi, de glorieuse mémoire, ayant la guerre à soutenir contre toute l'Europe, conjurée par jalousie contre sa grandeur, les maire et habitants d'Angoulesme mirent à leurs frais un régiment d'infanterie sur pied, de quoi ils furent remerciés par une lettre de Sa Majesté de la même année.

Toutes ces lettres, comme des titres et des monuments honorables de la fidélité héréditaire des habitants de cette ville, sont soigneusement conservées et ont été enregistrées dans les archives, pour servir de preuves de leur zele perpétuel pour le service de nos Rois et d'exemple à nos descendants pour nous imiter.

Concernant la prétention du gouverneur à l'élection du maire.

Pour réussir à l'élection du maire, il paroît par ce qu'on a prédit que le Corps-de-Ville d'Angoulesme n'a que le droit de présentation de trois sujets au sénéchal, qui en choisit ensuite un des trois pour le faire maire; ces trois sujets doivent être membres du Corps-de-Ville.

Il ne paroît pas par les registres de la maison commune, ni par aucuns autres actes, que les gouverneurs se soient jamais immiscés dans l'élection des maires d'Angoulesme, si on en excepte ce qui s'étoit passé sous le gouvernement de M. le duc d'Espernon.

On sait à quel point ce seigneur porta son pouvoir dans ces provinces. Il se prévalut de la foiblesse du regne de Henri III et des troubles qui le suivirent pour se rendre despote; il y éleva son autorité particuliere sur celle du prince et y domina tyranniquement, son humeur impérieuse et fiere ne pouvant rien souffrir qui ne lui fût soumis. On trouve dans les registres du Corps-de-Ville d'Angoulesme qu'il le força de révoquer l'élection d'un maire à laquelle on avoit procédé sans lui en avoir auparavant écrit; mais un exemple aussi monstrueux n'a jamais été suivi par ses successeurs au gouvernement, qui ont préféré l'empire sur les cœurs à une domination qui auroit étouffé la liberté publique.

Feu M. le duc de Montauzier, dans le temps de sa plus brillante faveur auprès de Louis XIV et de l'éducation de Monseigneur le grand Dauphin, qui lui avoit été confiée, ne se servit de son crédit que pour combler sa patrie de bienfaits; il accorda une protection entiere aux habitants et en particulier au Corps-de-Ville d'Angoulesme, et ce fut lui qui en fit rétablir les privileges, par lettres patentes de 1673 qu'il sollicita et qu'il obtint.

Son attention pour la ville d'Angoulesme le porta à en vouloir connoître tous les principaux habitants, et dès qu'il y découvroit des sujets recommandables par quelque mérite distingué, soit par le génie, le savoir ou la probité, qui avoient bien mérité du public, et qui possédoient des talents particuliers, il prenoit soin de les tirer de la poussiere, de les élever et de les soutenir.

Ces qualités le firent également respecter et chérir dans la province.

Toutes les fois qu'il voulut influer à la promotion du maire, les recommandations qu'il lui plut de faire au Corps-de-Ville et au sénéchal furent regardées comme des ordres auxquels on déféroit aveuglément, et d'autant plus volontiers qu'il ne faisoit jamais choix que d'un sujet agréable à la communauté, et que sa bonté se portoit ordinairement à en pressentir le suffrage.

Feu M. le duc d'Uzez, son successeur au gouvernement, hérita aussi de ses sentiments, et les élections des maires de son temps se concerterent avec lui, par une intelligence parfaite; la subordination se concilia avec le concours.

M. le duc d'Uzez mourut peu de temps avant l'érection des maires perpétuels, qui ont subsisté pendant vingt-cinq ans ou environ.

Après l'édit de leur suppression, du mois de juin 1717, le sieur Gervais, lieutenant criminel, désirant parvenir à la mairie élective, commença par en demander l'aveu à M. le duc d'Uzez d'à présent, qui eut la bonté de le lui accorder.

Il s'adressa ensuite à M. Delesseville, lors intendant de la province, de qui il obtint l'approbation qui lui étoit nécessaire, parce qu'il avoit été rendu un arrêt au Conseil, le 28 août 1717, qui avoit ordonné que les Commissaires départis assisteroient aux assemblées qui se tiendroient pour l'élection des officiers des Hôtels-de-Ville.

Le sieur Gervais demanda ensuite sa parole au sénéchal, qui lui promit de le nommer s'il se trouvoit du nombre des trois qui lui seroient présentés.

Enfin, ayant requis les suffrages du Corps-de-Ville, ils lui furent accordés.

De cette maniere, tout concourant à l'élection du sieur Gervais, elle fut faite unanimement le 13 du mois de décembre 1717, et il entra en exercice le 1er janvier suivant, en exécution et conformément à la déclaration du Roi du 17 juillet 1717.

M. Delesseville en dressa son procès-verbal le même jour; le sieur Sénéchal en fit aussi le sien, et celui du Corps-de-Ville fut rédigé par le sieur Pigornet du Lugeat, ancien échevin, à qui M. le duc d'Uzez avoit donné sa confiance.

Aucun de ces procès-verbaux ne fit mention du gouverneur, parce que ces deux derniers furent faits en conformité des précédents et des anciens auxquels on eut recours dans les registres pour se régler, et M. Delesseville crut devoir suivre pour le sien le style qu'il trouva établi pour les autres, outre que l'arrêt du 28 août portoit expressément que les sieurs intendants, en assistant aux élections des officiers municipaux, tiendroient la main à ce qu'elles se fissent suivant l'usage pratiqué avant la création de ces officiers.

Le nouveau maire élu ayant juré fidélité au Roi et prêté le serment de lui garder la ville et à son hoir mâle, et reçu les clefs des mains du sénéchal, le tout à la maniere accoutumée, prononça un discours dans lequel il marqua d'abord que le corps célebre assemblé étoit composé de tant de sujets bien plus dignes que lui d'être placés à leur tête, qu'il n'auroit jamais osé se flatter de se trouver compris dans le nombre des trois sujets présentés, et ensuite choisi pour être maire; que la grâce qu'on lui avoit faite de le mettre dans cette honorable catégorie, et de le choisir, lui causoit une de ces agréables surprises qu'il est plus facile de sentir que d'exprimer.

Il ajouta que l'honneur qu'il recevoit dans ce jour n'étoit pas ordinaire, et qu'il empruntoit un nouvel éclat de la présence de l'auguste magistrat qui assistoit à cette cérémonie; et en adressant à cette occasion la parole en particulier à M. Delesseville, il l'assura que nos fastes conserveroient la mémoire de ce jour si brillant pour nous, mais que le souvenir en demeureroit gravé dans son cœur par des traits encore plus ineffaçables.

Il dit ensuite que, s'il parloit en présence d'auditeurs de qui M. Delesseville fût moins connu, il prendroit soin, en rendant témoignage à la vérité, d'étaler ses rares qualités; mais que la voix publique, dont il ne pouvoit être qu'un faible écho, en faisoit bien mieux l'éloge.

En demandant à M. Delesseville sa protection en faveur du Corps-de-Ville pour la conservation de ses privileges, il observa qu'ils étoient le prix du sang de nos ancêtres, répandu pour le service de nos Rois et le soutien de l'État, et qu'ils étoient la récompense de la fidélité de nos aïeux.

Il fit sentir que la noblesse du maire d'Angoulesme avoit une cause militaire, et que, pour avoir été accordée dans son origine à plusieurs, elle n'étoit pas moins illustre que celle des familles particulieres, qui l'avoient méritée par les services d'un seul dans les armées.

Il fit remarquer que la fidélité de nos peres envers nos Rois, et leur ancien attachement à la France, avoient passé héréditairement à leurs descendants, qui y avoient succédé comme à leur plus précieux patrimoine.

Il termina son discours à la satisfaction égale de ceux qui présidoient à l'assemblée et de ceux qui la composoient, et en protestant qu'il ne se départiroit jamais de la religion des serments qu'il venoit de prêter.

Les cérémonies et fêtes qui se firent à l'occasion du sieur Gervais continuerent pendant plusieurs jours, les habitants de la ville et des faubourgs en témoignant à l'envi leur joie en se mettant successivement sous les armes selon les états et professions de chacun : on étoit charmé de voir la fin du regne des maires perpétuels, dont l'excessive autorité avoit paru si odieuse. Le rétablissement du maire électif rappeloit la concession des privileges, les marques d'honneur de la ville, et la douceur des fonctions de ceux que la voix publique et le suffrage libre des membres du Corps-de-Ville avoient mis en place. Le souvenir de ces heureux temps qu'on considéroit comme les siecles d'or, et la personne du sieur Gervais étoient si agréables qu'il n'est pas mémoire qu'on ait jamais fait rien de semblable pour aucun autre maire.

Sa mairie fut longue, puisqu'elle dura depuis le premier janvier 1718 jusques au dimanche de *Judica me* 1721, c'est-à-dire trois ans et trois mois, pendant lequel temps elle fut agitée de divers mouvements, et les fonctions chargées et embarrassées d'une infinité d'affaires générales, publiques et particulieres, les unes pour le service du Roi, les autres pour l'intérêt honorable ou utile du Corps-de-ville et des habitants, à quoi le grand nombre de troupes qui passerent à Angoulesme, et les autres suites de la guerre qui s'alluma avec l'Espagne, contribuerent beaucoup.

Sur les contestations qui subsistoient depuis longtemps entre le maire d'Angoulesme et le vice-sénéchal au sujet du rang, séance et marche dans les cérémonies publiques, le vice-sénéchal prétendant faire corps avec ses lieutenants et marcher sur l'aile gauche du présidial, les maires perpétuels ayant aussi prétendu la même chose de leur part à la tête du Corps-de-ville, les parties se pourvurent au Conseil ; et, l'une et l'autre de ces prétentions n'ayant pour fondement que des édits qui ne subsistoient plus, le sieur Gervais demanda le rétablissement et la confirmation de l'ancien usage. Les officiers du présidial étant intervenus dans l'instance et s'étant joints à la demande du maire, il fut rendu un arrêt contradictoire entre toutes parties le 17 juin 1719, par lequel le Roi, en son Conseil, sans s'arrêter à la prétention du vice-sénéchal dont Sa Majesté l'auroit débouté, auroit ordonné, conformément à l'avis de M. de Breteuil, que les officiers de la sénéchaussée et siége présidial d'Angoulesme marcheroient seuls sur deux ailes et colonnes dans toutes les assemblées et cérémonies publiques, avec lesquels lesdits maires et vice-sénéchal s'incorporeroient personnellement pour marcher, savoir : le maire immédiatement après le lieutenant particulier, et le vice-sénéchal après le doyen ou autre plus ancien conservateur du siége, et qu'en outre le maire précéderoit le vice-sénéchal de particulier à particulier, c'est-à-dire que cet arrêt remit les choses en leur premier état.

M. de Breteuil étant venu à Angoulesme pour la premiere fois le 10 décembre 1718, le sieur Gervais, maire, alla au-devant de lui avec la milice bourgeoise, à la porte de la ville, où il lui fit ce discours :

« Monseigneur,

« Cette ville, qui s'est signalée plus d'une fois par les armes pour le service de son prince, les prend en ce jour pour faire éclater la joie de ses habitants.

« Ils vous assurent tous par ma bouche, Monseigneur, que les sujets les plus fideles qu'aient Sa Majesté sont aussi les plus charmés du choix qu'elle a fait de vous pour les régir.

« Ce concours populaire, excité plutôt par les mouvements du cœur que formé par l'autorité du commandement, dérangé peut-être par les empressements et la vivacité de son zele, ce bruit confus des acclamations publiques, sont des témoignages plus assurés de notre sincérité qu'une cérémonie mieux concertée et qu'un applaudissement plus étudié.

« Agréez-en donc la simplicité, Monseigneur, et celle d'un discours militaire dont je suis obligé de précipiter la conclusion pour ne pas retarder plus longtemps notre impatience de vous recevoir dans nos murs. »

Le lendemain, ledit sieur Gervais, maire, s'étant rendu à la tête du Corps-de-Ville à l'hôtel de M. de Breteuil, lui fit une harangue dans laquelle, après avoir parlé de sa maison avec la dignité qui convenoit, il loua la supériorité de son génie, sa capacité au-dessus de son âge, son exacte probité, son amour pour la justice, les grâces et la politesse qu'il joignoit à la gravité, la magnificence avec laquelle il soutenoit la grandeur du caractere, la douceur prévenante et qui gagnoit les cœurs, et surtout les sentiments qui compatissoient aux miseres des peuples, avec lesquels il s'humanisoit. Il dit ensuite que la renommée avoit pris soin d'instruire ceux de cette province de ses qualités, que sa réputation l'y avoit devancé, et qu'ils y étoient impatients de jouir du bonheur qu'elle leur annonçoit. Il ajouta que la voix publique, dont il ne sauroit être qu'un faible écho, s'étoit saisie de l'avantage de publier la premiere les louanges de M. de Breteuil, plus capable qu'un particulier de lui donner toutes celles qui lui étoient dues, et plus hardie à en refuser le muet sacrifice à sa modestie, ce qui dédommageroit celui qui parloit d'une retenue que M. de Breteuil lui imposoit, et d'un silence auquel il ne se livroit qu'à regret.

Il parla ensuite des privileges du Corps-de-Ville d'Angoulesme. Il remontra que leur source étoit égale à celle de la plus pure noblesse; qu'ils étoient le fruit des actions militaires de nos ancêtres; que nos souverains les avoient accordés pour s'être remis sous leur obéissance, après avoir secoué les armes à la main le joug d'une domination étrangere.

Il observa aussi que ces privileges étoient consacrés par une possession de plus de trois siecles; qu'ils avoient été confirmés de regne en regne depuis leurs concessions; que cette chaîne de bienfaits de nos princes s'étoit formée sur la constante fidélité de nos peres, à laquelle nous avons succédé; qu'elle nous avoit été transmise comme par substitution, et que notre zele héréditaire nous avoit fait mériter de Sa Majesté heureusement régnante la même grâce que nous avions obtenue des Rois ses prédécesseurs.

A l'occasion des mouvements que les officiers municipaux supprimés s'étoient donnés pour se faire rétablir, et des oppositions que le Corps-de-Ville d'Angoulesme y avoit formées, le sieur Gervais dit, dans le même discours, que le Conseil avoit approuvé sur cela la noble liberté de leurs remontrances; qu'il étoit vrai que nous n'avions pu nous résoudre à laisser renaître dans le sein de la paix ces monstrueux enfants de la guerre qu'une triste nécessité avoit produits, et qu'une sage politique avoit étouffés; et que notre aveu s'étoit refusé, sur la demande qu'on avoit faite, au rétablissement d'une autorité perpétuelle, capable de devenir abusive dans le long cours de son exercice, pour ne pas dire monstrueuse et tyrannique.

Il termina son discours en disant que ce n'étoit point au poids de l'or que ces emplois furent livrés à ceux qui les remplirent les premiers jours ; que ce fut au prix de leur sang répandu pour la patrie que ces illustres patrices les mériterent ; que les restes de ce même sang ont coulé dans les veines de leurs successeurs, qu'il y circule encore, et que c'est par le concours des suffrages dans des élections libres que les fonctions en ont été déférées dans la suite aux membres de ce corps.

Le Corps-de-Ville est le fondateur du collége des R. P. Jésuites d'Angoulesme, qui en rendent hommage tous les ans en la maniere qui suit :

Le jour et fête de Saint-Louis, au matin, le maire, en conséquence d'une invitation précédente qui lui a été faite par le R. P. Recteur, se rend au collége avec quelques-uns des sieurs du Corps-de-Ville, précédés des quatre sergents de maire en casaques portant leurs hallebardes : il y est reçu dans la salle par le supérieur, qui lui fait offrir un bouquet de fleurs ; il entre ensuite dans l'église et se place au prie-Dieu, qui lui a été dressé dans le sanctuaire, au bas du marchepied du grand autel, du côté de l'Épître : ce prie-Dieu est couvert d'un tapis avec un carreau et un fauteuil ; on donne des siéges ordinaires dans le même sanctuaire à ceux qui accompagnent le maire ; on y entend une messe basse ; et lorsque le célébrant a dit la premiere évangile, et avant l'offertoire, il prend un gros cierge allumé, qui étoit posé dès le commencement de la messe sur un grand chandelier exhaussé au coin du marchepied ; ce cierge est garni d'un cartouche entouré de festons, dans lequel les armoiries de la ville sont peintes, et en remettant le cierge entre les mains du maire, il lui dit ces mots ou semblables : « Monsieur, recevez l'hommage que nous devons au Corps-de-Ville, et ces marques renouvelées de l'attachement que nous avons voué à son service. » Le maire remet sur-le-champ le cierge au frere desservant, qui le replace sur le chandelier ; ce fait et la messe finie, le maire est reconduit, et se retire de la même maniere qu'il étoit venu. Cet usage ancien fut continué pendant les trois années de la mairie du sieur Gervais (1).

Dettes du Corps-de-Ville d'Angoulesme.

En 1720, S. A. R. Monseigneur le duc d'Orléans ayant désiré d'être informé des dettes des villes et communautés, il fut dressé un état de celles du Corps-de-Ville d'Angoulesme, le 14 septembre audit an, en conséquence d'un acte délibératoire du 20 mai précédent, par les députés à cet effet, sur les titres qui furent représentés par les créan-

(1) Il existait encore après l'expulsion des Jésuites, en 1762, ainsi que le témoigne une expédition conservée aux archives départementales de la Charente (série D, art. 28), de l'hommage rendu le 25 août de cette année, à Noël Limouzin d'Hauteville, maire d'Angoulesme, par le sieur Odonovan, préfet, faisant les fonctions de principal du collége. Nous reproduisons cette pièce à la fin du mémoire, note XII.

ciers ou partie. Cet état se trouva monter en capital et en intérêts, lors échus, à la somme totale de 235,295 livres, 16 sous, 10 deniers.

La plupart de ces dettes ont été contractées dans leur temps pour subvenir à des taxes qui avoient été faites sur la ville d'Angoulesme pour différentes causes, et qui furent modérées à la charge de payer comptant les sommes auxquelles elles avoient été réduites; le Corps-de-Ville avoit été obligé d'en faire l'emprunt pour payer, et les deniers en étoient tombés dans les coffres du Roi.

Octrois d'Angoulesme.

Il a été concédé aux habitants d'Angoulesme, en différents temps, d'établir des droits d'entrée aux portes de la ville, pour satisfaire à leurs dettes, par augmentation aux octrois qui s'y levoient pour les charges ordinaires locales; il y a eu des lettres patentes pour cela en 1412 et en 1415, pour ce qu'on appelle les anciens octrois, et d'autres en 1634, et d'ampliation et confirmation en 1638 et 1641 pour les nouveaux.

La ville n'a aucuns deniers patrimoniaux.

Lorsqu'elle jouissoit de tous les octrois en entier, et qu'ils se levoient à son seul profit, ils s'affermoient jusques à 14,000 livres par an; l'emploi s'en faisoit à payer annuellement les rentes et intérêts aux créanciers, aux entretiens et charges locales réglées, et aux dépenses extraordinaires et réparations et fortifications qui survenoient.

Le Roi ayant ordonné en 1653 que, du revenu

des octrois tant anciens que nouveaux et des deniers communs des villes et communautés, il en seroit levé au profit de Sa Majesté la premiere moitié, et par sa déclaration du 28 novembre 1661, et ordonnance du mois de juillet 1681, que cette premiere moitié se léveroit à perpétuité, et icelle jointe au bail général de la ferme des aides, ce qui auroit été confirmé par un autre du mois de décembre 1663, les revenus ordinaires de la ville se trouvant par ce moyen réduits à l'autre moitié desdits octrois, qualifiée seconde, cette diminution et division rendit les baillistes plus rares, par le moins de profit qu'il y avoit à faire, et, les frais se trouvant néanmoins aussi grands pour la régie de cette moitié qu'ils l'auroient été pour la totalité, les baux se trouverent affoiblis dans la suite de beaucoup plus de moitié de ce qu'on avoit accoutumé de les porter auparavant; en sorte que, pendant beaucoup d'années, la ferme de la deuxieme moitié appartenant à la ville ne fut portée qu'à environ 4,000 livres, et ce ne fut pas sans peine que le sieur Gervais la fit monter, par le bail judiciaire qui en fut livré par le sieur de Fromental, trésorier de France à Limoges, au mois d'octobre 1719, à la somme de 4,650 livres.

Le privilege, qui étoit attribué par l'ordonnance des aides aux fermiers de la premiere moitié des octrois devenue celle du Roi, d'être préférés et subrogés aux baux de la seconde moitié, réservée aux villes, rebutoit les fermiers et enchérisseurs qui auroient pu s'en rendre baillistes; outre qu'ils se trouvoient journellement commis avec les directeurs et fermiers des aides à des discussions dans la perception, et à des contestations entre les commis des uns et des autres ; sur quoi ces derniers paraissoient toujours plus favorablement écoutés dans les bureaux des élections.

Le Roi ayant créé un receveur des octrois avec attribution de taxations sur le produit de son maniement, la seconde moitié des octrois étant portée dans sa recette, et le montant s'en trouvant encore diminué par ses droits, outre la difficulté de le faire compter, les revenus devinrent dès lors invisibles et infructueux pour la ville.

Les dépenses dont la deuxieme moitié des octrois est chargée par chacun an consistent en ce qui suit :

Au prédicateur de l'Avent et Carême.	54 liv.
Aux R. P. Jésuites.	2,000
A l'imprimeur des billets de logement.	50
Pour les gages des quatre sergents de maire.	200
Pour les lits et ustensiles de la garnison du château.	650
Aux trois portiers de la ville. . . .	30
Aux tambours.	10
Au scribe des billets de routes, etc..	50
Pour les flambeaux du feu de Saint-Jean et ceux de la procession de la Fête-Dieu, et feux de joie.	33
Revenant toutes lesdites charges et dépenses annuelles à trois mille soixante dix-sept livres, ci.	3,077 liv.

Cette somme prise sur les 4,650 livres, il y auroit dû avoir de revenant bon ci. . . . . 1,423 liv.

Mais les taxations du recouvrement et la moitié des gages des officiers municipaux supprimés, dont la réserve a été faite en dernier lieu pour l'entretien des hôpitaux, absorbent, et au delà, cette somme, en sorte qu'encore que le bail de la derniere moitié ait été enchéri depuis, et en 1724, porté à la somme de 5,400 livres par la circonstance de la révocation de la préférence de fermiers de la premiere, il n'en reste néanmoins aucun excédant pour employer aux dépenses extraordinaires. Ce sont les régisseurs des aides qui ont trouvé moyen de se le faire livrer; et, comme on a nouvellement supprimé le receveur des octrois, en en créant un nouveau qui n'a pas encore été levé, on a commis en attendant ces mêmes régisseurs pour en faire les fonctions, de sorte qu'ils se trouvent être en même temps les agents et patients, capables et receveurs, et ont les fonds publics entre les mains en l'une et en l'autre qualité, et ne veulent rien acquitter.

Les droits d'octrois pour la deuxieme moitié consistent, savoir :

Sur chaque tonneau de vin acheté. 1 l. 7 s. »
Sur chaque tonneau du crû pour l'habitant. . . . . 1 5 »
Sur chaque bœuf. . . . . 2 6 »
Sur chaque vache . . . . 1 3 »

Sur une génisse.	»	8	4d.
Sur un grand veau.	1	3	»
Sur un veau de lait.	»	6	»
Sur une taure (1).	»	11	6d.
Sur un cochon ou truie	»	10	»
Sur un mouton ou brebis.	»	6	»
Sur un bouc.	»	4	»
Sur chaque barrique de vin vendue en détail sur le pied de trois sols la pinte, qui augmente ou diminue à proportion du prix du vin, ci	3	12	10d.
Sur chaque marchand de cuir, à l'exception de ceux de la ville de la Rochefoucauld, Confolant et Nanteuil.	»	10 s.	»

Quoique ces droits ne paroissent pas excessifs, néanmoins, toutes les fois qu'on a voulu les augmenter pour subvenir à quelque besoin public, les bouchers, gens ordinairement féroces, et qui n'ont d'ailleurs rien à perdre à Angoulesme, y étant communément pauvres, ont été prêts à émouvoir, et, sur le bruit que les choses nécessaires à la vie enchériroient à cette occasion, beaucoup des habitants de la ville menaçoient de déserter.

Depuis le retranchement des revenus publics, le Corps-de-Ville d'Angoulesme, n'ayant plus aucun fonds en maniement, cesse de payer ses dettes; les créanciers, dont quelques-uns, qui n'étoient pas même habitants d'Angoulesme, avoient prétendu

---

(1) La vache est dite *véle*, jusqu'à six mois; *taure*, jusqu'à un an; *génisse*, jusqu'à trois ans.

prêter aux particuliers qui s'étoient obligés à eux en cette qualité, ayant voulu les poursuivre, ceux-ci se seroient pourvus au Conseil, où, ayant représenté des actes délibératoires justificatifs que ces emprunts avoient été faits pour la ville, et que les deniers en étoient tournés au profit de la communauté, encore que ces actes fussent passés hors la présence et à l'insu de ces créanciers étrangers, néanmoins, ces particuliers obligés n'auroient pas laissé d'obtenir un arrêt de MM. les Commissaires généraux députés par le Roi pour la liquidation et vérification des dettes des villes, bourgs et communautés du royaume, le 24 avril 1670, portant que, dans le délai qui y fut marqué, il seroit procédé par-devant le sieur Dorieu, maître des requêtes et lors commissaire départi en la généralité de Limoges, à la vérification et liquidation entiere des dettes de la ville et communauté d'Angoulesme, et que pour cet effet tous ceux qui s'en prétendoient créanciers seroient tenus de rapporter dans les délais par-devant ledit commissaire, les titres et pieces justificatives de leurs créances, dont seroit par lui dressé procès-verbal, qu'il enverroit avec son avis au greffe de la commission, pour être pourvu par Sa Majesté au remboursement de ce qui se trouveroit légitimement dû auxdits créanciers, ainsi qu'il appartiendroit, et cependant auroit été fait défense de faire aucune poursuite, ni d'user d'aucune contrainte.

Ce premier arrêt n'ayant pas eu son exécution pour la vérification et liquidation des dettes de la ville d'Angoulesme, il en fut rendu un semblable le 4 septembre 1689, portant qu'il y seroit procédé par-devant M. de Bouville, lors intendant de ladite généralité de Limoges, à quoi il vaqua en conséquence, et en fit son procès-verbal le 26 janvier 1691 et jours suivants; mais les circonstances de la guerre ayant obligé Sa Majesté de surseoir non-seulement à la liquidation des dettes des communautés, mais encore au payement de celles qui avoient été liquidées, leurs créanciers continuerent d'avoir les mains liées.

Il est vrai que, par arrêt du 17 novembre 1699, cette surséance fut levée, et que, par arrêt du 29 août 1720, il auroit été permis aux officiers municipaux d'emprunter des sommes au denier cinquante, pour rembourser leurs anciennes créances contractées au denier dix-huit ou vingt; mais, le Corps-de-Ville d'Angoulesme se trouvant sans aucune ressource et dépouillé de tous ses revenus, ces arrêts lui sont devenus inutiles, et les familles des créanciers qui lui avoient jadis prêté des sommes considérables s'en sont trouvées incommodées.

Contestations entre le gouverneur et le sénéchal d'Angoumois pour la nomination du maire d'Angoulesme.

La fin de la mairie du sieur Gervais approchant, il eut l'honneur d'écrire à M. le duc d'Uzez pour savoir ses intentions au sujet du nouveau maire à élire, afin de s'y conformer à son égard, et d'y porter, autant qu'il seroit possible, les autres membres du Corps-de-Ville. Il auroit été à désirer que

M. le duc d'Uzez eût été lors déterminé sur son choix ou qu'il lui eût plu de s'en ouvrir : on auroit pu prendre en ce temps-là des mesures justes et certaines pour en assurer le succès. Son silence donna lieu au feu sieur Chérade de Laumont d'insinuer que ce choix tomberoit sur lui, et qu'il s'étoit ménagé l'agrément de ce seigneur : on le crut de bonne foi, ne paroissant encore rien de contraire, ce qui fut cause que le Corps-de-Ville prit avec lui des engagements qui parurent dans la suite d'autant plus difficiles à rompre qu'il étoit beau-frere du lieutenant général, qui pourroit se trouver à l'assemblée au jour de l'élection, en l'absence du sénéchal, comme il étoit arrivé une infinité d'autres fois, et y choisir et y nommer ledit sieur Chérade de Laumont, son beau-frere, s'il lui étoit porté parmi les trois sujets à proposer, et au nombre desquels il ne lui seroit pas difficile de le faire comprendre ; que le sieur sénéchal, s'y trouvant en personne, favoriseroit sans doute la présentation de son lieutenant, d'ailleurs conforme à ses intérêts.

Le 30 janvier 1721, il fut signifié au greffe du Corps-de-Ville d'Angoulesme un arrêt du Conseil d'État, obtenu sur requête par M. le duc d'Uzez, le 25 du mois d'août précédent, qui portoit que le scrutin contenant l'élection et nomination des trois sujets seroit envoyé par le Corps-de-Ville audit gouverneur, pour en être par lui choisi un des trois et établi en la charge de maire.

Le sieur sénéchal y ayant formé et fait recevoir son opposition, qui ne put être vidée attendu la proximité du temps de l'élection, il intervint un autre arrêt le 11 mars 1721, portant que, sur cette opposition les parties procéderoient, et cependant, sans préjudice de leurs droits et sans tirer à conséquence, Sa Majesté auroit nommé pour cette fois seulement le sieur Pierre Arnauld, conseiller au présidial d'Angoulesme, pour faire la fonction de maire pendant trois ans, en exécution de quoi il fut reçu et installé le dimanche de *Judica me* de ladite année 1721.

On comptoit sur l'exécution entiere de cet arrêt, dont l'effet se trouvoit prorogé de droit et de fait jusqu'à pareil jour de dimanche de *Judica me* de 1724.

L'édit de rétablissement des maires perpétuels du mois d'août 1722 n'y résistoit pas, puisque, n'y étant pas formellement dérogé à l'arrêt, il sembloit que l'édit ne dût commencer à avoir son effet qu'après l'entiere exécution de l'arrêt, et en cela celle de l'édit se seroit conformée à la disposition d'un autre arrêt du 17 juillet 1717, qui portoit que les maires des villes n'entreroient à l'avenir en exercice et fonctions qu'aux jours destinés, suivant les anciens usages, à leur établissement

Cependant, les acquéreurs s'étant mis en possession incontinent après leurs provisions, c'est-à-dire, dans la ville d'Angoulesme, quelques mois avant le dimanche de *Judica me* de l'année 1724, ledit sieur Pierre Arnauld se trouva évincé après deux ans et quelques mois d'exercice, et ne lui manquant plus que quelques autres mois pour remplir les trois années portées par les lettres patentes de 1673 et par son arrêt, et en conséquence pour acquérir la noblesse qu'il méritoit et auroit continué de mériter par son service (1).

Ces mêmes officiers titulaires ayant de nouveau été supprimés par autre édit de suppression du mois de juillet 1724, les choses se trouvant, par ce moyen, remises au même état qu'elles étoient avant celui du rétablissement, il sembloit que l'arrêt de pourvoyance dudit sieur Pierre Arnauld, dont le dernier effet n'avoit été que suspendu pendant que le rétablissement avoit subsisté, reprenoit de plein droit son entiere exécution, d'autant plus que ce qui restoit à faire audit sieur Pierre Arnauld pour remplir ce qui lui manquoit de service de ces trois années pouvoit précisément l'être par quelques mois qui se trouvoient d'intervalle, depuis cette suppression, jusqu'au dimanche de *Judica me* lors suivant.

Mais le sieur François Arnauld, président au même présidial, s'étant fait pourvoir sur-le-champ de la mairie d'Angoulesme, sur le fondement que les contestations d'entre M. le duc d'Uzez et le sieur sénéchal n'étoient pas encore vidées, fit insérer dans l'arrêt qui le commettoit, qui est du mois d'août 1724, qu'il entreroit en exercice dès le mois de septembre suivant, ce qui formoit une contra-

---

(1) Une note de M. Brun, subdélégué à Angoulême, reproduite dans la nouvelle édition des *Noms et ordre des maires* de cette ville, donnée en 1846 par M. l'abbé Michon, nous apprend que Pierre Arnauld obtint du Conseil un arrêt qui, en le dispensant de l'exercice de la mairie pendant les trois années, lui accordait la noblesse héréditaire. Elle nous fait connaître aussi que la finance exigée, par l'édit de 1770, de tous les anoblis depuis 1715, pour le maintien de leur noblesse, fut payée par les descendants dudit Arnauld.

riété d'arrêts sur laquelle le sieur Pierre Arnauld auroit pu former une juste opposition, et demander l'exécution du sien, ce qui auroit pu même se concilier en ordonnant que le second arrêt n'auroit son effet qu'après le premier exécuté, en ce que ledit sieur François Arnauld n'entreroit en fonctions qu'au dimanche de *Judica me* de l'année 1725 suivante, pour finir à pareil jour 1728. En quoi les choses étant remises en regle, chacun y auroit trouvé son compte et son avantage, et les deux nommés par le Roi auroient eu également servi le temps fixé par les lettres patentes de 1673 et conformément à l'usage; mais le sieur Pierre Arnauld, déférant avec soumission à l'arrêt du mois d'août 1724 et cédant à l'impatience de son successeur, lui laissa prendre possession le 1er septembre 1724.

Suivant les statuts du même Corps-de-Ville et la regle observée de toujours, lorsqu'il y a un nouveau maire établi, le précédent qui sort des fonctions devient sous-maire, pour faire l'exercice dans les cas d'absence, pendant les trois ans de son successeur.

Le sieur Mesnard, maire perpétuel ancien, a prétendu être en droit de se faire établir sous-maire, à la réception dudit sieur François Arnauld, au préjudice dudit sieur Pierre Arnauld, quoique ledit sieur Mesnard, étant supprimé, ne pût prétendre aucunes fonctions, et que ledit sieur Pierre Arnauld fût véritablement le dernier maire en exercice, et qu'il soit même plus ancien échevin que ledit sieur Mesnard. Cette contestation a formé un procès entre eux qui subsiste actuellement par-devant

M. Dorsay, et qui pourroit bien être porté à Monseigneur le comte de Saint-Florentin.

M. le duc d'Uzez, pendant le cours de la procédure suivie entre lui et M. de Cherval, avoit présenté une requête au Conseil, sur laquelle il avoit obtenu un arrêt le 1er juillet 1721, par lequel Sa Majesté, avant de faire droit, auroit ordonné que, par le secrétaire de l'Hôtel-de-Ville d'Angoulesme ou autres dépositaires de ses archives, les registres, titres et papiers de ladite ville seroient représentés, pour, en présence du sieur intendant de la généralité, être d'iceux tiré telles copies ou extraits, que les parties ou leurs procureurs fondés de pouvoir spécial, présents ou dûment appelés, requéreroient, et du tout être par ledit sieur intendant dressé procès-verbal, ensemble des dires et contestations des parties pour, ce fait et rapporté, être ordonné par Sa Majesté ce qu'il appartiendroit.

Le 22 du mois de juillet 1722, ledit sieur de Cherval, assisté de son lieutenant général de justice, comparut, en exécution de cet arrêt, par-devant M. de Breteuil, lors à Angoulesme, et y requit le procès-verbal; il comparut aussi un procureur de M. le duc d'Uzez, et le sieur Gervais y fit porter le coffre-fort ou armoire fermant à trois clefs qu'il avoit fait construire pendant sa mairie, et dans lequel il avoit amassé avec soin tous les titres de l'Hôtel-de-Ville qu'il avoit pu découvrir, et qui étoient auparavant dispersés, comme il y en a encore d'autres en plusieurs endroits et en différentes mains.

Les choses ne s'étant pas trouvées alors en état

de permettre qu'on vaquât à ce procès-verbal, et le procureur de M. le duc d'Uzez ayant formé quelque incident de nouvelle demande qui ne paroît pas comprise dans l'arrêt, M. de Breteuil ordonna que les parties se pourvoiroient en interprétation et ampliation au Conseil.

Il y est intervenu depuis un arrêt de subrogation en faveur de M. Dorsay, à présent intendant de la généralité, qui n'a point encore été mis à exécution, et les choses à cet égard sont demeurées en cet état. Le Corps-de-Ville d'Angoulesme a gardé un silence respectueux pendant ces contestations, qui n'ont paru regarder que le gouverneur et le sénéchal.

Cependant, s'il étoit entendu dans la cause, ou qu'il intervînt dans ce procès, il prétendroit la liberté de remontrer :

1° Que M. le duc d'Uzez, en demandant comme il fit par sa requête, que le corps s'assemblât en la maniere et au jour accoutumés, pour procéder à l'élection des trois sujets par scrutin, voulût bien reconnoître que le Corps-de-Ville a le droit de présentation ;

2° Que sa demande d'envoyer ensuite ce scrutin à Paris ou ailleurs, où il sera, pour qu'il choisisse celui des trois présentés qu'il lui plaira pour le faire maire, ne paroît pas pouvoir se concilier avec les statuts, confirmés par l'usage, qui veulent que, dès que les trois sujets sont nommés, leurs noms en soient présentés sur-le-champ à celui qui a le droit d'en prendre un pour l'établir maire ;

3° Que la prétention de M. le duc d'Uzez semble

vouloir restreindre le droit du Corps-de-Ville à la seule voie du scrutin, exclusive de toute autre, quoiqu'il puisse procéder à l'élection par l'inspiration ou par le compromis, comme on l'a déjà observé;

4º C'est avec surprise qu'on trouve dans la requête de M. le duc d'Uzez une demande à ce qu'il soit enjoint au Corps-de-Ville d'employer toujours dans son scrutin un sujet que le gouverneur auroit auparavant recommandé, ce qui seroit renverser l'ordre, blesser la regle et l'usage, et, outre les raisons générales et de bienséance prédites, mettre la fille avant la mere et l'effet avant la cause, et deviendroit une pure illusion, ne pouvant plus être question de présentation ni de choix après qu'un sujet auroit déjà été adopté. On sent assez que l'avocat qui a avancé une proposition qui implique une contradiction si manifeste n'y a pas réfléchi.

La déférence du Corps-de-Ville pour M. le duc d'Uzez le portera sans doute toujours à faire tout ce que son gouverneur paroîtra désirer, mais il y a des choses qui peuvent s'exécuter par une complaisance respectueuse qui ne peuvent pas néanmoins s'ordonner judiciairement.

Les deux arrêts du Conseil d'État qui, en attendant la décision des contestations d'entre le gouverneur et le sénéchal d'Angoumois, ont nommé par provision le maire d'Angoulesme, au préjudice de la possession que chacune des parties prétendoit avoir, semblent, en les dépouillant tous deux, avoir mis leur droit de niveau, et avoir préjugé une égalité dans le fait, et le droit qui doit naître de l'examen des titres, dont la représentation a été ordonnée, peut devenir douteux dans l'événement.

Après tout, il ne paroît pas possible de lier la langue du sénéchal lorsqu'il se présentera aux assemblées de l'élection du maire, de forcer son choix autrement qu'il le voudra faire, et de s'aplanir un chemin sans embarras et sans obstacles.

Des serviteurs véritablement portés pour les intérêts de M. le duc d'Uzez avoient imaginé d'engager le sénéchal à se départir de son ancien droit, moyennant quelque équivalent, en autre chose, pour lui en tenir lieu, qu'il auroit été facile à M. le duc d'Uzez de lui procurer, et on l'y avoit déjà disposé; mais, M. le duc d'Uzez ayant rejeté la médiation des bien-intentionnés, dont le zele lui a été rendu suspect par de fausses impressions, ce dessein, quoique avancé, a échoué en dernier lieu.

Justice.

L'Angoumois est un pays coutumier, quoique voisin des provinces de Xaintonge et de Périgord, qui se régissent par le droit écrit.

La coutume d'Angoumois fut rédigée en 1514, par M. Thibaud Baillet, président en la Cour du Parlement de Paris, et Rogier Barme, avocat général.

Elle est composée de cent vingt et un articles rangés sous dix titres.

Cette coutume est sage et savante, tirée des mœurs des anciens habitants du pays, conforme à l'esprit coutumier de France, compilée sur les plus authentiques décisions du Parlement de Paris, et formée en quelques points concernant les matieres empruntées du droit romain sur les plus saines dispositions des lois.

Dans les cas où la coutume se trouve muette, nous avons recours quelquefois, pour les matieres féodales et par maniere consultative, à la coutume du Poitou, comme plus voisine et plus conforme à cet égard aux mœurs.

Dans les autres cas, qui sont purement du droit françois, nous suivons celle de Paris en ce qu'elle ne s'y trouve pas contraire.

Et dans les especes tirées des lois romaines, comme les testaments, la maniere de succéder par représentation en ligne collatérale, qui s'y observe, comme de droit, nous empruntons les décisions des textes des lois et du pays de droit écrit.

Cette coutume fut commentée en premier lieu, en ..... (1), par M*e* Pierre Gandillaud, écuyer, seigneur de Fontfroide, conseiller du Roi au siége présidial d'Angoumois (2).

En 1650, M*e* Jean Vigier, écuyer, ancien avocat au Parlement de Paris, en fit un autre commentaire, ample, recherché, solide, savant et curieux; cet ouvrage fut applaudi et généralement estimé.

---

(1) En 1614.
(2) Ce commentaire porte le titre suivant : « *Exposition sommaire sur les coustumes de la duché et séneschaussée d'Angoumois*, par etc..... Angoulesme, P. Moynier, 1614, pet. in-8. — Une seconde édition, « *reueüe, corrigée et augmentée de nouueau du traicté des criées, des notes de M. du Moulin et du reglement des greffiers, procureurs, etc...* », parut à Angoulême, en 1633, chez Claude Rezé, pet. in-4. — Nous possédons un exemplaire de cette édition, que nous croyons très-rare.

Les éditions s'en étant répandues partout, étoient devenues si rares, qu'on n'en trouvoit presque plus ; c'est ce qui excita Me François Vigier, écuyer, sieur de la Pile, son arriere-petit-fils, avocat en la Cour, d'en donner une seconde édition en 1720, qu'il augmenta des additions de Me Jacques Vigier, écuyer, sieur de la Pile, avocat au Parlement, fils de l'auteur ; il l'a enrichie de plusieurs annotations et remarques judicieuses de son fonds et d'autres jurisconsultes, et tirées des mémoires de Me Philippe Pigornet, ancien avocat au Parlement, célebre dans le barreau du présidial et tres-habile consultant, qui l'aida à la rédaction et composition de cet ouvrage qui est fort approuvé. Les mêmes commentateurs ont aussi travaillé sur la coutume de la Rochelle et pays d'Aulnix, et ont compris le tout en une seule et même édition.

Du Parlement de Bordeaux.

Le bruit s'étant répandu, en 1713, que l'intention du Conseil étoit d'unir les siéges d'Angoulesme et de la Rochelle au Parlement de Bordeaux pour le dédommager, à ce qu'on disoit, de deux sénéchaussées qu'on proposoit de distraire de son ressort pour les joindre à celui de Pau, le sieur Gervais, lors assesseur au présidial d'Angoulesme, fut chargé par sa compagnie de faire un mémoire à ce sujet, qui fut envoyé à Paris, et qu'on croit devoir rappeler ici pour prévenir une semblable nouveauté, en cas que le projet en fût encore porté au Conseil. — Suit la teneur du mémoire :

Le Roi Charles VII institua une justice souveraine à Bordeaux le 20 juin de l'année 1451.

Louis XI y établit le Parlement le 9 juin de l'année 1462.

On voit par les titres de l'une et de l'autre création que l'Angoumois et le pays d'Aulnix n'étoient point compris dans l'étendue du ressort.

On a prétendu que l'Angoumois y avoit été joint par d'autres lettres de la même année 1462, mais que le comte Jean de Valois les avoit fait révoquer l'année suivante.

Cependant quelques auteurs ont encore voulu soutenir que les appellations du sénéchal d'Angoumois avoient autrefois ressorti à Bordeaux. La plus commune opinion est que, s'il y a eu à cet égard quelque dépendance de juridiction, ce ne peut avoir été que pendant le peu d'années que les Anglois furent les maîtres de la province.

La proposition de tirer l'Angoumois et le pays d'Aulnix du ressort du Parlement de Paris, pour les comprendre dans celui de Bordeaux, ne peut être considérée que comme une nouveauté capable d'entraîner de très-grands inconvénients.

L'intérêt public dans ces deux provinces semble résister à ce changement, qui en apporteroit un considérable dans l'ancien lustre de leurs villes capitales. Les chefs des principales familles n'y trouvant plus les mêmes établissements, transféreroient leurs domiciles ailleurs, ce qui rendroit à succession de temps ces villes désertes.

Le commerce qui les fait subsister et qui est très-important par la situation de l'une sur la mer et de l'autre sur la riviere de Charente, à l'endroit où elle commence à porter bateaux, seroit bientôt ruiné, par le soin que les négociants prendroient de le transporter avec leurs domiciles à Bordeaux, ce qui feroit tomber le débit des vins, eaux-de-vie, papiers et autres marchandises dont le cours soutient entierement ces deux provinces.

Le voisinage de Bordeaux n'est pas d'un objet si avantageux qu'on pourroit penser pour l'expédition des affaires, car outre que cette proximité n'entraîneroit peut-être que trop souvent les parties dans des appellations téméraires, longues à soutenir et ruineuses, c'est que les relations qu'on entretient d'ailleurs d'Angoulesme et de la Rochelle avec Paris, pour d'autres causes, y procurent une plus grande facilité pour parvenir à la prompte expédition des procès.

Au reste, la ville de Bordeaux, quoique plus voisine, n'est pas également à la main comme celle de Paris, et le climat, les mœurs, les maximes et les usages y sont trop différents de ceux d'Angoulesme et de la Rochelle.

La jurisprudence du Parlement de Bordeaux se regle communément sur la disposition du droit écrit; il n'y a dans toute l'étendue de son ressort que quelques usances ou coutumes locales de certains petits endroits; ce qui seroit cause, d'un côté, que les juges et les consultants de Bordeaux demeureroient longtemps à s'instruire des coutumes d'Angoumois et de la Rochelle, et que, d'un autre côté, ceux de ces deux coutumes, et les habitants de ces deux ressorts, nourris toujours dans l'esprit du pays coutumier et moins imbus des maximes du droit écrit, seroient souvent induits en erreur, ce qui causeroit de la diversité dans les tribunaux de justice et des troubles fréquents dans les familles.

Ce que les derniers arrêts du Parlement de Paris ont établi, que dans les cas où les coutumes particulieres de son ressort se trouvent muettes, on doit recourir à la disposition de celle de Paris, a formé dans l'Angoumois et dans le pays d'Aulnix un usage constant que le Parlement de Bordeaux ne manqueroit pas de vouloir changer, ce qui attireroit une confusion extrême dans les affaires et un bouleversement dans le pays.

Les officiers des présidiaux d'Angoulesme et de la Rochelle et ceux des autres juridictions royales des deux provinces auroient le malheur de voir tout d'un coup déchoir, par ce nouvel établissement, leurs charges de plus de moitié de prix, ce qui attireroit la ruine des principales familles et y causeroit du trouble à l'occasion des partages, donations et acquisitions de cette espece de biens, qui y est devenue depuis longtemps d'un objet si important.

La diminution des premieres charges de magistrature influeroit aussi sur les bas officiers, même sur ceux des juridictions subalternes, ce qui formeroit une cascade de maux et une gradation multipliée de pertes capables de ruiner une infinité de gens, même de diminuer l'éclat et la valeur des grandes terres, qui sont situées dans l'enceinte de ces deux sénéchaussées, et de porter du trouble dans les maisons des grands seigneurs qui les possedent.

Au surplus, ces deux provinces ayant eu le malheur de se trouver infectées de l'hérésie de Calvin, et se trouvant à présent jouir d'un repos parfait, depuis qu'il a plu au ciel de ramener les peuples égarés au giron de l'Église, s'il se trouvoit encore quelques racines ou quelques feux, à cet égard, cachés sous la cendre, capables de causer dans la suite de nouveaux mouvements, il semble que l'autorité royale, en quelque temps que ce fût, seroit plus à portée d'y remédier, par l'interposition de celle du Parlement de Paris, dont les arrêts y ont toujours été souverainement respectés, qu'elle ne pourroit le faire si on avoit assujetti et accoutumé les peuples du pays à une autorité nouvelle et plus éloignée du soleil; et si le malheur des temps permettoit que les sages magistrats qui remplissent à présent le Parlement de Bordeaux vinssent à laisser les places qu'ils occupent si dignement à des successeurs d'un esprit moins modéré et capables de se laisser entraîner à des mouvements contraires à l'autorité du Roi, il seroit à craindre que, se prévalant de leur supériorité, ils attirassent trop facilement dans leur parti les habitants de ces provinces, devenus leurs juridics, et principalement ceux des côtes maritimes du pays d'Aulnix, ce qui pourroit donner entrée aux étrangers dans le royaume, et rendre comme autrefois la ville de la Rochelle un boulevard redoutable à la religion et à l'État.

Enfin, l'Angoumois ayant toujours été du Domaine de nos Rois et servi d'apanage aux fils de France avec titre de duché, depuis l'érection faite par François Ier, il semble que son détroit doit être particulierement réservé au ressort de la Cour de Paris.

On peut ajouter que l'esprit des peuples de ces deux provinces ne paroît pas disposé à recevoir avec plaisir ce changement. Ils sont accoutumés de toujours à être régis par les premiers magistrats du royaume; la douceur, l'équité et la prompte expédition qu'ils trouvent dans le plus auguste Parlement de France ne sauroit se remplacer également dans aucun autre tribunal, et si leurs vœux, leurs prieres, leurs demandes et la voix publique sont écoutés et jugés devoir être de quelque poids en cette occasion, on laissera les choses dans leur premier état.

État des tribunaux de justice établis en la ville d'Angoulesme.

Présidial. — Le siége présidial et sénéchaussée est composé de deux présidents, un lieutenant général civil, un lieutenant général d'épée, un lieutenant criminel, un lieutenant particulier, un assesseur, un chevalier d'honneur, seize conseillers titulaires, deux conseillers d'honneur, un procureur du Roi, deux avocats du Roi et un greffier en chef.

L'ancien office de président, créé en 1634, le précédent ayant été réuni et supprimé, a 600 livres de gages; il est évalué aux parties casuelles à 13,333 livres 6 sols 8 deniers. Il a été acheté il y a quelques années 24,000 livres de M. Arnauld de Bouex, par le sieur Bareau de Girac, qui en est depuis pourvu.

Le nouveau président, créé au mois de février 1705, ne jouit que de 140 livres de gages par réduction. Sa premiere finance n'étoit que de 6,000 livres; le sieur Arnauld, dernier titulaire, l'a acheté depuis du précédent 9 à 10,000 livres.

La charge de lieutenant général est fort belle à Angoulesme, à cause de l'étendue de la sénéchaussée, qui n'est bornée dans la province que par le seul petit siége royal de Coignac, et encore par les fonctions qui lui furent attribuées par un règlement favorable que fit rendre en 1690 M. d'Argenson, qui en étoit alors pourvu; elles ont néanmoins diminué par la soustraction de la connoissance des matieres de bourse qu'il jugeoit seul avant l'érection de la juridiction consulaire. M. d'Argenson l'avoit vendue environ 75,000 livres au précédent titulaire. Le sieur de Paris, qui en est à présent revêtu, l'a levée aux parties casuelles sur le pied de son évaluation, qui est de 24,000 livres; elle n'a que 100 livres de gages, le reste consiste en émoluments; c'est pourtant la plus lucrative.

Celle de lieutenant criminel est évaluée chez le Roi 16,000 livres; elle n'a que 50 livres de gages. Le sieur Gervais, qui en est à présent revêtu, l'acheta, il y a environ douze ans, 10,000 écus, des héritiers du précédent titulaire; c'est la charge du présidial la plus laborieuse et la plus ingrate, à cause que presque toutes les grandes affaires sont poursuivies à la requête du procureur du Roi, instruites et jugées sans émoluments ni vacations.

La charge de lieutenant général d'épée, créée au mois d'octobre 1703, fut achetée du Roi par le sieur Dexmier de Chenon, qui en est à présent revêtu, 10,000 livres; elle a 200 livres de gages. Ses fonctions consistent à avoir rang honorable et voix délibérative au siége et à commander la noblesse, lorsqu'elle est convoquée au ban et arriere-ban, en l'absence du sénéchal, dans l'étendue de la sénéchaussée.

Celle de lieutenant particulier est évaluée aux parties casuelles 9,333 livres 6 sols 8 deniers ; elle n'a que 50 livres de gages. Le sieur Fé de Fondenis, qui la possede à présent, l'avoit achetée, il y a environ dix ans, 18,000 livres.

Celle d'assesseur n'est pas plus évaluée que celle d'un conseiller : elle a 100 livres de gages. Elle fut achetée, il y a environ douze ans, 12,000 livres. Elle est actuellement vacante aux parties casuelles de Sa Majesté, par le décès du sieur Dumas, arrivé au mois de septembre 1725.

Celle de chevalier d'honneur, créée au mois de mars 1691, fut alors achetée du Roi environ 10,000 livres. Elle donne 140 livres de gages et ne peut être remplie que par un gentilhomme, qui a séance avant le doyen des conseillers et voix délibérative, tant à l'audience qu'à la chambre, sans pouvoir présider, prononcer, rapporter, ni tenir la plume ; c'est le sieur Guymard de Jallays qui l'exerce.

Celles des seize conseillers sont évaluées aux parties casuelles chacune à 5,333 livres 6 sols 8 deniers. Les émoluments des plus assidus et laborieux ne vont pas à 10 pistoles par an; ils ne jouissent que de 50 livres de gages fixes.

Les deux offices de conseiller d'honneur furent créés, l'un au mois de décembre 1689, l'autre au mois de février 1690, et furent achetés du Roi, y compris les encheres et augmentations de gages, 6,600 livres chacun. Les titulaires ne jouissent à présent que de 72 livres de gages par réduction ; ils n'ont aucune part aux épices ; ils ne rapportent ni n'ont de plume ; ils ne peuvent présider, et leur rang est fixé après le quatrieme conseiller. Le prix commun des charges de conseiller titulaire a été de 8, 9 et jusqu'à 10,000 livres, quoiqu'il s'en soit vendu quelques-unes moins en dernier lieu. Celles de conseiller d'honneur valent au-dessous.

La charge de procureur du Roi est évaluée 16,000 livres ; il jouit de 85 livres de gages et a quelques émoluments. Le sieur Bareau de Girac, qui en est le présent titulaire, avait acheté cet office, il y a plus de trente ans, environ 40,000 livres ; il peut valoir à présent 10,000 écus.

Celles des deux avocats du Roi sont évaluées comme les charges des conseillers, c'est-à-dire 5,333 livres 6 sols 8 deniers chacune ; ces officiers jouissent de 50 livres de gages aussi chacun et de quelques petits émoluments ; le prix commun de leur office est de 6,000 livres.

La charge de greffier est évaluée à 7,000 livres ; il a 140 livres de gages fixes par réduction, et ses émoluments peuvent valoir 400 livres, année commune.

Le présidial d'Angoulesme a été de toujours en bonne réputation ; la capacité de ses officiers, reconnue depuis longtemps, n'auroit pu cesser que par un changement de sujets, qui n'est point arrivé, cette compagnie se trouvant encore composée de juges qui ont communément dix, vingt, trente et quarante ans d'exercice.

On peut aussi assurer hardiment que leur probité répond à leur intelligence, et que leurs mœurs ne se sont pas altérées en vieillissant. La justice s'est toujours rendue dans ce siége avec un noble désintéressement, et les cabales et les prévarications y sont inconnues (1).

Justice criminelle. — La justice criminelle y est principalement importante, à cause que la province étant enclavée entre celles de Poictou, pays d'Aulnix, Xaintonge, Périgord et Limouzin, une infinité de scélérats et surtout de ces deux dernieres, qui n'en fournissent qu'un trop grand nombre, se jettent dans l'Angoumois, soit pour vaguer, soit pour se mettre à couvert des poursuites en changeant de ressort; mais quelque soin qu'on prenne au présidial d'Angoulesme de purger le pays de ces vagabonds, et quelque attache qu'on y ait à châtier tous les autres coupables, la punition des crimes s'y trouve souvent éludée, soit dans la ville, soit dans la campagne.

Dans la ville d'Angoulesme, le maire, qui ne devroit avoir que la juridiction du petit criminel sur les jurés ou simples habitants, s'étend à toutes sortes de cas, et prétend y assujettir les nobles et privilégiés; et lorsque les procureurs des parties qui dressent leurs plaintes les portent, en se confor-

---

(1) On peut consulter, sur le personnel du Présidial d'Angoulême dans les dernières années du XVIIe siècle, les notes consignées par l'intendant de Bernage dans son *Mémoire* (M. S.) *sur la Généralité de Limoges.*

mant à la regle, au lieutenant criminel, ils sont tout aussitôt accablés du terrible fardeau du logement des gens de guerre, et exposés à d'autres violences de la part du maire, qui abuse communément de l'autorité excessive que sa charge lui donne dans la ville, à ce point qu'il n'y a que celle du Roi qui la puisse réprimer lorsqu'elle tombe en mauvaises mains. Cependant ces entreprises irrégulieres renversent l'ordre judiciaire, et forment des conflits qui donnent souvent lieu aux coupables des plus grands crimes d'éluder leur punition.

A la campagne, les juges subalternes sont ennemis déclarés de la juridiction du lieutenant criminel, dont les fonctions éclairent leur conduite plus qu'ils ne voudroient.

Les uns, s'étant rendus fermiers des terres de leurs seigneurs, et chargés par leurs baux des frais de justice, laissent les crimes sans poursuites, ou instruisent des contumaces figurées contre des criminels qu'ils souffrent tranquilles chez eux, ou bien, si la clameur publique force à en prendre quelqu'un, et qu'il soit conduit contre leur intention dans leurs prisons, il ne manque jamais de se trouver à la suite un procès-verbal de rupture et d'évasion.

D'autres, sans y faire tant de façons, voient commettre impunément toutes sortes de crimes dans l'étendue de leurs terres, et se contentent de faire un procès-verbal et une information, quelquefois suivie de décret, et en demeurent là ; en sorte que par un silence et une inaction de vingt années le crime devient prescrit.

Quelques-uns, par une vanité outrée et par esprit

d'indépendance, veulent tout s'arroger dans leur tripot, et ne prétendent reconnoître aucuns supérieurs, sénéchal, présidial, ni même Parlement. Dans cette vue, ils fabriquent des informations à leur fantaisie, se prévalant de ce que la plupart des témoins des champs sont illettrés. Par ce moyen ils écartent toutes les circonstances de preuves qui pourroient faire déclarer un cas prévôtal au présidial, par prévention au prévôt et par sentence de compétence du présidial; en d'autres cas, ils suppriment ce qui le rendroit royal, et, comme tel, sujet à la juridiction du sénéchal ou du lieutenant-criminel, à la charge de l'appel; et enfin, pour se soustraire aussi à l'autorité du Parlement, lorsqu'ils sont obligés de rendre des sentences, ils se contentent, même dans les plus grands crimes, de prononcer des sentences de bannissement à temps contre les coupables qui déclarent y acquiescer, et le procureur fiscal, de bonne intelligence, n'interjetant point *a minima*, on met le prisonnier en liberté.

Lorsqu'il n'est question que du petit criminel, les juges subalternes, pour éviter l'appel de la permission d'informer, information, décret, et de ce qui s'en est suivi, et l'effet des défenses qu'il est d'usage et licite de prendre en pareil cas, suivant la disposition de l'ordonnance de 1670, font trouver à coup prêt des sentences d'aliments antidatées, ou des décrets de prises de corps légèrement lâchés, qui ne peuvent être sursis que sur le vu des charges dont ils font retarder le port par leurs greffiers, qui n'osent obéir aux injonctions supérieures qu'à toute extrémité, et sont même ordinairement dans l'impossibilité de le faire, par la rétention que les juges font des minutes des procédures, qu'ils gardent dans leurs maisons; et pendant ce temps-là ils font contraindre souvent de malheureuses parties, auxquelles le remede de l'appel devient par ce moyen inutile.

En général, on peut assurer qu'il n'arrive point d'affaires criminelles dans les juridictions subalternes que les juges n'y prennent un parti, soit par excès, partialité, ou autrement. C'est toujours quelque parent, voisin, ami ou ennemi, domestique, serviteur, ouvrier, journalier, débiteur, tenancier, métayer, bordier, colon ou cheptelier du seigneur ou des officiers qui y sont mêlés; et par conséquent, il n'est pas surprenant qu'il s'y trouve toujours de la prévention.

Comme ces sortes d'officiers sont communément des gens de néant, des valets des seigneurs, qui leur ont donné ces charges pour récompense de service, ou des paysans révoltés qui les ont achetées en vue de s'accréditer dans leur lieu, les seigneurs les leur ayant abandonnées à la faveur de leur argent comptant, sans consulter ni le mérite ni la capacité, on ne doit point être surpris de voir que ces âmes vénales tâchent de reprendre en détail sur le public ce qu'ils ont donné en gros, et que les sentiments d'honneur et de devoir leur soient inconnus. L'ignorance et l'injustice passionnée regnent également dans ces tribunaux d'iniquité, et c'est pour cela que ces juges observent une conduite mystérieuse et que les procès criminels qu'ils instruisent sont des pieces de ténebres qu'ils voilent avec soin à la lumiere des supérieurs.

Le procureur du Roi et le lieutenant criminel d'Angoulesme, trop instruits de ces vérités, ont tâché souvent de remédier à des désordres qui intéressent si fort la sûreté publique; mais ces petits juges, n'étant pas moins jaloux de leurs fonctions que négligents de leurs devoirs, se sont presque toujours servis du nom des grands seigneurs dont ils sont officiers pour engager des conflits avec ceux du présidial, lesquels, ne voulant pas passer leur vie à plaider à grands frais pour de simples droits de charge avec des personnes puissantes, ont été obligés de céder et d'abandonner à ces juges de village la connaissance des affaires les plus importantes, qui sont demeurées par là ensevelies, ou ont été décidées dans les cabarets par des gens à sabots, dans le vin et la crapule, éloignées de la vue des bons juges et des honnêtes gens, et dérobées au grand jour.

Prévôté royale. — Le juge prévôt royal d'Angoulesme possede la plus ancienne charge de la ville. Ses fonctions ont fort déchu depuis son institution, en sorte qu'on peut dire qu'encore que ce soit proprement le premier et pour ainsi dire le juge propre du Roi et de son Domaine, néanmoins c'est celui qui se trouve le plus dépouillé. On a aliéné plus de quarante paroisses qui dépendoient de sa juridiction, en sorte qu'il ne lui en reste plus que six, avec la ville et la banlieue, qui n'est pas d'un grand objet, à cause du grand nombre d'ecclésiastiques, nobles et privilégiés dont elle est remplie et qui ne plaident pas par-devant lui ; on lui a enfin ôté la connaissance des maîtrises des arts et métiers, qui lui appartenoit de toujours, pour les attribuer au lieutenant de police.

La charge de juge prévôt est la seule qui n'ait aucuns gages. Elle étoit originairement évaluée aux parties casuelles à 8,000 livres ; mais y ayant vaqué il y a quelques années, elle n'y fut levée que sur le pied de 3,000 livres. C'est le sieur Barbot, écuyer, sieur de la Trésoriere, qui exerce cette charge, qu'il tient de pere en fils de trois générations.

Celle de lieutenant ou assesseur de la prévôté, évaluée anciennement 4,800 livres, aussi sans gages, sans priviléges, ni presque d'émolument. Cette charge n'a été achetée par le titulaire qui en est à présent pourvu que 1,200 livres.

Un procureur du Roi de la prévôté, joint à celui du présidial, dont il a été ci-devant fait mention.

Et un greffier, aussi confondu avec celui du présidial.

Les appellations de la prévôté se relevent au présidial et sénéchaussée ; le juge prévôt y a séance honorable et voix délibérative à l'audience, lorsqu'il ne s'agit pas de ses appellations.

Police. — Une charge de lieutenant général de police, créée au mois d'octobre 1699, fut alors achetée du Roi, par le sieur Arnauld, présent titulaire, 23,000 livres. Cet officier jouit de 440 livres de gages, et a séance honorable et voix délibérative au siége présidial ; il juge des affaires de police sur les conclusions du procureur du Roi, avec deux conseillers du présidial, qui tournent et changent tous les mois.

Un procureur du Roi de police, de même création, fut lors acheté par le présent titulaire 2,500 livres; il jouit en cette qualité de 50 livres de gages par réduction.

Un greffier ancien et alternatif à 20 livres de gages.

Les émoluments des officiers de police ont été d'abord de quelque objet, à cause des lettres de maîtrise dont ils ordonnoient et faisoient l'enregistrement et des frais de réception et prestation de serment de plusieurs sortes de métiers et professions qui n'y étoient pas auparavant assujettis; mais après cette premiere recherche, qui a été tout d'un coup d'un gros produit, le reste, qui ne vient plus qu'en détail par degrés et en minutie, ne sauroit être fort considérable.

Il y auroit eu des commissaires de police créés en titre d'office qui n'exercent plus; on en a commis d'autres avec des huissiers.

La charge de lieutenant de police a été composée des débris de la mairie et de celle du juge prévôt; on a ôté la police au maire, et les arts et métiers au juge prévôt, dont ils étoient en possession depuis près de trois siecles.

Le zele de ces nouveaux officiers, comme l'est ordinairement celui des établissements modernes, ayant voulu enchérir par-dessus les anciens usages, a effarouché les marchands des choses nécessaires à la vie, et conséquemment influe, en les rendant plus rares, à les rendre infiniment plus cheres.

Les voituriers de blé, assujettis ci-devant à des déclarations et prestations de serment embarrassantes et auparavant inconnues, ont pris leur route ailleurs, ce qui a été cause que le grain affluant moins dans les marchés, y a toujours depuis soutenu un prix excessif.

Les maîtres boulangers, soutenus par la police dans leurs maîtrises exclusives, se sont rendus absolus sur la valeur du pain. Le Conseil avoit autrefois suspendu ces priviléges pour un temps et accordé à tous les particuliers la liberté de faire du pain. Il en naissoit ce double avantage, d'un côté, qu'une infinité de pauvres femmes, y travaillant, en subsistoient avec leurs familles et étoient contentes de leur petit profit; et, d'un autre, que toutes ces faiseuses de pain le donnant à l'envi les unes des autres à bon marché, le public y trouvoit son utilité. Cinq ou six particuliers qui trouvent moyen de s'enrichir en peu d'années le privent de cet avantage.

Les bouchers, se trouvant aussi gênés dans leur commerce par des nouveautés, s'en dédommagent sur le public; et bien que les bestiaux à tuer aient diminué de prix dans les foires, surtout depuis qu'on n'en tire plus pour Paris, la viande n'en est pas moins chere à Angoulesme dans le détail.

A l'égard du poisson, il y est d'un prix outré. Les marchands et les maréyeurs qui avoient accoutumé d'en fournir abondamment se sont plaints qu'ils passoient par trop de mains, et portent à présent leurs voitures ailleurs; de sorte qu'on peut dire qu'on meurt presque de faim à Angoulesme une partie des jours maigres de l'année.

Les taxes qu'on a voulu mettre au prix des beurres, suifs et autres denrées de consommation journaliere, et les amendes auxquelles on a condamné les détailleurs de ces sortes de choses, dont quelques-uns et même des personnes du sexe ont été traînés en prison, les ont empêchés de s'en charger, en sorte qu'on en a souvent manqué.

S'il est vrai que la police des blés soit la plus difficile, comme on n'en peut douter, et qu'il n'y faille jamais mettre de taxes, de crainte d'en écarter les conducteurs, il n'est pas moins vrai qu'il est bon d'user de grande discrétion sur les autres choses nécessaires à la vie de l'homme, surtout dans les petites villes situées dans des pays peu abondants, et où il faut tenir la main à ce que les marchés soient fournis par les gens du dehors, et à ce que ceux-ci y soient excités par la liberté et le profit, sans quoi on court risque, par la diversion de leurs routes, de tomber dans un manquement pire qu'une cherté accompagnée d'abondance, outre que cette derniere entraîne toujours la chute de l'autre.

Maîtrise des eaux et forêts d'Angoumois. — Un maître particulier, qui est le sieur Paulte, écuyer, qui tient sa charge à titre successif de pere en fils par trois générations consécutives. Il y a réuni l'office alternatif et plusieurs autres offices et droits : le tout peut valoir 25 à 30,000 livres. Il jouit de 400 et quelques livres de gages sous différents titres, assignées autrefois sur le Domaine, et à présent sur l'état des bois, depuis que les forêts sont en ventes ordinaires; outre quoi il jouit de quinze cordes de bois de chauffage, en conséquence d'un arrêt du Conseil qui a dérogé à cet égard à l'ordonnance de 1669. Il a aussi des émoluments pour les journées et vacations qu'il emploie aux ventes, pour l'assiette, martelage et autres fonctions.

Une charge de lieutenant, estimée valoir 6,000 livres; le titulaire a 100 livres de gages fixes et huit cordes de bois de chauffage.

Une charge de procureur du Roi, qui peut valoir 4,000 livres, avoit été levée ci-devant aux parties casuelles sur le pied de 3,000 livres; le titulaire n'a que 100 livres de gages assignées sur le Domaine.

Un garde-marteau, qui jouit de 200 livres de gages et de huit cordes de bois de chauffage; cet office peut valoir 5,000 livres.

Un greffier ancien alternatif et des experts, qui a sous ces trois titres 62 livres de gages sur l'état des bois, et en la premiere seulement six cordes de bois de chauffage.

Maréchaussée. — Un lieutenant en titre de la maréchaussée du Limouzin à la résidence d'Angoulesme, le sieur Mallat de l'Estanche, qui est à présent pourvu de cet office, en paya la finance au Roi, en mai 1720, sur le pied de 15,000 livres. Il jouit de 1,500 livres tant de gages et appointements que de solde.

Tous les autres officiers de ce corps exercent par commission, savoir :

Un assesseur à 300 livres de gages ;

Un procureur du Roi à 300 livres de gages ;

Et un greffier à 350 livres.

L'exempt a 700 livres.

Le brigadier jouit de 600 livres;

Le sous-brigadier, de 550 livres;

Et chaque archer, de 500 livres par an.

Département de la maréchaussée d'Angoumois :

Deux brigades à Angoulesme, commandées par un brigadier et un sous-brigadier, sous les ordres du lieutenant;

Une brigade à la Rochefoucauld, commandée par un brigadier;

Une brigade à Montmoreau, commandée par un exempt; ces trois lieux sont dans l'élection d'Angoulesme, généralité de Limoges;

Et une brigade à Manle, élection de Coignac, généralité de La Rochelle, commandée par un exempt.

Il y avoit une autre brigade à Rochechouart, qui depuis a été transférée à Saint-Junien, sous la lieutenance de Limoges.

Total : cinq brigades de cinq cavaliers chacune, y compris les exempts et brigadiers, le tout faisant vingt-cinq hommes, commandés par ledit lieutenant.

On ne peut disconvenir que cet établissement soit fort utile à la sûreté publique; il y auroit seulement quelques changements à faire dans la division des quartiers qui restent, outre celui de Rochechouart, et quelques regles à établir pour les compétences et les ressorts.

On pourroit tirer la brigade de Manle, qui est un simple bourg, pour la placer à Ruffecq, qui est une ville assez considérable située sur les confins du Poictou et de l'Angoumois. On sait que c'est sur les extrémités des provinces qu'il se commet le plus de crimes, par la facilité qu'ont les coupables de passer d'un ressort dans un autre, en jouant une espece de navette pour éluder leur capture et se soustraire à la punition qu'ils méritent.

On pourroit de même déplacer la brigade de Montmoreau, qui est un très-petit lieu, pour l'établir à Châteauneuf, qui est une ville d'abord de passage et de commerce, et aussi assez considérable, située sur la route de l'Angoumois et de Xaintonge, sur les confins de ces deux provinces et des deux généralités de Limoges et de La Rochelle, et se trouve cependant comprise dans l'arrondissement de la maréchaussée de Saintes, ce qui donne lieu à cette troupe d'y faire journellement des captures, et aux environs, dans le détroit du présidial d'Angoulesme, pour des crimes qui y ont été commis, et de transférer les accusés à Saintes, où on juge non-seulement leur compétence, mais encore le fond et principal de leurs accusations.

On a aussi placé une des brigades de Poictou à Montmorillon, dans l'arrondissement de laquelle on a assujetti Saint-Claud, qui est un bourg de l'Angoumois et où cette troupe étrangere vient aussi tous les jours arrêter des accusés de crimes commis dans le lieu, lesquels elle mene néanmoins juger à Montmorillon, par des juges sans pouvoir à cet égard, ce qui est un renversement absolu de l'ordre judiciaire et contre la disposition formelle de l'ordonnance de 1670, article 1er du titre premier, aussi bien que contre la regle et l'usage observés dans tous les tribunaux du royaume, qui veulent expressément que la connoissance des crimes appartienne aux juges dans le ressort desquels ils ont été commis.

On ne peut remédier à un aussi grand désordre qu'en donnant une déclaration du Roi par laquelle Sa Majesté déclareroit qu'en établissant les nouvelles maréchaussées elle n'a pas entendu déroger à l'ordonnance de 1670, ni changer par leurs arrondissements les ressorts et détroits des juges, et attribuer des compétences à d'autres juges qu'à ceux du lieu du délit, et qu'elle veut et entend que l'ordonnance soit exécutée et observée selon sa forme et teneur, tout ainsi qu'elle étoit auparavant, et chaque juge maintenu dans le droit de connoître des crimes commis dans l'étendue de son ressort, conformément à l'article 1er du titre 1er de la même ordonnance ; et en conséquence, enjoint aux officiers et cavaliers desdites nouvelles maréchaussées, lorsqu'ils arrêteront des prisonniers, s'ils prétendent que les cas soient prévôtaux, de faire juger leurs compétences aux présidiaux les plus prochains du lieu de la capture, suivant l'article 15 du titre second de ladite ordonnance, et auxdits présidiaux, après avoir jugé si le cas est prévôtal ou non, d'en délaisser la connoissance aux autres présidiaux et juges à qui elle se trouvera appartenir, soit que leur ressort soit dans l'arrondissement de la maréchaussée qui aura fait les captures ou non.

En effet, en assignant les quartiers de chaque brigade, on a eu seulement en vue de les établir à portée de se pouvoir joindre dans le besoin, et de les distribuer dans les lieux où on a cru que la résidence de chacune pouvoit le mieux procurer la sûreté publique ; et comme on n'a point suivi dans cette distribution l'ordre des juridictions, il est à présumer aussi qu'on n'a pas prétendu le changer ni intervertir les ressorts.

On a pris dans les lieux de résidence de chaque maréchaussée des maisons particulieres pour servir de caserne ; il n'a point été pourvu par aucun ordre général au payement des loyers, qui sont dus aux propriétaires depuis cinq années environ.

M. Dorsay y a mis ordre dans la généralité de Limoges, pour l'avenir, en ordonnant en chaque lieu de son département où les brigades résident une imposition de la somme de 50 livres par an, et de 100 livres où il y en a deux, pour être payée entre les mains de celui qui y commande, moyennant quoi, c'est à la troupe à se pourvoir de logement convenable à ses frais et dépens, ce qui a commencé en 1725 et continué en 1726, les arrérages antérieurs demeurant cependant en souffrance.

Comme il n'a rien été fait de semblable dans les lieux qui dépendent de la généralité de La Rochelle, les choses y sont toujours à cet égard au même état.

Le parti de cette imposition paroît bon ; on croit seulement qu'au lieu de la faire en particulier sur chaque lieu de résidence, on pourroit la répandre sur le général de chaque élection, ne paroissant pas juste qu'une poignée d'habitants de chacun de ces lieux, sous prétexte qu'on les a choisis pour servir de quartier à une brigade par rapport à leur situation, fournissent seuls aux frais de son logement, puisque l'établissement des maréchaussées en général, et chaque troupe en particulier, contribue à la sûreté publique et à l'utilité générale de tous les autres endroits aussi bien que du plat pays.

Juridiction consulaire. — La bourse fut établie à Angoulesme le 23 décembre 1710, en vertu de l'édit du mois de mars précédent.

Tout s'éleva alors contre cet établissement, mais les oppositions qu'on y forma ne purent prévaloir contre l'esprit de nouveauté, qui est toujours favorisé en France.

C'étoit auparavant le lieutenant général de la sénéchaussée qui exerçoit cette juridiction, en conséquence d'un arrêt contradictoire du Parlement de Paris, obtenu par feu M. d'Argenson en 1690; et, suivant un ancien usage et possession, il jugeoit seul ces matieres sommairement et conformément à ce qui est prescrit à cet égard.

Cette juridiction est tenue à présent par une troupe de gens ameutés, dont la plus grande partie ne méritent pas le nom de marchands, n'étant communément que de simples détailleurs des choses les plus viles, et gens du plus bas étage.

Cependant ces gens-là, éblouis de leurs fonctions, ne laissent pas d'être d'un orgueil outré; ils affectent une indépendance absolue, et ne veulent reconnoître aucun supérieur. Ils ont présenté en dernier lieu une requête au Conseil, dans laquelle, entre autres choses, ils demandent que, sans s'arrêter aux arrêts de défenses du Parlement de Paris, leurs jugements soient exécutés nonobstant appel.

Ils entreprennent continuellement sur les fonctions de tous les tribunaux de la province, et s'attribuent la connoissance de tout, soit que les matieres soient consulaires ou non.

Ils condamnent consulairement les simples laboureurs pour le prix de bœufs qu'ils achetent pour leurs labourages, quoiqu'ils ne soient rien moins que marchands et qu'ils n'achetent pas pour revendre.

Mais la désertion des autres tribunaux de justice, la multiplicité des emprisonnements des sujets du Roi, et les autres maux que l'incompétence et l'ignorance de ces juges causent, sont encore au-dessous de ceux que produit l'esprit de cabale qui regne parmi eux. Comme la plupart sont sans biens et néanmoins accablés de dettes, et les autres en mauvaise disposition d'acquitter celles dont ils sont chargés, quoiqu'en état de s'en libérer s'ils vouloient, ils se tiennent la main successivement pour arrêter leurs créanciers, lorsqu'ils se trouvent en année d'exercice, en refusant de répondre les requêtes, et de prononcer les condamnations qui sont demandées contre les uns et les autres, ce qui constitue autant de dénis de justice au public, et une espèce de droit de lettres de répit qu'ils s'arrogent.

Les déclarations du Roi qui leur prorogent tous les ans la connoissance des faillites et banqueroutes, à l'exclusion des juges ordinaires, les autorisent de plus en plus à abuser de leur pouvoir, et c'est, si on l'ose dire, mettre l'épée aux mains des furieux, que d'ajouter aux fonctions de semblables juges,

On ne veut pas dire que l'établissement des juridictions consulaires en général ne soit fort utile : il tend à abréger les procès entre les marchands, qui ne doivent pas être détournés de leur commerce pour suivre les longueurs et les détours de la chicane et sont présumés ignorer les subtilités du droit; la seule bonne foi doit dans le fait servir de regle pour une prompte décision de leurs contestations; mais ces considérations n'ont autrefois donné lieu à établir des bourses que dans les grandes villes commerçantes, où, d'un côté, le grand nombre de gros négociants, riches, gens d'honneur et de poids, et intelligents pour le fait de marchandises, font remplir ces juridictions de sujets capables de bien administrer ces sortes de justices; et, d'un autre, les plus fréquentes affaires qui s'agitent dans ces lieux de négoce se trouvant concerner les matieres consulaires, il est devenu nécessaire et utile d'y établir cette sorte de juridiction. L'extension qu'on en a faite depuis en d'autres lieux, où semblables motifs ne se rencontrent pas, a dégénéré en abus, et surtout à Angoulesme, où cet établissement entraîne les inconvénients de la nouveauté, sans y rien apporter de bon.

Cependant les particuliers, excités, les uns par l'espérance de gagner un mauvais procès qu'ils veulent dérober à la lumiere des juges ordinaires, les autres flattés de l'apparence d'une briéveté qui ne se trouve pas communément dans les autres tribunaux, sans considérer les inconvénients et les suites d'une mauvaise décision; d'autres croyant éviter le coût d'une grosse procédure, quoique en événement il leur en coûte autant, ou poussés d'animosité contre leurs parties, sur lesquelles ils veulent obtenir des contraintes par corps ; ou bien enfin gagnant facilement des juges d'un bas état, qui n'ont rien d'engagé dans leurs fonctions, portent par préférence leurs affaires à ce tripot, ce qui ruine entierement la juridiction des présidiaux, qu'il seroit de l'intérêt public de conserver, afin que les sujets du Roi trouvassent un tribunal éclairé et integre dans la province, pour juger en dernier ressort toutes les petites affaires au premier et au second chef de l'édit.

Enfin la vanité et l'inquiétude des juges-consuls d'Angoulesme leur ont fait imaginer de venir aux processions publiques avec des robes semblables à celles du président à mortier, non-seulement dans l'année de leur exercice, mais encore de s'y faire suivre par tous ceux qui ont passé par le consulat depuis leur établissement, aussi en robes magistrales, ce qui, à succession de temps et après la révolution d'un certain nombre d'années, tend à faire paroître en rang dans les processions publiques presque tous les habitants du bas état de la ville, revêtus des marques extérieures de la magistrature, et à donner en spectacle au public un corps monstrueux composé peut-être de deux cents personnes.

Une idée aussi chimérique fait néanmoins l'objet de leur principale prétention, et un des chefs du grand procès qu'ils ont intenté, et qui est pendant au Conseil en conséquence de l'évocation qu'ils y poursuivent d'une instance qui étoit auparavant pendante au Parlement de Paris, dont la justice leur est suspecte.

Élection. — Le bureau de l'élection d'Angoulesme est composé d'un président, qui est le sieur Préveraud des Deffants, qui tient sa charge à titre successif paternel, et l'exerce avec beaucoup d'intelligence et de probité depuis plus de quarante ans; il jouit de 484 livres de gages. Cette charge est estimée valoir 20,000 livres.

Un lieutenant qui a 602 livres de gages Il est titulaire de vingt-trois ans et avoit acheté sa charge 16,000 livres.

Trois élus, l'un qui jouit de 602 livres, l'autre de 575, et le troisieme de 536.

Les charges d'élus étant possédées depuis longtemps de pere en fils, il ne paroît pas ce qu'elles se peuvent vendre; mais on estime qu'elles peuvent valoir 10 à 12,000 livres.

Un procureur du Roi aux gages de 413 livres. Cette charge fut achetée par le présent titulaire, au mois de juillet 1724, 27,000 livres.

Et un greffier qui jouit de 588 livres de gages, outre ses émoluments. Cette charge vaut 20,000 livres.

Il y a quelques gages, communs pour tout le corps, d'environ 548 livres.

L'élection d'Angoulesme comprend deux cent soixante-onze paroisses, enclaves ou rôles, y compris la ville d'Angoulesme (1), qui n'est pas néanmoins taillable. Il est seulement ordonné par la

---

(1) V. la note XIII à la fin du Mémoire.

commission des tailles que sur la somme à laquelle l'élection est réglée chaque année il en sera pris celle de 2,000 livres pour subsistance, qui sera payée par la ville d'Angoulesme ; en outre, on impose encore annuellement sur la ville une somme de 1,800 livres pour subvention. Ces deux sommes jointes font celle de 3,800 livres, qui est toujours fixée pour l'imposition annuelle de la ville, sans augmentation ni diminution, soit que la taille augmente ou diminue, et toujours sous les seuls titres de subsistance et de subvention, jamais sous celui de taille ; et toutes les fois qu'on a tenté d'y assujettir Angoulesme, les habitants s'en sont continuellement fait décharger sur le fondement de leurs priviléges.

Le détroit de l'élection d'Angoulesme s'étend principalement du côté du Périgord et du Poictou, et encore plus du côté du Limouzin. Presque toute la partie de l'Angoumois qui avoisine la Xaintonge est de l'élection de Coignac et de celle de Saint-Jean-d'Angély, toutes deux de la généralité de la Rochelle.

Cette derniere élection étoit autrefois de la généralité de Limoges ; elle en fut distraite en..... (1), pour joindre à la nouvelle généralité de la Rochelle qui fut établie alors.

Il y a diverses paroisses de l'élection de Saint-Jean qui sont enclavées au milieu de celles de l'é-

---

(1) En 1694. — (V. Divisions financières de la France avant 1789, par M. de Fréville, dans l'*Annuaire historique*, publié par la *Société de l'histoire de France*, année 1840.)

lection d'Angoulesme, d'autres situées au delà de la ville de ce nom, par laquelle il faut que les collecteurs et autres habitants de ces paroisses passent pour porter l'argent provenant de leurs impositions à la recette de Saint-Jean, ou pour y traiter de leurs autres affaires; et d'autres paroisses enfin sont à l'extrémité de l'Angoumois, joignant au Poictou et au Limouzin; en sorte que quelques-unes se trouvent situées à treize et quatorze lieues de Saint-Jean, et les autres à onze, neuf ou huit lieues de pays au moins, c'est-à-dire, les unes à vingt-cinq ou trente lieues de France de distance de ce chef-lieu de leur élection, et le surplus à vingt, dix-huit, et pour le moins quinze lieues.

Il est encore à remarquer que quelques-unes de ces paroisses ou enclaves éloignées sont si petites, composées d'un si petit nombre de feux, et conséquemment chargées d'impositions si modiques, qu'une seule contrainte d'archer lâchée par le receveur, ou un seul voyage des collecteurs, en égale le produit.

M. le contrôleur général voulant mettre plus de regle à cet égard dans les départements, écrivit une lettre circulaire à MM. les intendants, au mois de juillet 1724, par laquelle il leur demandoit un plan pour la réunion des enclaves, hameaux et écarts, aux clochers dont ils dépendent pour le spirituel, afin de les réduire sous un seul et même rôle, la division et séparation qu'on en a faite, au passé, en rôles différents, nuisant infiniment aux recouvrements et à la facilité du travail des receveurs, et produisant d'ailleurs par la multiplicité des collecteurs un plus grand nombre de frais également inutiles et onéreux.

Cette opération paroîtroit assez facile dans le cas où le clocher et les parties qui en ont été séparées se trouvent de la même élection ; mais lorsque le chef-lieu de la paroisse pour le spirituel se trouve dans une autre élection, et quelquefois même dans une autre généralité que celle dont dépendent les écarts, en ce cas, cela seroit un sujet à quelques discussions.

La lettre de M. le contrôleur général marquoit aussi que l'arrondissement des élections, et même des généralités, seroit encore infiniment avantageux : on ne sait pourquoi un projet aussi utile n'a pas été suivi d'exécution. Il ne s'agiroit que de nommer des commissaires de chaque généralité et élection pour régler les limites dans ces derniers cas, faire des échanges et remplacements des unes aux autres, les plus à portée, et ensuite régler les dédommagements et remboursements qui se trouveroient dus aux officiers des élections, et aux receveurs des tailles, dont les charges souffriroient une diminution de droits par ces changements.

L'élection d'Angoulesme est composée de deux cent soixante et onze paroisses ou enclaves, les unes d'une plus grande étendue, les autres plus resserrées, et plus ou moins chargées d'impositions à proportion du nombre des feux et des facultés des habitants de chacune. Elle s'étend principalement dans la partie de l'Angoumois qui tire vers le Périgord, le Limouzin et le Poictou ; l'autre partie, qui avoisine la Xaintonge, dépend presque toute de l'élection de Coignac, généralité de la Rochelle. Les paroisses comprises dans cette derniere élection sont communément en meilleur pays et plus riches que les autres, surtout dans le temps que les vins et les eaux-de-vie ont leur débit.

Les paroisses de l'Angoumois qui tirent vers le Limousin ne payent leurs impositions qu'autant que le commerce du gros bétail a cours, et n'y peuvent satisfaire à présent qu'il est tombé

Celles qui avoisinent le Périgord et le Poictou subsistent par les blés, et quelques-unes, en tirant vers la Xaintonge, par les vignobles; mais les grêles qui en ont endommagé la récolte derniere, et la consommation des grains dans les familles, ne laissant aucune ressource pécuniaire, les recouvrements y sont devenus très difficiles.

Finances.

Depuis l'année 1670 jusqu'à 1698, la taille paroît avoir augmenté de près d'un cinquieme.

En 1718, la taille fut poussée à 517,136 livres;
En 1719, à 655,518 livres;
En 1720, à 614,478 »
En 1721, à 647,986 »
En 1722, à 692,020 »
En 1723, à 648,233 »
En 1724, à 678,853 »
En 1725, à 658,133 »

Et en 1726, à 543,137 livres de principal, 1,870 livres de subvention, 232,980 livres de capitation,

28,297 livres 10 sous d'abonnement pour les nouveaux droits, et 74,634 livres de fourrage.

Les autres natures d'impositions y ont augmenté à proportion.

Les malheurs arrivés au Limouzin par la mortalité des châtaigniers, causée par la grande gelée survenue en 1709, obligerent d'en diminuer considérablement les impositions; mais les besoins de l'État ne permettant pas de faire supporter cette perte au Roi, on envoya le fardeau sur l'élection d'Angoulesme, qui s'en trouva fort surchargée.

M. de Breteuil ayant reconnu dans les derniers temps que le Limouzin s'étoit rétabli, et qu'au contraire l'élection d'Angoulesme étoit embarrassée et payoit plus difficilement, eut attention à la diminuer à son tour, à chaque département, pendant les années de son intendance. Il y a lieu d'espérer que M. Dorsay continuera et observera la même chose jusqu'à ce que l'équilibre des impositions ait été rétabli dans toute la généralité.

Le 4 octobre 1715, feu Monseigneur le duc d'Orléans, régent, écrivit une lettre circulaire à tous MM. les intendants du royaume, pour avoir leur avis sur un réglement général qu'il se proposoit de faire pour les tailles, afin qu'après avoir examiné les différents inconvénients qui arrivent dans leur imposition et les abus qui s'y commettent, on pût recourir aux remedes qu'il convenoit d'y apporter pour rendre aux sujets du Roi la justice qui leur étoit due.

Le sieur Gervais ayant été chargé de composer un mémoire responsif, tant pour l'élection d'Angoulesme en particulier que pour toute la généralité de Limoges, fournit un mémoire dont l'extrait suit, et qu'on croit devoir encore rappeler ici, puisque les besoins de la province et le meilleur ordre qu'on y pourroit établir sont toujours susceptibles des mêmes réflexions.

Extrait d'un mémoire concernant la taille.

Le dessein de pourvoir au soulagement des taillables est digne de l'attention du Gouvernement, et mérite une application particuliere.

Il n'y a que trop longtemps qu'on sembloit négliger ce soin; on a laissé tarir et épuiser ces premieres sources, qui contribuoient par leur concours à en former de plus grandes. En ruinant les laboureurs, on a appauvri la noblesse, arrêté le cours du commerce intérieur du royaume, et causé un très-grand préjudice tant aux sujets du Roi qu'aux propres intérêts de Sa Majesté.

La culture des terres est importante dans tous les États du monde; mais elle est peut-être encore d'une plus grande nécessité en France qu'ailleurs. Le pays y est serré et fort peuplé, et pour peu que les ensemencements manquent, la récolte n'est plus assez abondante pour suffire à la nourriture des habitants, surtout dans les années de stérilité.

On peut se rappeler les malheurs des derniers temps. Nous avons presque éprouvé les plus cruelles extrémités de la famine. Les soins vigilants des personnes publiques n'en auroient pas garanti sans les secours étrangers; il a fallu passer les mers pour tirer des grains des autres États, et y transporter pour cela des sommes immenses qui ne rentreront plus dans le royaume par les mêmes voies.

Les pressants besoins de l'État ont attiré en dernier lieu un surcroît de charges extraordinaires sur la campagne; le nombre des misérables s'y est multiplié à l'infini, et ils n'ont pu trouver de ressources pour se remettre. Tel qui avoit plusieurs cheptels qui lui produisoient un gros revenu, et qui aidoit en même temps à l'engrais et à la culture des terres de ses voisins, s'est trouvé obligé de se réduire au seul bétail de son domaine; tel autre qui tenoit deux bœufs, les a réduits à un seul ou à une vache; et tel enfin qui avoit quelques bestiaux à lui, d'une ou d'autre espece, n'en a plus eu du tout; ce qui a été cause que la moitié des terres labourables sont demeurées en friche, et que les particuliers qui conservoient auparavant des grains d'une année à l'autre et en fournissoient les marchés, en ont eu à peine suffisamment pour leur subsistance pendant le cours de l'année.

De là sont venues les désertions des marchés publics et les exactions des usuriers. Quelques particuliers ont fait de grosses fortunes dans les fermes des grandes terres; mais le peuple, qui a tiré jusqu'à la dernière piece pour vivre, a été réduit à un état qui n'est bien connu que de ceux qui l'ont vu de près; les recouvrements des deniers royaux ont langui, et les plus rigoureuses contraintes n'ont servi qu'à faire des frais monstrueux qui ont achevé d'ôter aux malheureux les moyens de payer.

Lorsqu'on veut se donner la peine de consulter les anciens baux de fermes dés dîmes des paroisses, et les autres vieux documents des productions des domaines, on est surpris de la grande diminution du produit des terres.

C'est de la pauvreté des paysans que provient cette différence des temps précédents d'avec ceux-ci; leur malheur a encore influé sur les gens des autres conditions; tout s'est ressenti par communication de la misere des laboureurs. Les seigneurs n'ont plus trouvé la même aisance chez leurs tenanciers pour la perception de leurs droits seigneuriaux ou pour le débit de leurs denrées; la noblesse, qui a le plus communément ses biens en fonds de terre, n'a plus les mêmes ressources dans ses revenus, ce qui, la mettant dans l'impuissance de frayer aux mêmes dépenses, l'a mise hors d'état de payer les marchands, avec lesquels elle n'a fait d'affaires que par la voie de l'emprunt, qui a entraîné la ruine des créanciers aussi bien que celle des débiteurs. Presque toutes les terres ont été décrétées; les propriétaires, d'un côté, en ont été dépouillés, et les prix d'adjudication, d'un autre, n'ont pas suffi, le plus souvent, au payement de la moitié des dettes.

C'est ainsi qu'un mal qu'on a négligé dans son principe est devenu très-grand dans ses conséquences.

Il seroit donc plus important qu'on ne peut croire de mépriser moins l'état des laboureurs, d'avoir une attention plus sérieuse à leur soulagement, de remettre la campagne non-seulement sur le pied qu'elle étoit avant les dernieres guerres, mais de remonter encore plus haut, jusqu'à des temps plus heureux, du moins à l'époque de son état il y a environ soixante ans, à moins qu'on ne voulût encore faire mieux, en faisant la condition des paysans semblable à celle des États voisins. C'est le seul moyen de rétablir le dedans du royaume, d'y reproduire l'abondance, de se mettre à couvert des extrémités passées, de remplir les veines et les ruisseaux de l'État, de lier un commerce réciproque et fructueux entre les sujets de toute condition, d'établir la circulation de l'argent, qui n'est pas moins nécessaire dans le corps politique que l'est celle du sang dans le corps naturel, de faire renaître une heureuse abondance, et de rendre l'État florissant.

La vue de faire de nouveaux réglements dans les tailles, pour en rendre les impositions plus égales et les recouvrements plus faciles, n'aura pas son succès si on ne commence par les diminuer, et supprimer en même temps les autres levées extraordinaires, surtout la capitation et le dixieme, à quoi on n'auroit jamais dû assujettir les simples rustiques. Ces impositions, en général, sur ces sortes de gens, ne sont pas d'un fort gros objet pour le prince, à cause de la modicité des taux particuliers; et cependant, pour peu qu'elles soient surchargées, elles réduisent à la mendicité une infinité de gens.

C'est l'excès des impositions générales qui en a rendu les répartitions plus difficiles. Chacun a cherché à se garantir de leur excès par toutes sortes de moyens, ce qui est cause que les abus dont on se plaint se sont glissés et ont tourné à l'oppression des misérables. Dès que la premiere imposition sera réduite à une taille modérée, ces même abus commenceront à cesser, et pour peu qu'on tienne d'ailleurs la main à l'exécution de ce qui est projeté, les choses reprendront insensiblement leur premier état, et se remettront avec le temps en regle.

Les peuples esperent cette faveur des intentions bienfaisantes de Son Altesse Royale, de leur faire goûter à longs traits les doux fruits de sa régence. On peut apporter quelques regles dans l'imposition et la levée des tailles, que les besoins de l'État, chargé de dettes, obligeront de continuer encore un temps.

Voici les observations qu'on a faites sur ce sujet : Il faut donner une déclaration qui renouvellera la publication des édits et déclarations de Sa Majesté, arrêts et réglements des mois de mars 1600, janvier 1634, octobre 1665, et autres rendus en conséquence ou depuis. Ces réglements contiennent de fort sages dispositions; et comme ils auroient été composés en des temps de ministres éclairés, avec de grandes réflexions et une connoissance éprouvée des abus qui s'étoient glissés en différents temps dans les impositions et levées des deniers royaux, et qu'ils sont fort étendus, on y a pourvu presque à tous les mêmes cas dont on propose aujourd'hui la réformation. Un nouveau réglement général ne pourroit donc contenir que les mêmes dispositions, dont la répétition dans le détail semble inutile. Il suffira d'ordonner l'exécution des susdatées, en s'attachant à les maintenir en vigueur, sans tomber dans l'abus des autres lois du royaume, qui sont, de l'aveu de tous, les plus belles du monde, mais les plus mal observées.

On peut répéter quelques-uns des articles de ces anciens réglements, comme plus importants, et en ajouter de nouveaux, ce qui se réduiroit à ce qui suit :

1° Faire défense aux receveurs des tailles de requérir des taxes d'office, sans connoissance de cause, et autrement que sur des preuves écrites, faisant pleine foi de la consistance des biens de ceux contre lesquels ces sortes de taxes devront être faites, et sans que les taxes puissent jamais excéder un vingtieme de l'imposition générale de la paroisse, sauf à les réduire au-dessous, s'il y échoit, et à la charge encore qu'il n'y en pourra avoir que deux ou trois au plus dans les paroisses de 1,000 livres de tailles, et dans celles au-dessus ou au-dessous à proportion, le tout à peine de concussion contre les receveurs, et de pertes des taux d'office, en leurs propres et privés noms.

L'usage immodéré des taxes d'office est un des plus grands abus qui se soient introduits dans les tailles; il n'a été imaginé et n'est entretenu que pour l'intérêt bursal des receveurs, ou par l'aveugle conduite de ceux qui n'entrent que superficiellement dans la connoissance des affaires. C'est par les taxes d'office, provoquées souvent par des mémoires secrets, que les malhonnêtes gens satisfont leurs passions et leurs vengeances; c'est la source de l'autorité monstrueuse des receveurs; c'est par cette voie que ceux dont ils sont les pensionnaires ou qui les accablent de présents s'érigent en petits tyrans dans les paroisses; et c'est enfin par cette politique mal entendue qu'on a ruiné sans ressource non-seulement ce qu'on appelle les coqs des paroisses, qui faisoient subsister les autres en leur prêtant bestiaux, blés et argent, mais encore qu'on a achevé de perdre ceux à qui on a voulu faire croire qu'ils étoient riches, quoique leur fortune fût souvent des plus médiocres, ce qui a entraîné d'un côté la chute des meilleures familles, et a causé d'ailleurs les injustices les plus criantes.

2° Faire défense aux receveurs des tailles de se servir en même temps dans leurs contraintes d'huissiers à cheval et d'archers à pied, vulgairement appelés fusiliers ; ordonner qu'ils n'emploieront que les uns ou les autres, à peine de concussion, nullité de taxes desdits huissiers à cheval, restitution du quadruple et autres plus grandes peines, sauf, dans les élections où il est d'usage de se servir d'archers à pied, d'employer pareillement des huissiers à cheval lorsque les collecteurs le requerront pour faire faire, en vertu de leurs rôles, des exécutions mobilieres ou des saisies de fruits, à leurs requêtes, sur les cotisés, ou lorsqu'il s'agira de contraintes personnelles, à la requête du receveur, contre les collecteurs, ou contre les solidaires dans les cas où les solidarités peuvent être exercées, suivant ce qui est prescrit par les réglements.

3° Que les salaires des huissiers à cheval seront taxés à raison de 3 livres 10 sols par jour seulement, ou moins, dans les lieux où il est d'usage de les taxer au-dessous, avec défense de taxer par procès-verbaux de saisies ou exécutions; à peine de nullité des taxes et de restitution du quadruple de ce qui aura été exigé au delà.

4° Que lesdits huissiers à cheval seront tenus de laisser au greffe de l'élection la date du jour de leur départ et de celui de leur retour, ensemble les noms des paroisses et lieux où ils seront allés, l'état des séjours qu'ils y auront faits, si on n'aime mieux les charger de remettre audit greffe des duplicatas tout au long de leurs procès-verbaux de marche, pour y avoir recours dans le cas de contravention.

5° Qu'il ne pourra être taxé auxdits huissiers à cheval qu'une demi-journée sur chaque paroisse de proche en proche de 1,000 livres de taille et au-dessous, sauf à diviser encore les journées en moindres parties lorsque le même huissier aura passé par plus dè deux paroisses en un même jour; pour la vérification de quoi lesdits huissiers seront tenus de faire soussigner leurs procès-verbaux d'entrée et de sortie desdites paroisses par le curé, syndic ou autre personne publique, ou par deux des principaux habitants de chacune desdites paroisses.

6° Que défenses seront faites auxdits huissiers à cheval de séjourner plus d'un jour dans chaque paroisse au delà de 1,000 livres jusqu'à 3,000 livres de tailles, et plus de deux journées dans celles depuis 3,000 livres et au-dessus.

7° Que dans les paroisses imposées au-dessous de 3,000 livres, il ne pourra être fait emploi que d'un seul huissier à cheval, et n'en pourra être employé plus de deux dans les paroisses taxées à 3,000 livres et au-dessus, à quelque somme que l'impôt puisse monter, le tout sous les mêmes peines que dessus.

8° Que le procureur du Roi de l'élection pourra se faire représenter les registres des contrôles des exploits, et en retirer des extraits gratis, pour vérifier si lesdits huissiers n'ont point instrumenté pour autre cause dans les cinq jours de leur emploi au fait des tailles, auxquels cas ils seront condamnés à la restitution du double de leurs taxes et en une amende, sauf plus grandes peines dans les récidives.

9° En ce qui concerne lesdits archers à pied, leur enjoindre pareillement de laisser la date du jour de leur départ et de celui de leur retour aux greffes des élections; que le greffier en tiendra à cet effet un registre exact et en bonne forme, sur papier non timbré, coté et paraphé par le président ou par le premier officier de l'élection; faire défense auxdits archers à pied d'exiger leurs salaires en entier des collecteurs de chaque paroisse, lorsqu'ils n'y auront pas séjourné l'espace de vingt-quatre heures; ordonner qu'ils seront tenus de prendre un certificat signé d'une personne publique, ou d'un des principaux habitants au moins, du jour et heure de leur entrée et sortie de chaque paroisse, et de remettre lesdits certificats au greffe de l'élection dans le deuxieme jour, le tout à peine de punition.

10° Que les receveurs seront tenus de dater leurs contraintes et leurs sursis du jour qu'ils les délivreront; faire défense de décerner de nouvelles contraintes sans observer un intervalle d'un mois, et sans pouvoir insérer dans leur sursis la clause de: *jusqu'à nouvel ordre;* à eux enjoint d'y marquer précisément le prochain délai qui sera indiqué aux collecteurs pour faire un nouveau payement, le tout à peine de concussion. Par là on remédiera aux cruels abus qui se commettent dans les recettes, où l'on décerne impunément des secondes contraintes trois ou quatre jours après les premieres, en sorte que, dans les paroisses éloignées des bureaux, les collecteurs ont à peine fait un payement à la faveur duquel ils ont obtenu un de ces ridicules sursis de : *jusqu'à nouvel ordre*, qu'ils sont suivis presque aussitôt des archers, qui ne leur donnent pas le temps de respirer, et tout le temps de la collecte de ces malheureux s'emploie à une circulation continuelle de voyages, ce qui les consomme en frais, pour la répétition desquels ils abîment à leur tour les cotisés.

11° Que défenses seront faites aux receveurs de se servir de plus de six huissiers à cheval, et de plus de trente archers à pied dans les élections de 200,000 livres de tailles, et à proportion dans celles d'une imposition au-dessus ou au-dessous, sous les peines prédites.

12° Que les receveurs seront tenus à chaque département de mettre aux greffes des élections des états des huissiers à cheval et des archers à pied dont ils entendent se servir, contenant leurs noms, surnoms et demeures; de la conduite desquels, par le fait de leur emploi, lesdits receveurs demeurent civilement responsables.

13° Que défenses seront faites auxdits receveurs de retenir aucune chose sur les taxes, droits et salaires desdits archers, à pied ou à cheval, soit sous prétexte de composition volontaire, droits de papier, frais d'impression ou autrement, à peine de concussion.

14° Que lesdits huissiers à cheval seront officiers

de juridictions royales ou archers de maréchaussées ayant faculté d'exploiter, pourvus, reçus et immatriculés et bien famés, à peine de nullité de leurs procès-verbaux et de radiation de leurs taxes.

15° Que défenses seront faites auxdits receveurs de décerner aucune contrainte contre les paroisses pour les nouvelles impositions de chaque année, qu'un mois après la date de la remise des commissions faites aux collecteurs ou habitants, et qu'à cet effet l'on prorogera par lesdites commissions, lors de leur envoi, le temps du délai des premiers payements, étant également ridicule et injuste de contraindre comme on fait au commencement de janvier les collecteurs pour le payement du quartier de décembre qu'on déclare lors échu, encore que les commissions ne leur aient pas été quelquefois délivrées, et qu'il n'ait pas été en leur pouvoir de lever, ni même d'imposer. Il est vrai que les contraintes qu'on fait cette fois-là ne sont que figurées et se réduisent à un procès-verbal d'exécution de meubles feinte, mais il n'est pas moins vrai que ce procès-verbal est taxé, et qu'on en exige les frais et le payement, comme de la dette du monde la plus légitime : c'est là un des articles qualifiés revenant bons des charges de receveurs par la lettre de Son Altesse Royale.

16° Que les receveurs seront tenus, à la fin de chaque année, de mettre aux greffes des élections un état signé et certifié véritable de tous les frais dont ils se seront fait payer dans l'étendue de chaque élection pendant le cours de l'année.

17° Abroger absolument tant le titre que les fonctions ou commissions de commissaires aux tailles.

18° Réunir en chaque élection toutes les fonctions de receveurs anciens et alternatifs, en la personne seule de l'ancien pourvu, sauf la réserve des gages et appointements au dernier reçu, lequel pourra revenir en fonctions en roulant, en cas de mort ou mutation dudit premier officier. Cet article est absolument nécessaire pour éviter au peuple la multiplicité des frais et l'excès de vivacité dans les contraintes. Il arrive que dans les élections où il y a deux receveurs différents chacun s'empresse d'enlever aux pauvres gens de la campagne leurs fruits incontinent après leur récolte; ils décernent des contraintes à l'envi pour profiter au préjudice l'un de l'autre de ce qu'ils sentent à ces malheureux, lesquels seroient sans doute moins pressés et ne seroient pas exposés à de doubles frais s'ils n'avoient affaire qu'à un seul.

19° Enjoindre aux receveurs d'avoir des commis gagés âgés au moins de 27 ans et ayant prêté serment aux élections, lorsqu'ils ne pourront exercer ou suffire en personne à l'exercice de leurs recettes; leur faire défense de les faire régir par leurs femmes ni de se servir de leurs domestiques à cet emploi.

20° Faire défense aux gentilhommes, sous de très-rigoureuses peines, d'user des voies de fait envers les collecteurs et autres habitants des paroisses, de les maltraiter ni intimider, de faire faire les rôles en leur présence ni dans leurs châteaux et maisons, et de s'immiscer en aucune maniere, directement ou indirectement, dans le fait des tailles et autres impositions; ordonner que sur les dernieres plaintes qui seront faites à ce sujet contre eux, il sera procédé à la taxe d'office de leurs métairies et borderies. Les anciens et nouveaux réglements portent inutilement les mêmes défenses; en vain les renouvelle-t-on chaque année par les commissions des tailles: cela a dégénéré en simple style. Les gentilhommes de la campagne, qui font profession communément de violences et d'injustices, sont incorrigibles sur ce sujet, principalement dans les provinces éloignées du soleil, et le seront toujours, à moins qu'on n'interpose l'autorité royale pour les réprimer; ils sont d'ailleurs ennemis déclarés des impositions et des levées, oppresseurs et persécuteurs-nés des rustiques, et contribuent le plus à la misere et à la dureté de leur état.

Observations particulieres sur le contenu de la lettre de Son Altesse Royale.

Le dessein de mettre l'égalité dans les impositions est inexécutable dans le détail; tout ce qu'on peut faire, c'est de mettre une juste proportion dans les premiers départements sur chaque élection. Après cela, il ne faut pas s'attacher à établir une regle d'égalité entre les particuliers, ce serait une idée chimérique; d'ailleurs il faut laisser aux collecteurs la liberté de faire leurs rôles, puisqu'ils en sont responsables. Il n'est pas si fort à craindre qu'on le pourroit croire qu'ils surchargent les misérables; il est de leur intérêt de ne pas grossir les taux suspects d'insolvabilité.

A l'égard des protections que les principaux habitants des paroisses se prêtent mutuellement en passant et repassant les uns et les autres par la collecte, l'abus n'en est peut-être pas aussi grand qu'on se l'imagine. Il est important pour les ressources du bien public et pour la sûreté des deniers royaux qu'il se trouve dans les paroisses de ces gens plus aisés que le commun qui se soutiennent les uns les autres : ils sont toujours prêts pour les collectes onéreuses ; ils sont en état de faire des avances aux autres collecteurs, et pour la paroisse ; ils garnissent le plus possible le pays de bestiaux, et font subsister sous eux une infinité de pauvres qui tomberoient sans leur secours.

La plupart de ceux qui sont les plus nécessiteux dans les paroisses sont pour l'ordinaire des mauvais travailleurs, des ivrognes et des fainéants ; ils ne laissent pas de payer assez exactement leur taille à quelque somme qu'ils soient imposés, prenant soin d'y proportionner leur travail ou leur économie, mais n'allant jamais au delà. Si on s'avise de les diminuer de taille, ils ne la payeront pas mieux et n'en seront pas plus riches au bout de l'an, tandis que les autres sur lesquels on feroit tomber le montant de cette diminution en seroient accablés. Ceux qui semblent plus riches ne le sont pas toujours véritablement, et la fortune des autres, qui est en effet plus considérable, ne s'est grossie le plus souvent que par leur assiduité à un grand travail et par une sage économie. Ce sont de bons membres de la république qu'il ne faut pas détruire ; et si, sous ces fausses apparences d'une égalité mal entendue, on surcharge ces derniers, on les aura bientôt réduits au même état que les autres, c'est-à-dire que tout se trouvera à la fin dans le même état de gueuserie, ce qui privera la campagne des ressources nécessaires pour son rétablissement et fera tomber les recouvrements. En ce qui concerne les effets non saisissables, il est à propos d'y comprendre non-seulement les bœufs et vaches de labourage et de tire, mais encore les veaux de tous âges, et généralement tous les bestiaux servant à la culture ou à l'engrais des terres, de quelque espece qu'ils puissent être, rien n'étant plus important pour remettre la campagne et engraisser le public et les particuliers, que d'y laisser croître et multiplier toutes sortes de bestiaux.

Cette attention est encore plus nécessaire dans la généralité de Limoges qu'ailleurs. Comme la branche y fournissoit la moitié de la subsistance des habitants, les effets de la gelée de 1709, qui a détruit les arbres à fruits, et principalement les noyers et châtaigniers dont tout le pays était couvert, y ayant été plus fâcheux que dans les autres provinces du royaume, il est plus important d'y pourvoir. Le Limouzin en particulier, dont les principaux revenus ne consistent qu'en péages, ne peut se refaire que par le bétail.

Quant aux grains, il faudroit que par la déclaration du Roi projetée il fût fait défenses indéfiniment aux collecteurs d'en saisir aucun, lorsqu'ils sont engrangés et serrés, et qu'on leur permît seulement de les faire saisir sur pied jusqu'à concurrence des deux tiers de la portion du propriétaire cotisé; réservant le surplus pour les semences et pour ses autres besoins, avec défense de toucher à la portion du colon non métayer exploitant les terres des propriétaires qui ne tiennent pas de bétail. Sans cette précaution, la moitié des domaines et surtout ceux des veuves, des orphelins et des plus malheureux demeurent incultes.

Faire défense, sous peine de punition corporelle, aux collecteurs d'enlever les tuiles, toits, portes et planchers, ni de saisir et déplacer aucun meuble tenant à fer ou clous, ou scellé en plâtre, ensemble les grands vaisseaux vinaires et autres destinés pour la perpétuelle demeure.

Pareilles défenses seront faites pour les instruments de labourage et pour les outils des artisans et manœuvriers et pour les hardes servant à l'usage de la personne.

Pour les autres meubles et ustensiles, se conformer à l'ordonnance de 1667.

Au reste les officiers de l'élection d'Angoulesme sont de fort honnêtes gens ; les receveurs y font bien leur devoir, et on n'a pas de connoissance qu'il y ait entre eux aucune liaison onéreuse au public.

C'est une erreur de croire que les officiers des juridictions exercent dans les paroisses une autorité onéreuse au public. Cela se peut bien trouver véritable dans les grandes terres, où les officiers des justices subalternes, soutenus ou protégés par les seigneurs, en abusent quelquefois ; mais rien n'est moins vrai à l'égard des officiers royaux et des élections. Leur autorité se borne presque toute dans les villes de l'établissement de leur siége, où leur imposition aux charges ne seroit pas d'un grand objet pour les raisons qu'on a précédemment expliquées; et, s'ils vont quelquefois à la campagne, ce n'est que pour y faire du bien en faisant travailler et gagner de l'argent aux journaliers, faisant faire des plantements et cultures utiles à la république, pacifiant et réglant les différends de leurs voisins.

Au surplus, quelques beaux réglements qu'on fasse, les impositions ne s'éleveront pas, si on ne trouve les moyens de rejeter l'argent dans les provinces, et en particulier les monnaies. Les grosses banqueroutes et la mauvaise conduite des receveurs généraux qui font voiturer continuellement les fonds des recettes à Paris en especes, ont causé une disette d'argent extraordinaire. Il n'est pas possible de puiser dans des sources taries; il faut absolument faire revenir de l'argent dans le pays pour la circulation des troupes, l'entretien des manufactures royales, les achats de bestiaux, le payement des gages des officiers, et autres voies qui arrêtent les fonds d'une partie des recettes, sans quoi tout va tomber.

Enfin, pour se ménager des poires pour la soif et trouver les ressources prêtes dans les besoins, il faut garder la bonne foi dans les édits, dédommager les particuliers supprimés et ne pas ruiner les bons membres de la république. Par là on trouvera à revendre les mêmes titres dans le besoin; le crédit du prince sera conservé; les bonnes familles se soutiendront, et l'État fleurira de plus en plus.

Ce mémoire fut fourni au mois de novembre 1715, et il répondoit à tout le contenu de la lettre.

Il paroît que M. le duc d'Orléans eut en vue dans son systeme de rendre le taillable plus aisé. Dans le fait, les paysans, n'ayant communément que de petites affaires de détail, ne se trouverent point chargés de billets de banque, et l'augmentation des especes sonnantes leur causant des profits considérables sur leurs denrées et sur leur travail, et leur facilitant le payement de leurs impositions, ils devinrent communément aisés et pécunieux, ce qui a été une des principales causes de l'activité des recouvrements et du cours du commerce intérieur du royaume pendant que cette fortune publique a subsisté ; mais comme celle des paysans est toujours bornée, de même qu'il a fallu peu de temps pour la grossir, il en a fallu aussi bien peu pour l'éclipser. Les diminutions survenues sur les especes pendant que les impositions ont continué sur le même pied ont entierement désargenté la campagne et presque absolument appauvri ceux qui l'habitent. Les journaliers, ouvriers et artisans ne sont plus employés ; les eaux-de-vie, qui sont la principale source de l'argent dans ces provinces, ont déchu de prix ; on en a fait très-peu du produit de la derniere récolte, les frais en égalant presque le montant, et il n'y a plus aucune sorte de commerce ; ce qui est cause que les recouvrements languissent, et que, quelques rigoureuses contraintes qu'on exerce contre les collecteurs, il n'est pas possible d'en exiger le courant.

Cette pauvreté du taillable et du bas peuple a influé sur tous les autres états : chacun manque ; le commerce tant du dedans que du dehors est éteint ; il n'y a plus de circulation ; tous les revenus sont taris. Les consommations étant infiniment diminuées, les différents droits du Roi qui se percevoient sur plusieurs natures de choses s'en trouvent aussi très-altérés. Il en est de même de ceux qui se levent dans les tribunaux et sur les actes de justice, les affaires n'étant plus suivies par l'impuissance des particuliers.

On ne peut remédier à une langueur si léthargique qu'en rapprochant les anciennes especes des nouvelles, leurs trop grandes disproportions étant cause que les premieres sont comme ensevelies.

L'augmentation que le Roi feroit sur les vieilles especes qui sont hors de ses coffres tourneroit à la vérité au seul profit des particuliers, et priveroit d'autant Sa Majesté de celui qu'elle s'étoit proposé par la refonte; mais elle s'en trouveroit plus que suffisamment dédommagée par les rentrées fréquentes dans ses coffres et par le produit de ses revenus de toute nature, qui multiplieroit infiniment par l'effet du cours de l'argent, au lieu que l'arrêt de la circulation cause une obstruction presque entiere dans tous les bureaux de recette et de régie.

Sur la fin de l'année 1716, M. le régent envoya à MM. les intendants un mémoire instructif pour une taille proportionnelle, avec un projet contenant vingt-deux articles, qui devoient être insérés dans le réglement qu'on se proposoit de faire à ce sujet. On ne répétera point ici la teneur de tous ces articles, de crainte de tomber dans la prolixité; mais on transcrira le mémoire qui fut fourni en réponse, et en forme d'avis, par le sieur Gervais. On y trouvera la substance et l'esprit du projet.

Il suffit de dire ici que le dessein étoit, sans rien changer aux impositions dans les dix-sept généralités du royaume où la taille est personnelle, d'en rendre la répartition plus égale entre les contribuables, en assignant sur eux la taille avec la proportion la plus exacte par rapport au fonds et au commerce, main-d'œuvre et industrie, en conservant toujours à la noblesse et au clergé les anciens priviléges dont ils ont joui.

Quoique ce projet s'évanouit presque aussitôt qu'il fut formé, il paroît néanmoins du dessein de ces mémoires d'y insérer ce qui fut écrit pour en empêcher l'exécution, tant pour y avoir recours, en cas que la proposition en fut renouvelée, que parce que beaucoup de réflexions qui y sont contenues influent sur le cinquantieme dont il est question à présent.

Observations sur l'établissement de la taille proportionnelle dans les dix-sept généralités, et en particulier dans celle de Limoges.

Le dessein de retrancher les abus qui se commettent dans la répartition de la taille dans les généralités où elle est arbitraire est digne de l'attention du Conseil et semble mériter de nouveaux réglements; mais leur disposition paroît devoir se restreindre à perfectionner seulement l'usage établi, sans le renverser. On croit qu'il suffira de corriger au lieu de détruire, et qu'il doit être question de rectifier quelques points dans la forme plutôt que de changer le fond.

Les pays qui sont assujettis à la taille arbitraire n'ont pas été jugés susceptibles d'un autre arrangement; il faut respecter les anciennes coutumes fondées sur des raisons présumées bonnes dans leurs principes et fortifiées par une longue expérience. Un changement essentiel y attireroit le désordre et la confusion, et la sagesse du Conseil a rejeté avec prudence tous les nouveaux systemes qu'on lui a présentés.

Celui de la taille réelle n'étoit pas proposable dans la généralité de Limoges, où la commune médiocrité des fonds n'est relevée que par les soins de l'agriculture; une charge royale inhérente et perpétuelle en auroit attiré l'abandon d'une partie; et le commerce, du reste, en auroit été discrédité.

L'idée d'une taille proportionnelle qui auroit pour principal objet le revenu des fonds participant un peu trop de la réalité, semble sujette aux mêmes inconvénients et pourroit en entraîner encore d'autres.

Le clergé et la noblesse paraissoient s'en alarmer et en craindre les suites pour leurs priviléges.

Il est vrai qu'on semble vouloir atténuer ce que l'imposition fonciere seule auroit de trop dur en proposant d'y faire aussi entrer la considération de l'industrie, main-d'œuvre et commerce; mais si on se renferme dans la simplicité de cette proposition, sans y ajouter d'autres clauses capables d'opérer un changement radical et essentiel, une disposition nouvelle devient inutile, puisque c'est précisément ce qui se pratique dans ces généralités, où la taille est mixte, c'est-à-dire imposée sur la personne par rapport aux biens et facultés qui comprennent avec le fonds le commerce, main-d'œuvre et industrie.

Ou si l'on prétend que le projet doit être suivi de tous les changements proposés dans toutes leurs circonstances, on tombe dans un renversement si absolu des usages que la substance de l'imposition en sera altérée; il n'en restera plus que le nom qualifié d'un autre titre; la nouvelle forme extérieure influera sur l'essence de la chose, ce qui résiste à l'esprit même de la réforme.

Un établissement opposé au génie du peuple, accoutumé aux vieilles pratiques, trouvera de si grands obstacles, que le succès n'en sauroit être qu'impossible, ou du moins fort douteux et très-reculé.

On tombe d'accord qu'encore que la taille arbitraire comprenne toutes les natures de biens avec l'industrie, il n'y a aucune regle fixe pour en faire la différence et en marquer la juste contribution, sans doute parce qu'il n'a jamais été praticable d'établir sur cela une loi tarifée; néanmoins les collecteurs qui en ont une connoissance particuliere, y font communément une considération assez équitable, et peut-être qu'une regle générale qui les assujettiroit, les éloigneroit davantage d'une juste répartition.

L'imposition de la capitation et celle du dixieme sembloient plus susceptibles d'une assiette immuable; cependant il a fallu abandonner le plan du tarif des déclarations des propriétés ou possessions réglées, pour en venir aux conjectures et aux taxes arbitraires sur chaque article.

L'examen exact de la connoissance et qualité des fonds, l'estimation de leur revenu et l'évaluation de l'industrie, main-d'œuvre et commerce de chaque taillable, seront d'un détail immense. Ce que les articles 5 et 12 prescrivent sur cela n'est pas praticable, ou engageroit dans de gros volumes pour marquer les états et estimations de tout; ou si l'on prétend se contenter d'en prendre une connoissance sommaire et d'en dresser l'état en gros, on retombera dans le cas de la répartition arbitraire qu'on veut tant éviter.

Les moyens proposés pour parvenir au dessein projeté forment une hydre de difficultés insurmontables.

On propose d'assembler les paroisses entieres, de faire des convocations générales d'habitants, et de faire entrer le peuple indocile, aveugle et captieux dans des projets et réglements qui ne devroient être que le pur ouvrage des plus sages législateurs.

Ces assemblées deviendront tumultueuses et confuses. Le peuple, qui n'est pas accoutumé en France à prêter son suffrage aux lois, et qui ne doit savoir qu'obéir, prendra d'autres impressions; il se formera des idées contraires à la subordination et se croira en droit de murmurer ou peut-être de s'élever contre la nouveauté d'établissements qu'il n'aura pas universellement approuvés et sur lesquels on aura paru vouloir le consulter.

Il semble qu'on affilie pour ainsi dire en cette occasion le magistrat avec les manants, le supérieur avec ses dépendants, qu'on confonde les états en les rapprochant, et qu'on fasse trop descendre la majesté du prince. Il est d'une saine politique de ne point donner d'autre connoissance des affaires publiques au commun des sujets, et de ne les y faire entrer qu'autant qu'ils avoient accoutumé de s'y ingérer.

Les anciens arbitres jusqu'au nombre de dix qu'on doit appeler dans chaque paroisse avec les syndics, pour travailler à l'état qui doit servir de regle pour la taille proportionnelle, seront choisis par cabales ou nommés par autorité; ils seront sujets, comme les collecteurs, à caprice, vengeance ou partialité, et n'auront en vue que leur soulagement et celui de leurs parents et amis, et de nuire aux autres; leur témoignage, s'il est concerté, n'en sera que plus faux, ou s'il se trouve discordant; la vérité n'en sera pas moins cachée, et le commissaire, toujours livré à l'infidélité de leurs rapports, ne pourra composer qu'un ouvrage très-imparfait.

Dans le cas d'une consistance égale, comme dans la Beauce ou la Normandie, le Languedoc et quelques parties du Limouzin, il pourroit être plus facile de fixer l'étendue, la qualité et le produit des fonds de chaque propriétaire; mais dans le reste de la généralité de Limoges, et particulierement dans l'Angoumois, les biens-fonds, quoique situés dans une même paroisse, étant inégaux, dépiécés et divisés par parcelles entre les différents possesseurs, l'attention d'un commissaire à en faire les classes s'y trouveroit occupée pendant plusieurs mois, s'il en vouloit vérifier tous les articles, et il faudroit en venir à faire des procès-verbaux des provinces entieres.

Le revenu des maisons, clos, moulins et étangs, étant sujet à des changements continuels, à déperdition et à des inégalités, différences et disproportions infinies, il ne sera pas possible d'en faire des évaluations fixes et réglées; il faudra retoucher tous les ans et toujours arbitrairement.

Les vignobles sont encore une nature de biens sur laquelle il sera bien difficile d'asseoir une regle. Les vignes ont trois âges qui y mettent des différences essentielles : elles coûtent de grands frais les premieres années, sans rien produire; elles sont casuelles dans leur croît et elles sont aussi à charge qu'à profit dans leur déclin. Il faudra entrer dans ces discussions, ajouter à l'état de la paroisse le produit des vignes à mesure qu'elles entreront en charge, et les retrancher lorsqu'elles cesseront de donner un revenu excédant les frais de leur culture ou qu'elles auront tombé en ruine par cessation d'entretien.

Les ventes, échanges ou autres mutations de propriétaires donneront encore lieu à de nouvelles confections de cet état; et comme le prix des acquisitions ne devra pas toujours servir de regle absolue pour rejeter sur les acquéreurs la diminution du taux des vendeurs, soit parce que l'industrie de ceux-ci en faisoit partie, ou que les fonds qu'ils se sont réservés devront demeurer sujets aux taux auxquels ils devront être réduits, il sera nécessaire de faire une nouvelle discussion proportionnelle de tout entre les uns et les autres, ce qui causera des changements perpétuels et très-difficiles dans la plupart des articles.

C'est une maxime qu'il n'y a de véritable revenu qu'après les charges acquittées; cependant le projet est d'en faire l'évaluation indistinctement, sans diminution des rentes foncieres et sans différence entre les fonds qui sont exploités par le propriétaire, et ceux qui sont donnés à moitié fruits ou affermés.

Le détenteur, chargé d'une grosse redevance fonciere qui absorbe la meilleure partie du produit du fonds, ne se trouvant pas en état de supporter une taxe proportionnée à la totalité de ce produit, le déguerpira au propriétaire de la rente; celui-ci, n'étant pas en état ou de condition à l'exploiter par lui-même et ne pouvant trouver de nouveaux preneurs, sera réduit à le laisser en friche, ce qui tournera également au désavantage du preneur, du bailleur et du public.

La liberté qui sera laissée au tenancier de retenir une portion de la rente envers le seigneur suppose toujours une avance, que ce tenancier ne sera pas communément en état de faire; le cours des arrérages et la solidarité que le seigneur est en droit d'exercer seront des obstacles à cette rétention; le recours solidaire ou divisé contre les cotenanciers demeurant quelquefois dans d'autres paroisses, et où partie des domaines des prises peuvent se trouver situés, sera sujet à mille difficultés suivant que les impositions se trouveront réglées sur différents points, ce qui sera une pépiniere de procès à l'infini.

Cet article est d'une extrême conséquence dans la province d'Angoumois, où les rentes seigneuriales sont plus considérables qu'en aucune autre du royaume. L'idée de la rétention n'y est pas proposable et n'a pu jusqu'à présent s'y exécuter dans l'imposition du dixieme, sur laquelle on avoit d'abord prescrit une semblable regle; l'autorité des seigneurs et la dépendance des tenanciers ont même été cause qu'il n'en a jamais été question. Que si on en veut restreindre l'effet aux simples rentes secondes foncieres, on y rencontrera les mêmes obstacles du côté de l'impuissance du preneur, les mêmes inconvénients dans les cas de recours envers les consorts, et les mêmes difficultés, ou approchantes, de la part du créancier de la rente, ce qui tend à faire tomber cette espece de biens, qui ne laisse pas d'être d'un objet considérable dans l'État, et à produire l'abandon des lieux qui y sont sujets.

A l'égard de la contribution entre les propriétaires et les métayers ou autres exploitants, l'usage en étant différent, selon les lieux, on ne peut mieux faire que de se conformer à ce qui s'observe sur cela dans chaque pays ; les coutumes usitées par suite d'une longue expérience se roidiroient contre un changement, et il paroît inutile de vouloir introduire à ce sujet l'uniformité universelle.

L'industrie, main-d'œuvre et commerce sont de quelque objet dans les grandes villes et aux environs de Paris, mais ne peuvent être que d'une très-légere considération dans la généralité de Limoges.

Il y a quelques artisans dans la capitale de cette généralité dont le travail doit être ménagé.

Ceux de la ville d'Angoulesme sont en petit nombre, paresseux, mal habiles, peu employés, communément gueux ; et leur labeur n'est pas capable de servir de fondement à des taux un peu considérables. Le reste, répandu dans les petites villes de campagne, bourgades et villages, est encore moins susceptible d'une imposition.

Il n'y a de véritable industrie commune, connue dans cette généralité, que celle qui s'emploie à faire valoir les fonds, ni de main-d'œuvre proprement dite que le travail des laboureurs, les artisans de la campagne se partageant même ordinairement entre l'une et l'autre de ces professions. Au reste, partie de ces sortes de gens font avec peine subsister leurs familles par leur travail; les autres sont des mendiants. Il s'en faut du tout au tout que les plus employés pour autrui s'occupent pendant le cours de deux cents journées, et le peu qu'ils en gagnent leur est payé sur un pied si médiocre que la chose ne sauroit être d'un gros objet, comme on le suppose par le projet.

Le commerce principal de ces provinces consiste dans la vente des bestiaux et dans le débit des denrées et fruits de la terre; et comme on prétend faire l'estimation du revenu des prés qui servent à la nourriture de ces mêmes bestiaux et à l'évaluation du produit des fruits des autres domaines auxquels l'industrie a contribué, il résisteroit à l'équité d'y ajouter encore l'estimation particuliere de l'industrie et commerce qui s'y trouvent confondus.

Le peu qu'il se trouve d'autres sortes de commerçants dans une généralité ne peut être que d'un petit objet; mais plus il seroit considérable, moins on devroit s'attacher à y mettre d'impositions fixes. L'industrie des marchands est obscure et équivoque. Outre qu'il seroit dangereux pour le commerce de le vouloir éclairer de trop près, la liberté en est l'âme. En voulant pénétrer dans le secret des négociants et établir des classes entre eux, on court risque de faire tomber leur crédit; on ruinera par ce moyen ceux qui sont déjà établis, et on rebutera les particuliers d'embrasser cette profession, ce qui portera un préjudice infini à l'État, dont le commerce est le nerf.

La premiere disposition du projet est que la taille soit toujours imposée par rapport aux fonds dans la paroisse où ils seront situés, indépendamment de ce qu'ils feroient partie d'un corps de ferme ou métairie situé dans une autre, ou du domicile du propriétaire, ce qui est formellement contraire à tous les réglements, qui portent que le maître d'un corps de biens composé de plusieurs membres dispersés en différents lieux et paroisses voisines ou contiguës, qu'il exploite de même main, de son domicile étant, et dont il rapporte tous les fruits au chef-lieu, ne doit pas être compris à cet égard en différents rôles.

Le mémoire instructif pour MM. les intendants a si bien connu le faux de cette décision, qu'il en suspend l'effet; mais cela ne suffit pas, il faut le rejeter absolument.

Dans un autre article, on propose de faire des classes particulieres de ceux qui n'ont point de profession certaine ou qui sont tombés dans quelque malheur ou infirmité considérable; sur quoi il est à observer que beaucoup de particuliers, pour se trouver dans le premier cas, n'en sont pas pour cela moins aisés; il y en a aussi qui sont appauvris par cette désoccupation. Dans ces différences de fortunes entre gens d'un même état, il faut bien en revenir à l'imposition arbitraire, et d'une maniere plus étendue que l'article ne le porte.

Au respect de ceux qui sont dans une infortune ou une infirmité passagere, le renouvellement des examens qu'il en faudroit faire tous les ans, avec la discussion proposée en présence d'un grand nombre d'habitants, jetteroit dans un labyrinthe continuel ; il faudroit entrer en autant de détails qu'il y auroit d'articles, et ces convocations générales et si fréquentes tourneroient en abus.

Le revenu des fonds étant sujet à diverses périodes, et l'industrie, travail et commerce des taillables ne pouvant pas toujours être les mêmes, il deviendra nécessaire d'en faire un nouvel état chaque année, et, pour cela, d'employer encore des commissaires et les anciens des paroisses. Le public sera dans une agitation perpétuelle, et les particuliers, dont les taux devront augmenter ou diminuer selon les divers changements qui surviendront dans l'État, ne seront jamais certains de leur sort, comme on se propose, ni mieux excités qu'au passé à faire valoir leurs biens et leurs industries.

Les cotisables, accoutumés à subir le joug des collecteurs, se soumettent au payement des taux arbitraires sans beaucoup se récrier sur une surcharge dont on ne doit pas leur rendre compte. Il n'en sera plus de même lorsqu'il y aura dans chaque paroisse un état public et évident à tous, qui devra servir de base et de fondement à la répartition ; chacun, s'y croyant compris sur un pied trop fort par rapport à ses revenus ou à son industrie, ou par comparaison avec son voisin, s'élevera sur son article et demandera à son égard une autre application de la regle, ce qui fatiguera à l'excès tous les tribunaux.

Les collecteurs, n'ayant plus la liberté de la répartition, cesseront d'être assesseurs des tailles, dans un pays où ces deux qualités ont toujours été jointes, ce qui sera cause que les rôles n'étant plus de leur fait à cause des assujettissements qui leur sont prescrits, ils prétendront n'être plus responsables des taux, et demanderont des décharges et modérations sur les non-valeurs, suivant ce qui s'observe pour la capitation et le dixieme, et les receveurs se trouveront obligés d'en venir souvent à faire juger des solidarités.

Les habitants d'une paroisse, en général, accoutumés de longue main à la voir comprise pour une certaine somme dans les départements, sans avoir jamais fait attention à ce qui s'y peut trouver d'excès par comparaison avec d'autres de même étendue et faculté, entrant dans une plus grande connoissance, deviendront durs à payer, lorsqu'ils verront que l'imposition des autres rôles sera sur un moindre pied que la leur.

C'est une erreur de croire que les rentes constituées et les revenus des effets n'entrent pas en considération dans la répartition de la taille; il est constant au contraire qu'on s'en fait avec raison un grand objet. Les particuliers qui ont beaucoup de biens de cette nature sont ordinairement plus pécunieux que ceux qui possedent de grands fonds, moins chargés de dettes passives, et par conséquent mieux en état de supporter de gros taux.

Le renversement de cette juste idée fera tomber

le poids des impositions sur les insolvables, ce qui attirera la chute ou la lenteur des recouvrements ; et il arrivera encore qu'à succession de temps les particuliers, qui tendent toujours à se soustraire aux impôts, placeront leur argent en papiers et effets, ce qui fera tomber absolument le prix des fonds et déchoir ce gage de taille.

Il est vrai qu'une inquisition des facultés de ceux qui ont leurs biens en argent ne peut être ordonnée, et qu'il ne seroit pas possible d'en faire un réglement général ; c'est même à cause de cela que l'ancienne pratique, qui laissoit la chose à l'arbitrage des collecteurs sur la connoissance qu'ils en pourroient avoir, étoit d'un meilleur usage que la nouveauté qu'on veut introduire.

L'article 21 du projet ne se comprend pas bien, ou du moins le sens qu'il présente laisse de la difficulté pour son exécution. Le 22ᵐᵉ et dernier article paroît plus régulier qu'aucun des autres.

Au reste, l'essai du projet fera du moins connoître à quel point l'imposition de la taille est poussée dans la généralité de Limoges, par rapport au produit des fonds, et l'on verra qu'elle en égale ou même qu'elle en excede communément le revenu.

Peut-être que cette évidence publique refroidira le zele des taillables pour le payement de leurs cotes. En attendant que cette épreuve se vérifie en détail par le rapport des ouvrages des commissaires dans chaque paroisse, on ne croit pas inutile de faire ici une sorte d'opération générale sur quelques-unes des principales de l'élection d'Angoulesme, ce qui sera propre à faire sentir cette vérité.

La voie la plus certaine qu'on puisse prendre pour parvenir à la connoissance du produit des fonds d'une paroisse est d'examiner la valeur de la dîme ecclésiastique. Il faut entrer ensuite en considération qu'elle se leve sur la totalité des fruits, c'est-à-dire sur ceux des privilégiés aussi bien que sur ceux des taillables, sur les semences et sur l'agrier du seigneur, sur la part du métayer, amodiateur et fermier, comme sur celle du propriétaire, et qu'elle comprend l'industrie et les frais de culture et de labour qui ont servi au produit de cette totalité de fruits. Tout cela supposé, on peut dire que le revenu quitte des biens-fonds ne sauroit aller communément qu'au tiers de ce qui reste après la dîme perçue.

Par cette regle simple, courte et unie, il est aisé de savoir ce que les taillables d'une paroisse ont de revenu, et d'en faire ensuite la comparaison avec ce qu'ils payent au Roi. — Exemple : La dîme de la paroisse d'Asnieres vaut annuellement 1,000 livres. Par conséquent, il faut dire que les fruits y sont de valeur de 10,000 livres; sur quoi, ôtant six mille six cents et quelques livres pour les causes prédites, il reste de revenu quitte pour les taillables, trois mille trois cents et quelques livres. La taille ordinaire y est de deux mille six à sept cents livres, sans comprendre la capitation, le dixieme et autres impositions.

La dîme de Balzac vaut 900 livres; c'est-à-dire que le produit des fruits est de 9,000 livres. Les deux tiers de ladite somme ôtés, il reste 3,000 livres, et cette paroisse paye près de 1,900 livres de grande taille. C'est une de celles où la dîme se trouve la plus foible, par la raison qu'il y a beaucoup de prés non décimables et moins de vignes, et, par conséquent, moins de frais de culture que dans les autres.

La dîme de Brie vaut 1,500 livres, qui est sur le pied de 15,000 livres de produit au total, dont, les deux tiers levés, il reste 5,000 livres; et ladite paroisse payoit en 1715 4,647 livres de grande taille.

La dîme de Champniers peut valoir 2,500 livres ou 3,000 livres au plus, ce qui suppose un revenu total de 25 à 30,000 livres. Les deux tiers de cette somme déduits, il ne restera que celle 8 à 10,000 livres; et l'imposition de la taille de l'année précédente étoit de la somme de 11,300 livres.

La dîme de Claix peut valoir 500 livres au plus, qui est à raison de 5,000 livres pour le produit des fruits. Ladite somme réduite au tiers ne sera plus que de 1,600 livres ou environ; et la taille de 1716 étoit de 1,560 livres.

La dîme de la Couronne est affermée sur le pied de 600 livres, qui est à raison de 6,000 livres de revenu total, dont, les deux tiers prélevés, il reste pour revenu net 2,000 livres; et ladite paroisse étoit imposée en 1716 à 3,315 livres de grande taille.

Et ainsi de presque toutes les autres paroisses de ladite élection.

On voit par cette ébauche, et on trouvera encore plus particulierement par les examens individuels, que l'idée d'une dîme royale, quoique plus unie et plus facile dans son imposition et dans sa levée, n'auroit pourtant pas été aussi avantageuse pour le Roi dans cette province, que la taille l'est sur le pied qu'elle s'y trouve établie, et que de toutes les formes d'impositions qu'on sauroit proposer, il ne s'en trouveroit aucune si utile pour le prince que celle qui y a lieu.

A l'égard de l'uniformité qu'on voudroit étendre sur dix-sept grandes généralités, en fixant une regle générale pour toutes les paroisses qui s'y trouvent situées, l'exécution en semble impossible, et sujette à de plus grands abus que ceux qu'on se promet de réformer. La différence que la nature a mise entre tant de différents climats et la diversité des mœurs et des coutumes des habitants résistent à l'unité et à l'égalité de ce plan.

Par toutes ces raisons, il est à croire que la sagesse du Conseil, après une mûre délibération et sur l'examen des faits constants, se déterminera à laisser les choses dans l'état où elles se trouvent.

La taille proportionnelle mentionnée en ce mémoire devoit se lever toute en deniers, tant sur les fonds que sur les personnes; mais par arrêt du Conseil du 13 janvier 1718, il en fut établi une d'une autre maniere, par forme d'essai, dans l'élection de Niort, sur les mémoires et avis du sieur de la Potterie, receveur de ladite élection. Le plan en étoit de lever la dixieme partie des fruits de toute nature sur les fonds et de faire d'ailleurs des rôles d'industrie sur les particuliers, selon leur état et qualité, ensemble sur les bestiaux, le tout suivant le tarif général qui en fut fait par MM. le chevalier Renau, lieutenant général des armées du Roi, grand-croix de l'ordre militaire de Saint-Louis, ayant titre de service dans les généralités de la Rochelle et de Poictiers (1); Louis de Foudras, chevalier, comte de Château-Thiers (2), et Vaugion, lieutenant général au bailliage et siége royal de Niort, que Sa Majesté auroit commis par ledit arrêt.

Il paroît que le but de cette maniere d'imposition étoit de répondre aux diverses remontrances qui avoient été faites à M. le Régent, à l'occasion de l'extrême misere qui accabloit les peuples depuis longtemps, à cause des différentes impositions qu'on avoit été obligé de lever sur eux pour soutenir les guerres pendant le regne du feu Roi; que l'objet étoit surtout de remédier aux maux inévitables que la taille arbitraire, mal répartie, leur causoit, en établissant, pour en tenir lieu, une autre nature d'imposition qui pût mettre une parfaite égalité entre eux, de faire cesser en même temps dans les cœurs des particuliers les haines et les vengeances que la collecte de la taille y faisoit naître, et de rétablir la paix et l'union parmi eux par une imposition qui, sans porter atteinte à aucun privilége, ne seroit qu'une mutation d'assiette et de perception des deniers royaux.

Cette idée auroit été belle, si elle n'eût pas été chimérique.

---

(1) Renau d'Élisagaray (Bernard), célèbre ingénieur et officier de marine, né dans le Béarn en 1652, mort en 1719. Il avait été chargé par le duc d'Orléans, alors régent, de travailler, de concert avec Vauban, à un essai de la taille proportionnelle.

(2) Château-Thiers ou Château-Thierry en Bourgogne, diocèse d'Autun, intendance de Dijon, élection de Mâcon. (V. *Dictionnaire géographique*, par l'abbé Expilly.)

Établissement et suppression de la dîme royale dans la généralité de la Rochelle.

Le 20 du mois suivant, il fut rendu un arrêt au Conseil pour l'établissement de cette nouvelle maniere de lever la taille dans toute la généralité de la Rochelle, par lequel les mêmes sieurs chevalier Renau et Foudras de Château-Thiers furent nommés conjointement avec M. de Creil, lors intendant de ladite généralité, à quoi on fut excité par quelques succès de la premiere opération commencée dans l'élection de Niort, à laquelle l'on peut dire aussi que le pays se trouvoit plus propre qu'ailleurs.

Lorsqu'il fut question d'étendre ce même établissement dans la généralité de la Rochelle, on y trouva de grands obstacles, et il ne fallut pas moins que l'autorité des commissaires du Roi pour les surmonter. Pour trouver des adjudicataires dans chaque paroisse, on fut obligé d'employer différents moyens, et même on ne put en adjuger qu'une partie la premiere année. Les commissaires, pour faciliter ce petit établissement, firent des réglements et des tarifs au mois d'octobre 1718 et 1719, qui furent autorisés par arrêt du Conseil du 20 décembre de cette derniere année. Par autre arrêt du 2 du même mois d'octobre, Sa Majesté, ayant été informée de la mort du chevalier Renau, et ne voulant pas qu'il fût apporté aucun changement ni aucun retardement par cette mort dans la continuation du travail de cet établissement, dont elle désiroit de voir l'avancement et la perfection, auroit ordonné que ledit établissement seroit continué dans ladite généralité de la Rochelle par lesdits sieurs de Creil et de Château-Thiers. Ce dernier en laissa ensuite tout le soin à M. de Creil.

Mais quelques soins que prît ce sage magistrat pour mettre une bonne regle dans cet établissement, il ne put empêcher que le désordre et la confusion ne se missent dans cette maniere de lever la taille, soit par sa nouveauté, soit par sa bizarrerie. D'un côté, l'avidité des adjudicataires donnoit lieu à une infinité de vexations, et d'un autre, les particuliers cherchant à éluder ce qu'on prétendoit exiger d'eux, il s'en formoit une multiplicité de procès sans fin qui accabloient les bureaux des intendants et de leurs subdélégués, parce qu'on avoit cru devoir en interdire la connoissance aux élus.

Ces considérations et autres déterminerent Sa Majesté à supprimer la dîme royale dans la généralité de la Rochelle, et d'en exprimer quelques causes dans l'arrêt du 12 juillet 1721. Il paroît par cet arrêt que Sa Majesté auroit été informée que ce nouvel établissement, qu'elle n'avoit accordé qu'aux instances réitérées de plusieurs paroisses, n'avoit pas apporté à ses sujets tous les avantages qu'ils en espéroient et qu'elle désiroit leur procurer; que l'expérience avoit fait connoître que l'uniformité d'imposition sur des terres d'inégale valeur produisoit nécessairement une répartition injuste; que la défense d'enlever la récolte sans avoir averti l'adjudicataire, et l'obligation d'apporter les fruits dans les entrepôts par lui indiqués, étoient une charge onéreuse pour les peuples et sujette à plusieurs inconvénients ; que d'ailleurs les ecclésiastiques et les gentilshommes avoient prétendu que quelques-unes des dispositions des réglements qui avoient été publiés sur la maniere de faire la perception, portoient atteinte aux priviléges et exemptions dont ils avoient joui jusqu'à présent, et qu'enfin, ces différents motifs avoient déterminé Sa Majesté à rétablir à l'avenir l'ancienne maniere de lever la taille, conformément aux ordonnances, édits, déclarations et réglements qui ont prescrit la forme dans laquelle la répartition et le recouvrement en devoient être faits.

Au reste, l'objet d'une répartition juste entre les cotisables est trop idéal, trop sujet à discussions et à changements, pour qu'on y puisse établir une regle certaine ; on peut seulement observer, pour se rapprocher de l'équité des taux :

1º De diminuer les impositions générales autant que les besoins de l'État le pourront permettre ;

2º D'avoir une attention particuliere à en faire une division proportionnée sur chaque généralité ;

3º De recommander à MM. les intendants la même attention, soit dans leur département général sur chaque élection de leur généralité, soit dans leurs départements particuliers de chaque élection sur les paroisses qui la composent, et, pour cet effet, de les exhorter à communiquer les projets de ces départements, avant de les faire, aux personnes les mieux instruites de la force de chaque paroisse, sans s'arrêter absolument et exclusivement aux élus ni aux receveurs des tailles ;

4° Et enfin, qu'en exécution de l'édit du mois d'août 1715, qui se renouvelle de temps en temps par des arrêts du Conseil, MM. les intendants choisissent telles personnes de probité et de confiance qu'il leur plaira, officiers d'élection ou de présidiaux, pour faire faire les rôles d'office par-devant eux. Il est certain que la présence d'un commissaire en impose toujours aux collecteurs, et qu'elle empêche les partialités, les injustices criantes, et les autres abus qui se glissent dans un rôle, lorsqu'il est livré au caprice et à la fantasque liberté des collecteurs.

Observations sur le cinquantieme.

Dans l'imposition du cinquantieme des fruits ordonnée par la déclaration du Roi du 5 juin 1725, arrêt rendu en conséquence le 28 juillet suivant et autre arrêt du 9 février 1726, on a bien dispensé le public de porter ses fruits aux entrepôts des adjudicataires, au lieu qu'ils y étoient portables, suivant les dispositions de la dîme royale; mais cet adoucissement n'empêche pas que le cinquantieme ne se trouve fort onéreux dans ces provinces.

Il seroit également irrespectueux et éloigné du dessein de l'auteur de ces mémoires, de marquer ici les inconvénients qui se trouvent dans cette sorte d'imposition, après les remontrances qu'ont faites les parlements, et auxquelles il n'est pas possible de rien ajouter; on doit se soumettre à la volonté du Prince, qui ne s'est sans doute porté à l'ordonner que dans la nécessité présente de satisfaire aux dettes légitimes de l'État. Il est à propos seulement d'observer que, cette levée ne tenant pas lieu de la taille et autres impositions comme le faisoit la dîme royale, les peuples se trouvent par trop grevés par cette double charge ; mais de toutes les provinces du royaume où cet établissement se fera, on peut dire qu'il n'y en a aucune où il puisse avoir d'aussi dangereuses suites qu'en Angoumois, plus du tiers ou des deux tiers de cette province consistant en groies (1), chaumes, terres maigres, vaines et vagues, stériles ou sujettes à défrichement, et qui étoient communément abandonnées. Les denrées et principalement les vins et les eaux-de-vie ayant augmenté de prix depuis environ vingt ans, l'agriculture s'est ranimée. Tous les paysans qui se sont trouvés avoir des enfants en état de travailler ont cultivé et surtout planté en vignes de ces sortes de terres, ce qui a donné lieu à l'augmentation des

---

(1) Expression locale, usitée dans l'Angoumois, la Saintonge et le Poitou, elle correspond à celle de *gravois*, employée dans la Touraine, et paraît provenir, par corruption, du mot gravier. — Voici en quels termes M. Coquand, géologue distingué, définit les terrains dits de *groie*, aux pages 82-83 du t. 1er et 239 du tome II de sa *Description physique, géologique, paléontologique et minéralogique du département de la Charente* (Besançon et Marseille, 1858-1862, in-8º) : « Les sols des terrains oolithiques et crayeux dont la
« terre végétale porte, dans les deux Charentes, le nom de *groie*, sont le
« produit unique de la décomposition des roches calcaires. Ces dernières,
« quand elles contiennent une certaine quantité d'argile, sont sensibles à
« l'action de la gelée, et elles se séparent sur place en une infinité de frag-
« ments anguleux qui se mêlent à la terre végétale, en donnant ainsi nais-
« sance à des champs pierreux. Elles constituent en général une terre maigre,
« sèche, de peu de profondeur et d'un faible produit. Les terrains de groie
« ont ordinairement une teinte ocracée très-prononcée, qui est due à la
« présence de l'oxyde de fer contenu dans les argiles. »

dîmes ecclésiastiques et des terrages, agriers, champarts et autres droits des seigneurs, et en même temps a procuré l'aisance chez les gens de labeur. Dès que les rustiques verront qu'ils sont assujettis non-seulement à la dîme du curé et à l'agrier du seigneur, auxquels ils sont accoutumés de toujours, et qui ont une fonction et un privilége particuliers, consacrés par usage immémorial, mais encore exposés à une nouveauté, toujours odieuse, et livrés à l'avidité, aux incursions et aux entreprises incommodes d'un adjudicataire du cinquantieme, ils cesseront de vouloir mettre en culture, ils ne planteront plus de vignes dans les terres maigres, qui ne sont néanmoins propres qu'à cet ouvrage, et dans lesquelles le vin est de la meilleure qualité. Il est même à craindre qu'ils négligent la culture des vignes qu'ils ont déjà plantées; ou du moins, ces vignes venant à dépérir par vieillesse et étant conséquemment abandonnées, ne seront plus remplacées par de nouveaux plantements, ce qui tend à faire tomber, dans la province, cette ressource du commerce et du bien public. Il n'y aura que les domaines de la meilleure qualité qui se trouveront en état de supporter une triple charge réelle, et qui se soutiendront; tout le reste, même le médiocre, tombera en friche.

C'est sans doute à raison de la différence qui existe entre la qualité du terroir de ces provinces et celui des pays où la taille est réelle, qu'on ne l'a pas étendue dans le temps sur les lieux insuffisants pour la supporter.

Il ne reste plus rien à observer sur le cinquantieme en général, si ce n'est que la perception en étant sujette à beaucoup de frais, et les particuliers ne s'en rendant adjudicataires qu'en vue d'y faire de grands profits, on doit supposer qu'une adjudication qui sera portée pour le Roi à cent livres donnera lieu à lever pour deux fois autant de fruits, en sorte que si Sa Majesté reçoit pendant le cours des douze années vingt-quatre millions pour le produit de ce droit, il faut dire qu'il en aura coûté à ses sujets soixante-douze.

On ne doit point tirer à conséquence ce qui s'est passé dans les adjudications de l'année présente : elles ont toutes été portées à beaucoup plus que leur juste valeur par la considération de l'exemption de la milice, à la veille de sa convocation. On peut s'attendre que ce privilége ne subsistant plus les autres années, le prix des adjudications tombera (1).

Affaire de Mestric (2).

Il y a dans le voisinage de l'élection d'Angoulesme quelques enclaves du Poictou qui sont des dépendances du château de Sivray, et en cette qualité abonnées pour la taille moyennant cinq sols qu'elles payent annuellement audit château. Les habitants de ces enclaves ont bien été maintenus dans cette exemption, mais le Conseil en

---

(1) L'arrêt du 5 juin 1726 qui supprime en entier le cinquantième des fruits a été rendu depuis. (*Note de J. Gervais.*)

(2) Aujourd'hui Métry, village de la commune de Chasseneuil, canton de Saint-Claud, arrondissement de Confolens, Charente.

a restreint l'effet aux domaines situés dans l'enceinte du territoire privilégié, et à l'égard des tenures desdits habitants qui s'étendroient dans le taillable des autres paroisses, il a été ordonné qu'ils payeroient la taille pour raison de ce, et à proportion de l'étendue et consistance desdites tenures ; à l'effet de quoi, et pour faire le réglement, MM. les intendants de Poictiers et de Limoges se transporteroient sur les lieux, et qu'il seroit fait un rôle des rôles particuliers par addition à ceux desdites paroisses, lesquels seroient arrêtés par des collecteurs que les habitants desdites enclaves seroient tenus de nommer, sinon qu'il leur en seroit pris et nommé d'office. En exécution de quoi, et en attendant que mesdits sieurs les intendants pussent s'assembler, y ayant eu des commissaires par eux nommés, qui se seroient transportés sur les lieux, on auroit fixé à une certaine somme arbitraire réglée ce que devoient supporter les habitants de quelques-unes de ces enclaves, entre autres quelques villages de la paroisse de Cherves, et en particulier les habitants de l'enclave de Mestric, qui est pour le spirituel de la paroisse de Chasseneuil.

Ces habitants n'ayant voulu ni nommer de collecteurs, ni souffrir que ceux qu'on avoit nommés d'office travaillassent à la confection des rôles, il fut décerné contre eux diverses contraintes, à toutes lesquelles ils formerent autant de rébellions, en sorte qu'il ne fut pas possible de rien exiger d'eux pendant plusieurs années.

Enfin M. Dorsay, ayant envoyé dénoncer un ordre, au mois d'octobre 1724, à ceux qui avoient été nommés collecteurs pour Mestric, de se rendre auprès de lui, pour l'informer des causes de leur refus, et ces particuliers n'ayant point obéi, il décerna en décembre 1724, à la réquisition du receveur des tailles de l'élection d'Angoulesme, une contrainte par corps contre eux, qui fut remise entre les mains du lieutenant de la maréchaussée d'Angoumois pour la mettre à exécution.

Cet officier se transporta à Chasseneuil le 19 mars 1725, au soir, avec quatre de ses brigades, le tout au nombre de vingt et un, tant officiers que cavaliers. La troupe se rendit le lendemain, à la pointe du jour, dans l'enclave, au village du Querroy, lieu de la résidence des collecteurs. Elle y trouva environ deux cents personnes, tant dudit village que d'autres circonvoisins, assemblées et armées, les unes de fusils et pistolets, et les autres de faux emmanchées à l'envers, de fourches de fer, de pieux, et de gros bâtons, jusqu'aux femmes, qui étoient aussi armées de pierres.

Ces mutins firent feu sur la maréchaussée, qui fut aussi obligée de tirer sur eux. Il y eut une femme tuée dans ce tumulte d'un coup d'arme à feu, sans qu'on ait su par qui il fut lâché; mais deux archers ayant reçu quantité de coups de fusils chargés à balles, en furent renversés, et ensuite assommés de mille coups de pieux qui leur furent donnés par ces furieux, qui s'acharnerent sur eux avec une cruauté et une inhumanité inouïes, et ne les laisserent qu'après les avoir rendus mourants. Ces deux malheureux expirerent en effet le jour même au bourg de Chasseneuil, où ils furent conduits sur des charrettes par les soins charitables du curé de la paroisse.

Le lieutenant et autres officiers de la maréchaussée, et le reste de leur troupe, ayant été obligés de se retirer, dresserent leur procès-verbal, qui fut porté à M. Dorsay, qui commit le sieur Gervais pour informer, et ensuite décréta les principaux coupables. D'un autre côté, ces séditieux, cherchant à se mettre à couvert de leur rébellion, s'aviserent de rendre plainte au nom de quelques-uns d'eux au lieutenant criminel de Sivray, sous le prétexte de la mort de ladite femme; et les autres ayant servi de témoins, ils surprirent de ce juge un décret de prise de corps contre les officiers et archers de ladite maréchaussée.

Il intervint un arrêt au Conseil d'État le 27 du même mois de mars 1725, par lequel Sa Majesté, en évoquant les procédures faites tant par M. Dorsay que par-devant le lieutenant criminel de Sivray, auroit renvoyé le tout par devers mondit sieur l'intendant, pour instruire, faire, parfaire et juger définitivement et en dernier ressort le procès avec tel présidial, officiers ou gradés de sa généralité qu'il voudroit choisir, au nombre de juges requis par l'ordonnance.

Quelques-uns des accusés furent arrêtés, mais les chefs et principaux coupables prirent la fuite. Le procès fut fait aux premiers contradictoirement, et aux autres par contumace.

Enfin, par sentence rendue par M. Dorsay et les officiers du présidial d'Angoulesme, le 2 octobre 1725, cinq des absents furent condamnés à mort par contumace, quelques-uns des prisonniers furent bannis, et le reste déchargé, n'ayant pas paru juste d'étendre la peine pour un fait de cette qualité, et dans les circonstances des preuves, sur la communauté des habitants de cette enclave, mais plus régulier d'en restreindre l'effet sur les chefs, auteurs et principaux coupables de la révolte.

Aides de l'élection d'Angoulesme; droits et revenus divers du Roi.

Les aides ont cours dans l'élection d'Angoulesme, quoiqu'elles ne soient pas établies dans le reste de la généralité de Limoges.

Le Conseil ayant désiré être informé du produit des aides dans chaque province où elles ont cours, le sieur Gervais vérifia que celui de l'élection d'Angoulesme pour les années 1716 et 1717 avoit été d'environ 25,000 écus pour chacune de ces années.

On croit que ce produit peut être égal toutes les années, l'une portant l'autre; mais comme ce droit est à présent en régie, les appointements des directeurs et receveurs, et les gages du grand nombre de commis qu'il faut employer, diminuent considérablement le net pour le Roi.

La rigueur avec laquelle ce bureau s'exerce et les différents procès pour contraventions prétendues ou véritables qu'on fait aux particuliers qui vendent du vin en détail ruinent de temps en temps beaucoup de familles et rebutent les cabaretiers, dont la plupart mettent bouchon bas. On attaque d'ailleurs trop souvent les gros bourgeois de campagne, qui font de grandes consommations, sous les prétextes d'une prétendue qualité de marchands en gros qu'on leur attribue, d'un titre imaginaire de bouilleurs d'eau-de-vie et d'un droit de chaudiere.

Toutes ces chicanes sont autant d'obstacles au commerce des vins et eaux-de-vie, qui est le principal de la province, diminuent les consommations et empêchent les transports et sorties. Le pays, en étant d'autant plus appauvri, se trouve moins en état de payer les subsides au Roi, et on peut dire que la perte que Sa Majesté en souffre est beaucoup plus considérable que le net du produit des aides. Mais de tous les désordres qui naissent de l'établissement des aides en Angoumois, et de tous les autres abus infinis qui se commettent à cette occasion, aucun ne donne plus lieu aux vexations et n'embarrasse plus le commerce que le rétablissement qu'on y a fait des congés de remuage, en exécution de la déclaration du Roi du 22 juillet 1716. Cet établissement, qui avoit été fait par l'ordonnance du mois de juin 1680, avoit été restreint par celle du 4 mai 1688 aux seuls pays où ce droit a cours. Par des arrêts du Conseil des 15 juillet et 12 décembre 1690, suivis de lettres patentes du 11 janvier 1691, les congés de remuage furent rétablis dans quelques provinces seulement, au nombre desquelles l'Angoumois n'étoit pas compris. Il seroit à désirer qu'on l'eût encore excepté dans ces derniers temps d'une chose qui, gênant absolument le commerce des boissons, influe plus qu'on ne sauroit dire au détriment public.

Le produit des bureaux de papier marqué, de contrôles des actes et des exploits, des petits sceaux, insinuations laïques, centieme denier, etc., dans toute l'élection d'Angoulesme, année commune, est de plus 30,000 livres.

Celui de la part du Roi dans le greffe et des droits de garde, archives et autres rétablis, peut être de 2,500 livres.

Le Roi levoit ci-devant un droit de sortie sur le papier blanc qui se fabriquoit dans le pays, mais on l'a supprimé depuis quelques années.

Celui de la marque des fers ne monte qu'à 3,600 livres.

La marque des ouvrages d'or et d'argent, des cuirs et des chapeaux, n'est que d'un petit objet.

Le produit des coupes ordinaires des bois du Roi est de 12 à 15,000 livres par an.

Il résulte de l'assemblage de tout ce qui se perçoit dans l'Angoumois au profit du Roi, tant par impositions ordinaires et extraordinaires, qu'en droits anciens, nouveaux et rétablis, revenus de son Domaine et autres, que Sa Majesté tire annuellement de cette élection et province plus d'un million de livres, outre les décimes, sans parler de la partie qui est de la généralité de la Rochelle.

Intendants de Limoges et de la Rochelle.

L'élection d'Angoulesme est de l'intendance de Limoges, et celle de Coignac de l'intendance de la Rochelle.

Liste de MM. les intendants de Limoges (1) :

MM. de Champigny, en 1656.
Nesmond de Saint-Disan, en 1670.
Dorieu, en 1672.
Bidé de la Granville, en 1673 jusqu'en 1677.
Jubert de Bouville, pour la 1re fois, en 1678.
de Bezons, en 1680.
Poncet de la Riviere, en 1681.
Le Bret, en 1682 jusqu'en 1685.
de Gourgues, en 1686.
de Saint-Contest, en 1687.
Jubert de Bouville, pour la 2e fois, en 1688.
de Bernage, en 1694 jusqu'en 1702.
Rouillé de Fontaine, en 1703 jusqu'en 1708.
Carré de Montgeron, en 1709.
Bosc du Bouchet, en 1710.
Boucher Dorsay, pour la 1re fois, en 1711 jusques et y compris 1715.
Le Clerc de Lesseville, en 1716 jusqu'au commencement de 1718.
de Breteuil, en mars 1718 jusques et y compris 1723.
Pajot, huit mois de 1724.
Boucher Dorsay, pour la 2e fois, sur la fin de 1724 et à présent.

Liste de MM. les intendants de la Rochelle depuis la création de cette généralité, qu'on croit avoir été distraite de celles de Bordeaux et de Limoges en 1689 (2) :

(1) V. la note XIV, à la fin du Mémoire.
(2) V. la note XV, à la fin du Mémoire.

MM. de Villemontée. Par lettres patentes, données à Chantilly le 27 mars 1635, il fut établi intendant de justice, police, finances et marine dans les provinces de Poictou, Angoumois et Aulnix, villes et gouvernement de la Rochelle, Brouage et îles d'entre Loire et Garonne. Cette fonction étoit auparavant inconnue.

Bégon.

de Beauharnoys, en 1713, 1714, etc.

de Creil, en 1717 jusques en 1720, en partie.

Amelot de Chaillou, à la fin de 1720 jusqu'au mois de juillet 1726.

Bignon de Blanzy, à présent.

MM. les intendants de la Rochelle ont coutume d'avoir un subdélégué à Angoulesme, quoique cette ville ne soit pas de leur généralité, pour les paroisses dépendantes de partie des élections de Coignac et de Saint-Jean-d'Angély, qui sont plus à portée et beaucoup plus près de ladite ville que des chefs-lieux de ces deux élections. C'est le sieur Gervais, lieutenant criminel au présidial dudit Angoulesme, rédacteur des présents mémoires, qui exerce cette fonction depuis plusieurs années.

NOTES.

Nous avons renvoyé à la fin du présent Mémoire quelques notes qui, vu leur étendue, ne pouvaient trouver place dans le cours de l'ouvrage. Toutes sont destinées à mettre en lumière des documents utiles et inédits, ou à constater des faits dont l'exposé demandait un certain développement. Leur nombre eût été facilement augmenté, si nous avions voulu puiser sans réserve dans les archives qui sont à notre disposition; mais alors nos commentaires eussent presque égalé l'ampleur du livre que nous éditons. Il nous a paru plus sage de nous borner au strict nécessaire.

I (page 183).

La navigation de la Charente est, sans contredit, de toutes les questions administratives intéressant l'Angoumois, celle qui a le plus longuement occupé l'intendance de Limoges. Dans son *Mémoire* sur cette généralité, l'intendant de Bernage nous apprend que, dès l'année 1696, M. Bégon et lui furent désignés pour étudier le projet qui avait été présenté dans le but de rendre cette rivière navigable depuis Angoulême jusqu'à Verteuil. Le rapport qu'il rédigea, à la suite d'études faites de concert avec le sieur Ferry, ingénieur général, considéra le projet comme réalisable ; mais l'administration recula, pour l'exécution des travaux, non-seulement devant les difficultés que Gervais a pris soin de rappeler, mais encore, et surtout, devant la dépense évaluée à près de 80,000 livres. C'est seulement sous le règne de Louis XV que l'on paraît être revenu sur cette question, en la présentant sur un plan beaucoup plus vaste que la première fois. On ne se borna pas, en effet, à demander la navigation de la Charente jusqu'au bourg de Verteuil ; on proposa de l'étendre jusqu'à Civray, et de la perfectionner depuis Angoulême jusqu'à Cognac. Les vœux des provinces que cette rivière arrose furent bien souvent transmis au roi par les intendants ; et si les sollicitations n'amenèrent pas un résultat immédiat, elles eurent au moins l'avantage d'appeler l'attention publique et celle de l'État sur cet important projet. Le roi voulut d'abord pourvoir à faire cesser les obstacles apportés à la navigation par les entreprises des riverains, et, dans ce but, il fit rendre au Conseil d'État les arrêts du 2 février 1734 et du 28 décembre 1756, par lesquels les intendants de Limoges étaient commis, à l'exclusion des Maîtrises des eaux et forêts, à connaître de toutes les contestations qui pourraient s'élever à ce sujet. Turgot obtint enfin par son infatigable activité l'arrêt du 2 août 1767, qui chargeait le sieur Trésaguet, ingénieur en chef des ponts et chaussées de la généralité de Limoges, de dresser les plans et devis des ouvrages à faire pour l'établissement complet de la navigation de la Charente. Les mémoires de l'ingénieur furent achevés en 1772, et le commencement des travaux fut ordonné le 27 septembre 1775. Ces travaux, conduits assez mollement sous l'administration de MM. d'Aine et Meulan d'Ablois, n'avaient pas dépassé Montignac lorsque éclata la révolution de 1789. — Les écluses qui avaient été construites entre cette localité et Angoulême sont aujourd'hui entièrement abandonnées.

Les archives départementales antérieures à 1790 possèdent trois liasses relatives à la navigation de la Charente, parmi lesquelles sont conservés les mémoires de l'ingénieur Trésaguet, accompagnés d'un beau plan de la rivière. Nous en avons donné l'analyse dans l'*Inventaire-sommaire* que nous publions depuis 1862, par ordre de S. E. M. le ministre de l'intérieur, aux articles cotés C. 76, C. 77, C. 78.

II (page 185).

C'est une opinion généralement accréditée parmi les populations charentaises, que l'établissement des chemins publics dans le territoire qui forme notre département est l'œuvre du XIXe siècle; mais, il faut bien le reconnaître, les faits historiques lui donnent le plus formel démenti. Pour rester dans le vrai, et rendre à César ce qui appartient à César, il convient de restituer aux intendants de Limoges et de La Rochelle l'honneur d'avoir les premiers créé en Angoumois un ensemble de routes important. — A l'époque où Turgot fut appelé à l'intendance de Limoges, c'est-à-dire en 1761, il n'existait encore, dans notre province, en dehors des voies romaines, abandonnées depuis des siècles, qu'une seule grande voie de communication, celle de Paris en Espagne, commencée depuis quatre-vingts ans et restée inachevée. Dès son arrivée en Limousin, l'illustre intendant reconnut tout ce qu'il y avait à faire pour la prospérité matérielle de ce pays délaissé, et il pensa avec raison que le meilleur moyen d'y faire pénétrer un bien-être relatif était de lui créer des débouchés avec l'extérieur. Pour ce faire, il s'occupa avec une attention particulière du service des travaux publics, auxquels il donna la plus vigoureuse impulsion. Sous sa haute direction, et à l'aide des mesures administratives et financières qu'il sut prendre ou provoquer, un système de viabilité complet se forma en peu d'années. Par une imposition représentative de la corvée, établie à sa sollicitation sur toutes les paroisses de son ressort, il put se procurer des ressources inconnues jusqu'alors, qui, en venant grossir singulièrement les fonds accordés à sa généralité par les états du roi (budgets), lui permirent de mettre à exécution ses généreux desseins. Plus tard, des ateliers dits de charité, répandus par ses ordres dans toutes les élections, servirent utilement ses entreprises et contribuèrent puissamment à les populariser, car ils présentaient le double avantage d'offrir dans les mauvaises années une occupation lucrative et inattendue aux familles pauvres, tout en fournissant à l'administration un contingent de travailleurs suffisant pour assurer l'entretien des routes déjà créées ou le transport des matériaux que nécessitait l'établissement de nouvelles lignes. Un mémoire rédigé en 1775 par M. Trésaguet, ingénieur en chef des ponts et chaussées de Limoges, et adressé à M. Trudaine de Montigny (1), met en lumière les principes raisonnés, les soins minutieux et persévérants qui présidèrent à la confection et à l'entretien des chemins faits en rachat de corvée dans cette généralité depuis 1764, et d'autre part, les instructions et règlements adressés aux subdélégués sur la régie des ateliers de charité (2) témoignent de la sollicitude paternelle de l'intendant pour les ouvriers, en même temps que des sages mesures d'ordre et de police prises pour garantir la marche régulière et continue des ouvrages. Lorsqu'en 1774, Turgot quitta l'intendance de Limoges, les travaux publics avaient reçu l'élan décisif sur tous les points de la généralité. Non-seulement il avait beaucoup créé, mais encore, ce qui est presque aussi profitable, il laissait après lui des précédents administratifs heureux, une organisation des services sûre et méthodique, et presque en toutes choses des modèles à suivre.

Ses successeurs, MM. d'Aine et Meulan d'Ablois, n'eurent qu'à continuer son œuvre, tandis que leurs collègues de La Rochelle rivalisaient avec eux de zèle et de dévouement. — L'état suivant des

---

(1) Analysé par M. d'Hugues dans son *Essai sur l'administration de Turgot dans la généralité de Limoges* (Paris, Guillaumin, 1859, in-8) et conservé aux Archives départementales de la Haute-Vienne.

(2) Archives départementales de la Charente, série C, art. 73.

voies de communication exécutées depuis 1761 jusqu'à la Révolution dans la circonscription territoriale occupée présentement par le département de la Charente, permettra d'apprécier les résultats obtenus par ces intelligents et habiles administrateurs, généralement trop peu connus de notre temps.

Généralité de Limoges (1).

1° Route de Paris en Espagne. Commencée, comme nous l'avons déjà dit, en 1680, et restée inachevée, elle passait primitivement par Villefagnan, Aigre, Saint-Cybardeaux, Châteauneuf, et rejoignait, au Pont-à-Bras, la ligne actuelle. De 1763 à 1772, elle fut rectifiée dans la moitié environ de son parcours, et dirigée par Montalembert (aujourd'hui département des Deux-Sèvres), Les Adjots, Ruffec, Villegast, Barro, Verteuil, Salles, Lonnes, Fontenille, Fontclaireau, Mansle, Champniers, Angoulême, Roullet, etc... Elle a été améliorée depuis sur divers points et classée route impériale n° 10.

2° Route de Lyon à La Rochelle par Limoges, Angoulême, Hiersac, Jarnac, etc... (aujourd'hui route impériale n° 141).

3° Route d'Angoulême à La Rochebeaucourt et à Périgueux (aujourd'hui route impériale n° 139).

4° Route du Périgord à Libourne; traverse de l'Angoumois depuis le bourg de Sainte-Aulaye jusqu'au pont de Montillard (aujourd'hui entièrement dans le département de la Dordogne).

5° Route de Bonnes à Saint-Privat et à La Valette (aujourd'hui chemin de grande communication n° 17).

6° Route de La Rochefoucauld à Montbron (aujourd'hui route départementale n° 8).

7° Route d'Angoulême à Limoges par Montbron et Écuras (aujourd'hui chemin de grande communication n° 3 et route départementale n° 8).

8° Route de Ruffec à Condac (aujourd'hui route départementale n° 9).

9° Route de Montbron à Nontron)aujourd'hui chemin de grande communication n° 26).

10° Route de Verteuil à Civray (aujourd'hui chemin de moyenne communication n° 26).

11° Route d'Angoulême à Vars 'aujourd'hui chemin de grande communication n° 18.

12° Route d'Angoulême à Saint-Genis (aujourd'hui route impériale n° 139).

(1) Archives départementales de la Charente, série C, art. 57-75.

13º Route de Limoges à La Rochelle par Chasseneuil, Agris, Jauldes, Anais, La Touche, Vars, etc..... (aujourd'hui route départementale n° 11).

Généralité de La Rochelle (1).

14º Route de La Rochelle à Angoulême par Rochefort, Tonnay-Charente, Saintes, Cognac, Jarnac et Hiersac (aujourd'hui route impériale n° 141).

15º Route de La Rochelle à Angoulême par Surgères, Saint-Jean-d'Angély et Cognac, où est le point d'embranchement avec la route précitée (aujourd'hui route départementale n° 3).

16º Route de Pons à Cognac (aujourd'hui route départementale n° 5).

17º Route de Pons à Chalais par Archiac et Barbezieux (aujourd'hui route départementale n° 2).

18º Route de Paris à Libourne par Angoulême, Chalais et La Roche-Chalais (aujourd'hui route impériale n° 10 jusqu'à Angoulême, et route départementale n° 1 d'Angoulême à La Roche-Chalais).

19º Route de La Rochelle à Limoges par Surgères, Saint-Jean-d'Angély, Matha et Vars (aujourd'hui route impériale n° 139 jusqu'à Saint-Cybardeaux, et départementale n° 11 entre Saint-Cybardeaux et Vars).

20º Route de Saint-Même au port de Vinade (aujourd'hui chemin de grande communication n° 11).

III (page 207).

Le maïs (*blé d'Inde, blé de Guinée, blé de Turquie ou blé d'Espagne*) est, malgré ces diverses appellations, originaire d'Amérique. Introduit en Europe peu de temps après la découverte du nouveau continent, il paraît avoir été cultivé sur certains points de la France dès la fin du XVIe siècle. C'est au commencement du XVIIe, selon Munier, ou seulement vers 1650, selon Quénot, qu'il fut connu en Angoumois. Quoi qu'il en soit, il était encore bien peu répandu dans cette province en 1680, puisque d'après un jugement rendu en cette année il devait être considéré comme une menue dîme. C'est vraisemblablement dans les dix dernières années du XVIIe siècle que sa culture prit de l'extension, car M. de Bernage, dans son *Mémoire sur la généralité de Limoges*, écrit en 1698, fait observer que les dernières disettes (1692-1695) avaient obligé les paysans à semer une

---

(1) Archives départementales de la Charente, série C, art. 101-103.

trop grande quantité de blé d'Espagne, qui avait affaibli les terres. Toutefois, cette culture ne devint générale et habituelle que dans les premières années du XVIIIe siècle ; et, dès lors, elle fournit dans plusieurs paroisses la principale récolte des habitants. Nous savons aussi par la *Mercuriale du Présidial d'Angoulême*, que, dans les liquidations de rentes qui se faisaient en justice, le blé d'Espagne était estimé valoir les trois quarts du froment.

L'introduction du maïs dans les provinces du sud-ouest, et notamment dans le Lauraguais, fut, sans contredit, une heureuse innovation qui a renouvelé et enrichi l'agriculture de ces pays, où l'on ne cultivait de temps immémorial que des blés sur jachère. En Angoumois, elle aurait pu rendre les mêmes services. Cette céréale « commence, en effet, dit le comte de Gasparin dans son *Cours d'Agriculture*, tome III, p. 745, la série des plantes sarclées, série qui manque dans tous les pays arriérés, où elle n'existe que par exception, et qui, dans ceux où elle est introduite régulièrement, est le couronnement et la gloire de l'agriculture. Mais nous ne le dissimulons pas, les plantes sarclées sont toutes des plantes épuisantes à un degré plus ou moins grand, et leur alternance prolongée avec les céréales deviendrait une véritable calamité agricole, si elles ne mettaient pas le cultivateur sur la voie d'une augmentation de bétail et des ressources propres à le nourrir. » C'est ce qui arriva dans notre province. Sous l'empire des pratiques routinières qui dominaient au temps de Gervais, la culture continue du maïs dans des terres sans cesse appauvries ne tarda pas à devenir un fléau public, et nous ne saurions trop louer notre auteur de s'être élevé avec force contre l'abus qu'on en fit.

Nous le constatons avec plaisir, depuis que le progrès agricole a pénétré dans nos contrées, c'est-à-dire depuis vingt-cinq ou trente ans, les ensemencements de blé d'Espagne ont diminué progressivement, si bien que de nos jours on n'en rencontre plus guère que dans les cantons voisins du Périgord et du Limousin ; encore y sont-ils beaucoup moins importants qu'autrefois. Dans la partie du département où l'on s'adonne plus particulièrement à la viticulture, les cultivateurs ne consacrent à cette espèce de grain que l'étendue de terrain tout juste nécessaire pour obtenir un produit qui suffise à engraisser le porc que l'on consomme chaque année dans leur ménage.

IV (page 211).

Les riches habitants des contrées viticoles de la Charente ne manqueront pas de sourire en lisant les observations consignées dans ce chapitre; car l'étonnante prospérité du commerce des vins et eaux-de-vie et l'étendue des vignobles, toujours croissante, malgré la rareté de la main-d'œuvre et l'augmentation des salaires, donnent le plus éclatant démenti aux sinistres prévisions de Gervais. Il serait fort intéressant sans aucun doute de rechercher ici les causes de l'extension continue dans notre pays de la culture de la vigne et du commerce qui en exporte les produits; mais, nous ne devons pas craindre de l'avouer, nous ne sommes pas encore en possession de documents suffisants pour traiter convenablement une question aussi vaste et aussi complexe. Nous y reviendrons peut-être un jour, si nous parvenons à recueillir les renseignements que nous jugeons nécessaires pour exécuter ce travail; en attendant, nous nous bornerons à faire connaître quelques notes dont nous garantissons l'exactitude, sur les frais de la plantation et de la culture des vignes au XVIIIe et au XIXe siècle, sur les prix de ventes à diverses époques des vins rouges et des eaux-de-vie, et sur leur exportation en France et à l'étranger.

Frais de la plantation et de la culture d'un journal de vigne (1). — En 1740, la plantation d'un journal de vigne à l'entreprise coûtait 36 livres; en 1780, 55 liv.; avant 1848, 100 fr. Elle coûterait plus cher aujourd'hui, et nous pensons même qu'un propriétaire ne trouverait que très-difficilement un vigneron qui voulût prendre l'engagement de faire ce travail. Ce sont généralement les domestiques qui maintenant en sont chargés pour le compte de leurs maîtres. — En 1723, la culture annuelle d'un journal de vigne (taille et deux façons de labour à la main) était payée 5 liv.; en 1775, 6 liv.; avant 1848, 12 liv.; présentement. elle varie entre 20 et 30 fr. — En 1723, un domestique vigneron recevait pour l'année 33 liv. de gages; en 1746, 36 liv. et un chapeau; en 1774, 50 liv.; avant 1848, de 100 à 160 fr.; de 1856 à 1864, les prix ont varié entre 350 et 450 fr. (2).

---

(1) Le journal d'Angoumois fait environ le tiers de l'hectare.

(2) Les renseignements qui précèdent sont en partie extraits des comptes faits par les PP Jésuites d'Angoulême avec les journaliers et domestiques qu'ils employaient à la culture de leurs terres de Mazottes et de Puyguillier, dans la paroisse de Segonzac, et de la borderie de Lion, près Angoulême.

Prix moyen du tonneau de vin rouge (1), d'après la mercuriale officielle du présidial d'Angoulême conservée aux archives du département :

Années.	Prix.	Années.	Prix.
1726—1727	100 liv.	1761 1762	45
1727—1728	60	1762—1763	58
1728—1729	48	1763—1764	50
1729—1730	30	1764—1765	60
1730—1731	30	1765—1766	76 liv. 16 s.
1731—1732	32	1766—1767	101
1732—1733	33	1767—1768	155
1733—1734	48	1768—1769	100
1734—1735	42	1769—1770	71
1735—1736	43	1770-1771	172
1736-1737	55	1771—1772	177
1737—1738	36	1772—1773	90
1738—1739	50	1773—1774	114
1739—1740	73	1774—1775	156
1740—1741	87 liv. 10 s.	1775—1776	136
1741—1742	48	1776—1777	120
1742—1743	26	1777—1778	200
1743-1744	44	1778—1779	110 liv. 13 s. 4 d.
1744—1745	48	1779—1780	55 liv. 10 s.
1745—1746	60	1780—1781	56
1746—1747	145	1781—1782	45 liv. 10 s.
1747—1748	108	1782—1783	54
1748—1749	64 liv. 10 s.	1783—1784	83
1749—1750	72	1784-1785	60 liv. 5 s.
1750—1751	95	1785—1786	40
1751—1752	88 liv. 10 s.	1786—1787	14 liv. 10 s.
1752—1753	55	1787—1788	81
1753—1754	55 liv. 10 s.	1788—1789	88 liv. 10 s.
1754—1755	50	1789—1790	208
1755—1756	48	1790—1791	247
1756—1757	59	1791—1792	259
1757—1758	55	1792-93-94-95-96	Néant.
1758—1759	87 liv. 10 s.		
1759—1760	60	1796—1797	232 liv. 10 s.
1760—1761	40		

(1) Le tonneau de vin contenait quatre barriques, chaque barrique cent-soixante

Prix de vente en Angoumois de la barrique d'eau-de-vie de 27 veltes (1) :

Années.	Prix.	Années.	Prix.
1715	61 liv.	1728	80
1718	60	1730	90
1719	86	1732	41 liv. 10 s.
1723	110	1735	47

Prix commun à La Rochelle de la barrique d'eau-de-vie de 27 veltes (2) :

Années.	Prix.	Années.	Prix.
1774	120 liv.	1779	75
1775	130	1780	75
1776	135	1781	60
1777	140	1782	62
1778	150	1783	90

La valeur des vins et eaux-de-vie sous le premier Empire ne nous est pas connue : nous savons seulement qu'en 1813 la barrique d'eau-de-vie se vendait 140 fr. Sous la Restauration, le commerce de Cognac prit un grand développement, et en 1817-1818, l'eau-de-vie fut achetée jusqu'à 700 fr. Nous ne pouvons indiquer exactement les prix de vente sous les gouvernements de Charles X et de Louis-Philippe : ils furent en général modérés. Après 1848, les demandes de l'étranger ayant été considérables, ils se relevèrent progressivement, et de 1852 à 1859, l'eau-de-vie nouvelle fut payée de 100 à 200 fr. l'hectolitre. Elle subit en 1861 une baisse très-sensible par suite des guerres civiles de l'Amérique, mais elle a re-

---

pintes, et chaque pinte quatre roquilles. Trois roquilles faisaient la pinte de Paris ; par conséquent la petite barrique d'Angoumois valait deux cents pintes de Paris.

La grosse barrique, appelée façon bordelaise, contenait deux cents pintes d'Angoulême et deux cent cinquante pintes de Paris.

(1) Extraits des livres de vente tenus par les PP. Jésuites d'Angoulême à Mazottes, paroisse de Segonzac (V. Archives départementales, série D, art. 21).

(2) État officiel conservé aux archives du département (série C, fonds de l'intendance de La Rochelle).

pris depuis un cours satisfaisant. Elle valait en 1860 105 fr. l'hectolitre, et se vend présentement de 85 à 95 fr.

Exportation des vins et eaux-de-vie. — Un mémoire sur le commerce de l'élection de Cognac, rédigé en 1728 et inséré dans le tome III du *Dictionnaire universel du commerce*, par J. Savary des Brulons (Paris, 1830, in-fol.), estime qu'il sortait chaque année 27,000 barriques d'eau-de-vie du port de Charente. D'après une note de la régie, conservée aux Archives départementales (série C, fonds de l'intendance de La Rochelle, art. 91), les quantités de ce produit expédiées en 1783 par les ports de la Saintonge à la destination de l'étranger furent de 31,519 barriques. Nous ne savons rien des exportations qui se firent sous l'Empire et pendant les premières années de la Restauration. De 1822 à 1831 inclusivement, les expéditions pour l'Angleterre seulement se montèrent à 820,000 hectolitres, ce qui donne une moyenne de 82,000 hectolitres par année ; en 1832, elles s'élevèrent à 125,000 hectolitres ; en 1833, à 111,500 ; en 1834, à 115,000. Feu M. Léonide Sazerac, négociant à Angoulême, auquel nous avons emprunté une partie des chiffres qui précèdent (1), affirmait en 1836 que ces exportations formaient à peu près les deux tiers de notre commerce d'eau-de-vie, l'autre tiers étant réservé aux expéditions faites dans l'intérieur de la France, dans le nord de l'Europe, l'Amérique septentrionale, etc. Depuis cette époque, le commerce de Cognac a toujours été grandissant, ainsi qu'on pourra en juger par l'examen du tableau suivant, extrait de l'*Almanach de Cognac* pour l'année 1857 (Cognac, E. Bourquin, libr.-édit., 1857, in-8).

(V. *le Tableau à la page suivante.*)

---

(1) V. sa *Notice sur le commerce de la Charente*, dans l'Annuaire de ce département pour l'année 1836 (Angoulême, P. Lacombe, 1836, in-12).

— 557 —

DÉSIGNATION des années.	NOMBRE D'HECTOLITRES de vin expédiés		NOMBRE D'HECTOLITRES d'eau-de-vie expédiés.	
	hors l'arrondiss.	à l'étranger.	hors l'arrondiss.	à l'étranger.
		h. l.		
1836.........	39,891	41 40	33,157	62,304
1837.........	38,167	14 36	42,664	83,778
1838.........	37,241	» 85	36,084	84,258
1839.........	37,624	4 80	20,860	55,695
1840.........	37,453	17 46	28,308	99,973
1841.........	43,957	14 »	36,985	96,370
1842.........	51,164	35 80	24,910	60,370
1843.........	42,831	19 74	34,494	98,437
1844.........	39,312	40 32	18,816	73,459
1845.........	11,118	38 71	37,722	107,941
1846.........	16,197	487 88	29,948	86,689
1847.........	28,571	142 96	46,622	88,998
1848.........	19,686	10 07	36,907	137,828
1849.........	30,946	9 47	81,169	250,218
1850.........	45,087	5 38	51,835	170,175
1851.........	98,943	6 47	76,681	190,507
1852.........	41,684	110 08	61,067	227,598
1853.........	25,628	28 14	56,387	220,562
1854.........	27,100	48 50	64,594	193,931
1855.........	22,947	88 »	29,918	166,462
1856 1er semestre.	15,840	167 25	27,498	99,265
Total des 20 années.	751,387	1331 64	876,626	2,654,818

V (page 239).

Gervais n'a point consulté l'original des lettres de concession qu'il mentionne, ni même la transcription qu'on en fit sur les registres de la mairie; il rapporte la date de ce document d'après le texte qui en fut donné dès 1627 par l'éditeur des *Priviléges de la ville d'Angoulême*, insérés trois ans plus tard dans la deuxième édition du *Recueil en forme d'histoire* de F. de Corlieu; et, par suite, il reproduit la faute grave qui s'était glissée dans l'impression de cet ouvrage. Les lettres-patentes du roi Louis XII furent données à Mâcon, non en septembre de l'an 1500, mais en septembre de l'an 1503, le sixième de son règne. Une expédition authentique de ces lettres, conservée aux Archives départementales, série A, art. 33, nous a permis de faire en toute sûreté la correction que nous venons d'indiquer; mais alors même que nous n'aurions pas eu sous les yeux cette pièce de conviction, il nous eût été facile de signaler une erreur dans le texte des *Priviléges*, en remarquant que les dates de l'année et du règne qui s'y trouvent imprimées ne peuvent s'accorder entre elles. Louis XII étant monté sur le trône le 7 avril 1498, n'était entré par conséquent dans la sixième année de son règne que depuis le 7 avril 1503.

Outre les quatre foires créées par Louis XII, douze foires annuelles furent accordées en 1754 aux habitants d'Angoulême. Les lettres-patentes du roi Louis XV étant encore inédites, nous croyons utile de les publier ici, d'après une expédition signée par Crassac, secrétaire du Corps-de-Ville (Archives départementales, série A, art. 33).

Lettres-patentes du roi Louis XV, portant création à Angoulême de douze foires annuelles.

(Octobre 1754.)

« Louis, par la grâce de Dieu, roi de France et de Navarre, à tous présents et advenir, salut. Nos bien amés les maire et échevins de la ville d'Angoulesme nous ont fait exposer que cette ville, par son rang de capitale de la province, par le nombre de ses habitants et par sa situation qui la rend limitrophe du Périgord, de la Xaintonge, du Poitou et du Limousin, et par le commerce que lui procure la navigation de la Charente, est une ville de notre royaume la plus propre au commerce; que les halles, magasins et hôtelleries y sont commodes et en quantité suffisante; qu'elle est l'entrepôt des marchandises qui viennent de la mer par Rochefort et la Rochelle; que cependant les habitants de la ville ne peuvent pas profiter de ces avantages par le défaut d'établissement de foires suffisantes et nécessaires pour le bien et l'avantage du public, n'y en ayant que quatre d'établies, qui se tiennent les 7 janvier, 22 mai, 29 juin et 30 aoust de chaque année; qu'il est peu de petites villes dans notre province d'Angoumois dans lesquelles il ne s'en tienne plus que dans Angoulesme; dans ces circonstances, ils nous ont fait supplier de leur accorder douze nouvelles foires d'un jour chacune pour être tenues dans ladite ville d'Angoulesme, les seconds jeudis de chaque mois, aux priviléges, franchises et libertés dont ils ont accoutumé de jouir et user pour les quatre foires anciennes de ladite ville, et de leur accorder à cet effet nos lettres patentes nécessaires. A ces causes, voulant favorablement traiter les exposants, et procurer aux habitants d'Angoulesme et des lieux circonvoisins l'avantage et la commodité qu'ils doivent trouver dans l'établissement desdites foires, et par ce moyen les mettre en état d'augmenter leur commerce et leurs manufactures, nous avons de notre grâce spéciale, pleine puissance et autorité royale, permis et accordé, et par ces présentes signées de notre main, permettons et accordons auxdits maire et échevins de notre ville d'Angoulesme et à leurs successeurs de faire tenir dans ladite ville d'Angoulesme douze foires, d'un jour chacune par an, les seconds jeudis de chaque mois, outre les quatre déjà établies et qui s'y tiennent les 7 janvier, 22 mai, 29 juin et 30 aoust de chaque année, lesquelles douze nouvelles foires nous avons, de nos mêmes grâce, pouvoir et autorité que dessus, créées, établies et autorisées, créons, établissons et autorisons par cesdites présentes, pour en jouir par les exposants et leurs successeurs aux mêmes droits, avantages et prérogatives dont ils jouissent pour les quatre foires déjà établies et par les marchands et habitants de la ville d'Angoulesme et des endroits circonvoisins, marchands forains et tous autres des mêmes franchises, exemptions, priviléges et libertés dont jouissent ou doivent jouir les marchands et habitants ès autres lieux d'établissement des foires et marchés de notre pays et duché d'Angoumois. Voulons et nous plaît que lesdits exposants et leurs successeurs fassent bâtir et construire les halles, étaux, boutiques et échoppes nécessaires, s'ils ne sont déjà construits, qu'ils perçoivent et fassent percevoir les droits qui seront dus suivant les us et coutumes, et que tous marchands puissent aller, venir, séjourner, vendre et débiter, troquer et échanger toutes sortes de marchandises licites et permises, ainsi qu'il est accoutumé, pourvu toutefois qu'à quatre lieues à la ronde de ladite ville d'Angoulesme, il n'y ait, auxdits jours, autres foires et marchés, auxquelles ces présentes puissent préjudicier, et que les jours de foire n'échoient aux jours de fêtes solennelles, auquel cas elles seront remises au lendemain et sans qu'on puisse prétendre aucune exemption et franchise de nos droits. Sy donnons en mandement à nos amés et féaux conseillers les gens tenant notre cour de Parlement à Paris et à tous autres nos officiers et justiciers qu'il appartiendra, que ces présentes ils aient à faire registrer, lire et publier partout où besoin sera, et du contenu en icelle faire jouir et user lesdits sieurs exposants et leurs successeurs ès dites qualités, ensemble les marchands et habitants de la dite ville d'Angoulesme et des lieux circonvoisins, marchands forains et tous autres qui iront et viendront auxdites foires pleinement, paisiblement et perpétuellement, cessant et faisant cesser tous troubles et empêchements contraires ; car tel est notre plaisir. Et afin que ce soit chose ferme et stable à toujours, nous avons fait mettre notre scel à ces présentes, données à Fontainebleau, au mois d'octobre, l'an de grâce mil sept cent cinquante quatre, et de notre règne le quarantième. Signé : LOUIS. Par le roi, signé : PHELYPEAUX.

« Insinué à Angoulesme, le vingt-trois avril mil sept cent cinquante cinq, requérants Messieurs du Corps-de-Ville d'Angoulesme, par Ardiller, qui a reçu 120 livres.

« Visa, signé : MACHAUT, pour l'établissement de douze foires en la ville d'Angoulesme, aux maire et échevins de ladite ville.

« Registrées, ce consentant le procureur général du roi, pour jouir par les impétrants et leurs successeurs de leur effet et contenu, et être exécutées selon leur forme et teneur, pour être, lesdites foires, franches et exemptes de tous droits, ainsi et de la même manière que le sont celles déjà établies en la ville d'Angoulesme, suivant l'arrêt de ce jour. A Paris, en Parlement, le dix-sept mars mil sept cent cinquante-cinq. Signé : YSABEAU. »

Suit l'extrait des registres du parlement.

VI (page 244).

Ces indications ne sont pas exactes. Nous ignorons, il est vrai, si anciennement il existait quatre foires au bourg de La Couronne ; mais nous savons que, dès 1651, Louis XIV, à la sollicitation des RR. PP. Jésuites, y avait établi six foires et un marché qui se tenait le mardi de chaque semaine Nous reproduisons ci-dessous le texte des lettres de concession, dont l'original est conservé aux archives du département (série H, fonds de l'abbaye de La Couronne).

Lettres patentes du roi Louis XIV, portant établissement de foires et marchés au bourg de La Couronne.

(Septembre 1651.)

« Louis, par la grâce de Dieu, Roy de France et de Navarre, à tous présens et à venir, salut. Noz chers et bien amez, pieux et devots orateurs les Recteur et religieux du college royal de la Compaignie de Jesus scis en l'Université de nostre bonne ville de Paris nous ont très-humblement faict dire et remonstrer qu'à cause de l'abbaye de la Couronne, près Angoulesme, unie aud. college, le bourg dud. lieu leur appartient, escheu spécialement en leur lot et partage faict avec les religieux d'icelle suivant le contract faict entr'eux et arrest de nostre Conseil du dixiesme janvier mil six cens trente, icelle terre estant seigneurialle, ayant haulte, moyenne et basse justice, moulin et four bannal, scituée sur les confins du pays d'Angoumois du costé qui tourne au Périgord, ce qui cause un grand abord et concours de personnes qui vont et viennent incessamment d'une province à l'autre et se trouvant fertile en bleds, vins, bestail, fruicts et autres choses nécessaires et commodes, ayant plusieurs beaux droicts et grand nombre de maisons, mestairies et domaines qui en dépendent, près de laquelle il y a plusieurs hameaux, paroisses et grands chemins où passent, repassent et séjournent les marchans avec leurs denrées et marchandises qu'ils y débitent au soulagement de nos sujets, pourquoy lesd. exposans pour la plus grande commodité et avantage des peuples des bourgades et des environs, facilité au commerce et débit de leurs denrées, nous ont requis qu'il nous pleust y créer et establir six foires par an et un marché chacune sepmaine, et à ceste fin leur octroyer nos lettres sur ce nécessaires, qu'ils nous ont faict très-humblement supplier leur accorder. A quoy inclinant libérallement et voulant gratiffier spécialement et favorablement traicter lesd. Recteur et religieux dud. College et contribuer tout ce que nous pourrons à l'accroissement et augmentation de ceste partie de leurd. lot et partage, en considération du travail et dignes employs où ils sont continuellement occupés à l'édiffication des sujets de nostre Royaume par les bons exemples, prédications, catéchismes et instructions de la jeunesse; A ces causes, scavoir faisons que nous, de l'advis de nostre Conseil, avons créé, ordonné et estably, et de nos grace spécialle, pleine puissance et authorité royalle créons, ordonnons et establissons par ces présentes six foires par chacun an et un marché par chacune sepmaine pour estre tenues, scavoir : la première foire le mardy de Pasques, la deuxiesme l'unziesme de may, la troisiesme le vingt-quatriesme juin, la quatriesme le dixiesme aoust, la cinquiesme le quinziesme novembre, et la sixiesme le vingt-huitiesme décembre, et un marché le mardy de chaque sepmaine, pour estre aud. bourg et terre lesd. foires tenues esd. jours et led. marché chacune sepmaine; et icelles estre doresnavant, perpétuellement et à tousjours gardées, observées et entretenues. Voulons et nous plaict qu'esd. jours tous marchans et autres y puissent aller, venir, séjourner, vendre, trafficquer, trocquer et eschanger toute sorte de marchandises permises et licites, pourveu toutesfois qu'à quatre lieues à la ronde dud. lieu il n'y ait autres foires et marchés ausd. jours, et qu'à cause de lad. création et establissement desd. foires et marché, l'on ne puisse prétendre franchise ny liberté que celles qui sont accordées es autres foires et marchés, au préjudice de nos droicts et de l'autruy et qu'esd. jours ne se rencontre feste d'apostre; auquel cas, elles seront remises au lendemain. Sy donnons en mandement au séneschal d'Angoulesme ou son lieutenant général aud. lieu et à tous nos autres officiers et justiciers qu'il appartiendra que ces présentes nos lettres de création et establissement desd. foires et marché ils fassent lire, publier et enregistrer et de leur contenu fassent, souffrent et laissent lesd. Recteur et religieux dud. College seulement leurs successeurs et ayants cause, ensemble les marchans et fréquentans lesd. foires et marchés jouir et user pleinement, paisiblement et perpétuellement, les faisant crier, publier et signifier es lieux circonvoisins que besoing sera, et pour faire tenir lesd. foires et marché choisir et eslire tel lieu le plus propre et commode qu'ils jugeront bon estre, et aussy de faire construire, bastir et édiffier aud. lieu des halles, bancs et estaux pour loger lesd. marchans pour la commodité et seureté de leurs denrées et marchandises ; car tel est nostre plaisir. Et affin que ce soit chose ferme et stable à tousjours, nous avons faict mettre nostre scel à cesd. présentes, sauf en autre chose nostre droict et l'autruy en toutes. — Donné à Paris, au mois de septembre, l'an de grâce mil six cens cinquante un, et de nostre regne le neufviesme.

« Registré au greffe des expéditions de la Chancellerie de France le XXIIIme septembre MVI^c cinquante-un.

« Et sur le repli : Par le Roy, SAVARY ; pour visa, MOLÉ. — Leu et publié à l'audience de la cour ordinaire de la Sénéchaussée et siége Présidial d'Angoulmois le vingt-deuxiesme mars mil six cent cinquante-deux, requérant Me François Bernard, procureur des impétrans, ouy et consentant le procureur du Roy pour jouir par eux du contenu auxd. lettres, ainsy qu'il est contenu au registre de ce jour ; et en conséquence d'icelluy, ont lesd. lettres esté enregistrées au greffe dud. siége pour y avoir recours quand besoing sera. Dont a esté baillé acte. Signé : DUBOIS, greffier. »

(Orig. autref. scellé sur lacs de soie mi-partie rouges et verts. — Le sceau manque.)

Outre les vingt-neuf bourgs rapportés par notre auteur comme étant en possession de foires, il y avait encore dans l'étendue de l'élection ou de la sénéchaussée d'Angoulême plusieurs localités qui jouissaient du même privilége. Voici celles, au nombre de dix-sept, que nous trouvons indiquées dans la copie du manuscrit de Gervais, dite de *Collain* :

« *A Ambleville*, il y a douze foires qui sont tous les premiers vendredis de chaque mois.

« *A Champniers*, il y a une foire ancienne le 11 décembre, et douze foires nouvelles le second mardi de chaque mois. Ces douze foires ne sont point fréquentées (1).

---

(1) Nous ignorons en vertu de quels titres furent établies les foires indiquées ci-dessus ; mais nous tenons à signaler les lettres-patentes données en février 1651, à

« *A Cognac*, ville, il y a un marché tous les samedis, et une foire royale, le 11 novembre. Si cette foire tombe le lundi, elle dure toute la semaine. On y a depuis peu établi douze foires qui se tiennent tous les seconds samedis de chaque mois.

« *A la Rochebeaucourt*, partie en Angoumois, il y a huit foires : la 1re se tient le 25 janvier ; la 2e le jeudi d'avant la mi-carême ; la 3e le lendemain de l'Ascension ; la 4e le 6 août ; la 5e le 14 septembre ; la 6e le 28 octobre ; la 7e le 21 novembre ; la 8e le 31 décembre.

« *A la Tour-Blanche*, enclave de l'Angoumois dans le Périgord, il y a... foires. L'une d'elles se tient le 10 décembre.

« *Aux Pins*, bourg, dont la paroisse est partie enclave du Poictou et partie en Angoumois, il se tient 12 foires le 22 de chaque mois.

« *A Lesterp*, bourg, il y a quatorze foires, dont douze se tiennent les troisièmes jeudis de chaque mois ; une le 22 juillet, et l'autre le 29 août.

« *A Malatrait*, paroisse de Pereuil, il y a quatre foires qui se tiennent chacune le jour des quatre évangélistes.

« *A Nanteuil en Vallée*, il y a quatorze foires qui se tiennent : la 1re le second jeudi et le 25 de janvier ; la 2e le second jeudi de février ; la 3e le second jeudi de mars ; la 4e le second jeudi d'avril ; la 5e le 25 avril ; la 6e le second jeudi de mai ; la 7e le second jeudi de juin ; la 8e et la 9e le premier et le second jeudi d'août ; la 10e le second jeudi de septembre ; la 11e le second jeudi d'octobre ; la 12e le second jeudi de novembre ; la 13e et la 14e le 6 décembre et le deuxième jeudi du même mois.

« *A Paizay Naudouin*, bourg, il y a douze foires : la 1re le 14 janvier ; la 2e le premier vendredi de carême ; la 3e le 1er avril ; la 4e le 9 mai ; la 5e le 8 juin ; la 6e le 20 juillet ; la 7e le 13 août ; la 8e le 29 du même mois ; la 9e le 1er octobre ; la 10e le 18 du même mois ; la 11e le 13 novembre ; la 12e le 13 décembre.

« *A Rouffiac*, bourg, il y a 12 foires par an, le premier mardi de chaque mois.

« *A Rouillac*, il y a six foires : la 1re le 7 janvier ; la 2e le 1er mars ; la 3e le 25 avril ; la 4e le 29 juin ; la 5e le 6 août ; la 6e le 2 novembre.

la demande de Jacques Guy, écuyer, Sr de Puyrobert et haut justicier de Champniers, lesquelles portent érection audit bourg de 4 foires et de marchés, en considération des services rendus par l'impétrant, soit au feu roi Louis XIII, soit au roi Louis XIV, depuis son avénement à la couronne. Les marchés devaient se tenir le lundi de chaque semaine, et les foires ainsi qu'il suit : la 1re, le mercredi après Pâques ; la 2e, le mardi après la Pentecôte ; la 3e, le 26 juillet ; et la 4e, le 3 novembre. Ces lettres furent lues et publiées à l'audience de la cour ordinaire du présidial, le 4 juillet 1651, et transcrites par le greffier Dubois, sur le registre n° 2 des *Edits et déclarations du Roi*, ff. 64-65. (V. Arch. départ. ; fonds du présidial d'Angoulême.)

« *A Roullet*, bourg, il y a deux foires : l'une le 25 janvier, l'autre le 1ᵉʳ décembre.

« *A Segonzac*, gros bourg, il y a six foires qui sont tous les premiers vendredis des mois de février, avril, juin, août, octobre et décembre, avec un marché tous les vendredis.

« *A Vars*, bourg et chef-lieu de la châtellenie de ce nom, il se tient sept foires par an : la 1ʳᵉ le 25 janvier; la 2ᵉ le 12 mars; la 3ᵉ le 6 mai; la 4ᵉ le 30 juin; la 5ᵉ le 11 août; la 6ᵉ le 10 octobre; la 7ᵉ le 29 novembre.

« *A Villefaignant*, ville partie en Angoumois, il se tient des foires le.....

« *A Vitrac*, bourg et enclave du Poictou entouré de l'Angoumois, il y a douze foires par an, qui se tiennent tous les premiers jeudis de chaque mois. »

Nous devons ajouter à cette nomenclature les foires et marchés du bourg de Deviat, créés par Henri IV en février 1598, à la sollicitation de Jacques de Goulard, chevalier des ordres du Roi, baron de Touvérac, seigneur de La Faye, Chambrette, et autres lieux. Le procès-verbal de l'inauguration qui en fut faite le 6 mai suivant est conservé aux archives départementales, dans les papiers de la famille de Saint-Simon, série E. Les foires se tenaient les 6 mai, 24 juin, 29 août et 27 décembre de chaque année, et les marchés le vendredi de chaque semaine.

VII (page 272).

« La vicomtesse de Bourdeille (Jacquette de Montbron) fit son testament le 22 avril 1594, par lequel elle est qualifiée dame de Bourdeille, de La Tour-Blanche, d'Archiac, de Domeirac (en Agenois) et de Certonville (en Normandie), veuve de feu haut et puissant seigneur messire André de Bourdeille, seigneur baron et vicomte des mêmes terres, chevalier de l'ordre du Roy, capitaine de cinquante hommes d'armes de ses ordonnances, conseiller en son conseil privé, sénéchal et gouverneur de Périgord. Elle ordonna de l'inhumer sans pompe, dans l'église de ses quatre terres de Bourdeille, La Tour-Blanche, Archiac et Matha, qu'elle habiteroit à sa mort; légua une somme de 10,000 livres sur la baronnie d'Archiac, à la comtesse de Duretal, sa fille aînée, outre les 10,000 escus qui luy avoient été assignés sur les paroisses de Baret et de La Garde, dépendantes de cette baronnie; elle réduisit la vicomtesse d'Aubeterre et la dame d'Ambleville, ses autres filles, à leurs dots, montant, pour chacune, à la somme de 11,333 écus un tiers, et laissa pareille somme à Adrienne de Bourdeille, sa dernière fille, pour la marier. Elle fit don de la terre et baronnie de Matha, en entier, avec le château et toutes ses dépendances, en faveur de Claude de Bourdeille, son jeune fils; institua pour son héritier universel messire Henry de Bourdeille, son fils aîné, seigneur et vicomte de Bourdeille, capitaine de cinquante hommes d'armes des ordonnances du Roy, son conseiller, sénéchal, gouverneur et lieutenant-général en Périgord. Elle les substitua l'un à l'autre, voulant que, s'ils mouroient sans enfants, la moitié de leurs biens revînt à la comtesse de Duretal, et que l'autre moitié fût partagée entre les trois autres filles de la testatrice. Elle chargea aussi son héritier universel de payer une somme de 42,000 écus au seigneur de Brantosme, son beau-père, qui les luy avoit prêtés sans billet, reconnoissant avoir reçu de luy beaucoup d'assistance depuis son veuvage; et elle le nomma l'un de ses exécuteurs testamentaires. Elle confirma ce testament et la substitution en faveur de ses fils, par un codicile qu'elle fit en son château d'Archiac, le 29 d'avril 1595 : et, pour donner plus de force à ses dispositions, et assurer à son fils aîné la possession de son legs universel, consistant principalement dans les terres de Bourdeille, de La Tour-Blanche et d'Archiac, et rendre plus certaine la substitution qu'elle formoit en faveur de la branche de Matha, elle se porta, par ce codicile, créancière de feu son mary pour le double des biens qu'il avoit laissés; et cela, en déclarant qu'ayant échangé avec lui la terre de Domeirac, qu'elle avoit en propre, pour celle de La Tour-Blanche et celle de La Feuillade, il avoit vendu cette seigneurie de La Feuillade ainsi que plusieurs rentes attachées à La Tour-Blanche, avec les paroisses de Brie et de Saint-Ciers, dépendantes de la baronnie d'Archiac et la terre de Certonville, en Normandie, quoyque ces biens fussent aussi des propres de la testatrice; que, de plus, il s'étoit chargé de poursuivre le procès qu'elle avoit pour ses droits sur le comté de Maulevrier, de même que sur le vicomté d'Aunay, et sur la neuvième partie des terres et seigneuries de Villebois, Angeac, Charente et Vibrac, adjugée à la feue dame de Montbron, sa mère, contre la marquise de Mézières, ayeule de M. le prince de Montpensier; que cependant, faute de poursuivre cette instance, il les avoit laissés perdre par prescription.

« Elle nomma encore, pour l'un des exécuteurs de ce codicille, le seigneur de Brantosme; mais comme bien loin de confirmer sa première disposition de le faire payer de la somme de 42,000 écus qu'elle lui devoit, elle le pria d'en gratifier, après sa mort, le vicomte de Bourdeille, le seigneur de Brantosme fut fâché de cette prière, et prétendit n'avoir pas été consulté par sa belle-sœur sur ce codicille. Il accusa même le vicomte de Bourdeille, son neveu, de l'avoir suggéré à sa mère; et c'est une des principales raisons pour lesquelles le seigneur de Brantosme déclama dans son testament contre le vicomte de Bourdeille, avec sa vivacité ordinaire.

« Cette substitution, formée par Jacquette de Montbron, ayant été attaquée, tant par les créanciers que par des cohéritiers, après l'extinction de la branche des vicomtes et marquis de Bourdeille aînée de la maison, fut déclarée bonne et valable, non-seulement par les consultations d'un grand nombre de fameux avocats, mais même par un arrêt du parlement de Grenoble de l'an 1678, qui en conféra l'ouverture aux comtes de Matha, leurs cadets. Et, comme les faits rapportés dans le codicille de 1595, qui en font le fondement, étaient argués de faux, même par le testament du dernier marquis de Bourdeille, il fallut en venir aux preuves, et représenter les actes cy après, qui sont :

« Sommation faite, le 16 décembre 1562, par dame Françoise de Montpezat, mère de Jacquette de Montbron, à André de Bourdeille, de satisfaire aux clauses de la donation qu'elle avoit faite à sa fille, pour poursuivre les droits qui composoient cette donation.

« Vente de la terre de Certonville et autres en Normandie, du 17 juin 1565, par André de Bourdeille et Jacquette de Montbron, sa femme, avec une quittance du prix de cette vente du 26 juillet 1568.

« Vente du 1er avril 1570, de la terre de Domeirac, en Agenois, par André de Bourdeille et Jacquette de Montbron, sa femme.

« Vente de la terre de Brie et Saint-Ciers, par André de Bourdeille et Jacquette de Montbron, sa femme.

« Subrogation faite par Magdeleine de Bourdeille de tous ses droits en faveur de Jacquette de Montbron, dame de Bourdeille, sa belle-sœur, moyennant certaine somme.

« Ce fut donc sur le vu de ces pièces, que la branche des comtes de Matha obtint l'ouverture de cette substitution, dont cependant elle n'a pu jouir longtemps, par la quantité de dettes qui l'accompagnoit, et qui les a obligés de laisser vendre à des étrangers les terres qui composoient cette substitution, de sorte que MM. de Matha se sont trouvé réduits à conserver seulement les titres de ces terres. C'est pour cela qu'on les nomme encore à présent marquis de Bourdeille, etc... »

VIII (page 276).

Nous ne savons point à quelle source Gervais a puisé le renseignement qu'il donne sur le nombre des cures du diocèse d'Angoulême. Les différents pouillés que nous avons consultés sont sur ce point en désaccord entre eux et avec notre auteur. Voici du reste l'indication de ceux que nous connaissons: 1° pouillé m. s. du diocèse, de l'an 1489 (arch. de la Charente; série C, fonds de l'évêché); 2° autre pouillé m. s. de l'an 1495 environ, à la fin du *Livre des fiefs de l'évêché* (arch. de l'évêché); 3° pouillé général des bénéfices de l'archevêché de Bordeaux et des évêchés d'Agen, Condom, Angoulême, Luçon, Maillezais, Périgueux, Poitiers, Saintes et Sarlat (Paris, Alliot, 1648 in-4°); 4° pouillé des archevêchés de Bordeaux et de Bourges, et de leurs suffragants (Paris 1748, 2 vol. in-4°); 5° pouillé m. s inséré avec une carte, dans les *Mémoires sur le diocèse d'Angoulesme*, rédigés en 1763 par J. Collain, curé de Saint-Angeau (don de M. l'abbé Descordes, chanoine, à la biblioth. du séminaire). Ce dernier pouillé offre cette particularité remarquable que le diocèse s'y trouve divisé en 17 archiprêtrés, tandis que toutes les listes antérieures n'en mentionnent que 13. Les chefs-lieux des 4 nouvelles circonscriptions ecclésiastiques sont : Vars, Torsac, Châteauneuf, et Saint-Claud. On y compte 207 paroisses, 7 abbayes d'hommes et de filles, 32 prieurés, dont 2 de nomination royale, et 17 chapelles. Les noms des présentateurs ou collateurs des bénéfices ont été omis. 6° rôles de la répartition des décimes faite dans les années 1523 et 1596 sur les bénéficiers du diocèse, que M. l'abbé Michon a publié dans sa *Statistique monumentale de la Charente*, pages 37 et suivantes, et annoté d'après les indications du pouillé de 1748.

De tous ces documents, le seul vraisemblablement qu'ait connu Gervais est le pouillé de 1648 ; c'est aussi celui qui nous a paru le plus complet à tous égards et que nous reproduisons ici en rectifiant certaines imperfections qu'on y remarque dans l'orthographe des noms de lieux.

BÉNÉFICES DU DIOCÈSE D'ANGOULESME.

Bénéfices.	Patron.
L'Évesché.	Le Roy nomme et présente; le Pape confère.
Le Chapitre de l'église cathédrale de Saint Jean, composé d'un doyen, d'un chantre et d'un trésorier.	
L'Archiprestré de Saint-Jean-d'Angoulesme.	Le Chapitre d'Angoulesme le confère.
— de Saint-Genis.	L'évesque le confère.
— de Garat.	Id.
— de Jauldes.	Le Prieur de Saint-Florent le présente.
— d'Ambérac.	L'abbé de Lanville le présente.
— de Saint-Ciers.	L'évesque le confère.
— de Pérignac.	Id.
— de Saint-Project.	Id.
— de Grassac.	L'abbé de Bourgueil le confère.
— de Jurignac.	L'évesque le confère.
— de Chasseneuil.	Id
— d'Orgedeuil.	Id.
— de Rouillac.	Id.

Bénéfices de l'Archiprestré de Saint-Jean-d'Angoulesme.

Archiprestré de Saint-Jean-d'Angoulesme.	Le Chapitre d'Angoulesme présente.
Cure de la Paine.	Le Chantre de l'église d'Angoulesme présente.
— de Saint-Ausony ou Ausone.	A la présentation de l'abbesse de Saint-Ausone.
— de Saint-Antonin.	Le Doyen de l'église d'Angoulesme confère.
— de Saint-Martial.	L'abbé de Bourgueil présente.
— de Saint-André.	L'abbé de Saint-Amant présente.
— de l'Houmeau.	Le Chapitre d'Angoulesme confère.

Bénéfices.	Patron.
Cure de Saint-Martin et Saint-Éloy, son annexe.	Le Doyen d'Angoulesme confère.
— de Notre-Dame de Beaulieu.	L'abbé de Bourgueil présente.
— de Saint-Paul.	Le Doyen d'Angoulesme confère.
— du Petit Saint-Cybard.	A la collation du Chapitre d'Angoulesme.
— de Saint-Yriers.	A la présentation de l'abbé de Saint-Cybard.
— de Saint-Jean de la Palu (ou de la Couronne).	A la présentation du Collége de Clermont aux Jésuites, à cause de l'abbaye de la Couronne unie audit Collége.
— de Saint-Michel.	Le Chapitre d'Angoulesme confère.
— de Nersac.	L'abbé de Saint-Cybard présente.

Bénéfices de l'Archiprestré de Saint-Genis.

Cure de Chebrat.	A la présentation de l'abbé des Salles.
— de Saint-Amant de Noire.	A la collation de l'évesque.
— de Linars.	Id.
— d'Asnières.	A la collation du Chapitre d'Angoulesme.
— de Trois-Pallis.	A la collation de l'évesque.
Prieur curé de Bignac.	A la présentation du Prieur de Lanville.
Cure de Douzac.	A la collation de l'évesque.
— de Fléac.	Le Doyen de l'église d'Angoulesme.
— de Marsac.	A la collation de l'évesque.
— de Saint-Saturnin.	A la présentation de l'Archidiacre.
— de Champmilon.	A la présentation de l'abbé de Saint-Cybard.

Bénefices de l'Archiprestré de Garat.

Cure de Mornat.	A la collation de l'évesque.
— de Dirac.	Id.
— de Sers.	Id.
— de Toulvre.	Id.
— de Dignac.	A la présentation de l'abbé de Saint-Cybard.
— de Villards.	A la présentation du Prieur du Peyrat.

Bénéfices.	Patron.
Cure de Bouex.	A la présentation de l'abbé de Saint-Cybard.
— de Soyaux.	A la collation du Chapitre d'Angoulesme.
— de l'Isle d'Espaignac.	Id.
— de Maignac et Rouelle (Ruelle) son annexe.	A la collation de l'évesque.

Bénéfices de l'Archiprestré de Jauldes. — A la présentation du Prieur de Saint-Florent.

Cure d'Asnez.	A la collation de l'évesque.
— d'Aussac.	Id.
— de la Rochette.	Id.
— de Touriers.	A la présentation de l'abbé de Saint-Cybard.
— de Coulgens.	A la collation du Chapitre d'Angoulesme.

Bénéfices de l'Archiprestré d'Ambérac. — A la présentation du Prieur de Lanville.

Cure de Saint-Amant de Boixe.	A la collation de l'évesque.
— de Vouarte.	A la présentation de l'abbé de Charroux.
— de Vervans.	A la présentation de l'abbé de Saint-Amant.
— de Gourville.	A la présentation de l'abbé de Saint-Cybard.
Vicairie perpétuelle d'Aigre.	A la présentation du Prieur de Lanville.
Cure de Notre-Dame de Montignac.	A la collation du Chapitre d'Angoulesme.
— de Saint-Estienne de Montignac.	A la présentation de l'abbé de Saint-Amant.
Vicairie perpétuelle de Monts.	A la présentation du Prieur de Lanville.
Cure de Vars.	A la collation de l'évesque.
— de Lanville.	A la présentation du Prieur de Lanville.
— de Champniers et Brie son annexe.	A la collation de l'évesque.
— de la Chapelle, près Marsillac.	A la présentation du Prieur de Lanville.

Bénéfices.	Patron.
Cure de Balzac et Vindelle son annexe.	A la présentation de l'abbé de Saint-Amant.
— de Ville-Oignon.	Id.
— de Ville-Jésus et Fouqueure son annexe.	A la présentation des chevaliers de Malte.
— de Xambes.	A la présentation de l'abbé de Saint-Amant.

Bénéfices de l'Archiprestré de Saint-Ciers.

A la collation de l'évesque.

Cure de Cellefroin.	A la collation de l'abbé de Cellefroin.
— de Coustières (Coutures).	A la présentation de l'abbé de Nanteuil.
— de Lichières.	A la présentation de l'abbé de Charroux.
— de Parsac.	A la collation de l'évesque.
— de Saint-Front.	Id.
— de Manle.	A la collation du Chapitre d'Angoulesme.
— de Moutonneaux.	A la collation de l'évesque.
— de Mouton.	A la présentation de l'abbé de Saint-Martial de Limoges.
Prieur curé de Vantouze.	A la présentation de l'abbé de Cellefroin.
Cure de Vallences.	A la collation de l'évesque.
— de Saint-Amant de Bonnieure.	A la présentation du Chapitre d'Angoulesme.
— de Sergorson (Saint-Gourçon).	A la collation de l'évesque.
— de Saint-Angeau.	Id.
— de Nanclars.	A la présentation du Prieur de Boussières.
— de Puyréaux.	A la collation du Chapitre d'Angoulesme.
— de Saint-Groux.	Id.
— de Fontenilles.	A la présentation du Prieur de Bussines.
— de Turgon.	A la collation de l'évesque.
— de Chassiers.	Id.
— de Sellette.	A la présentation de l'abbé de Saint-Amant.

Bénéfices.	Patron.
Cure de Lussé.	A la présent. de l'abbé de S.-Amant.
— de Sainte-Colombe.	A la collation de l'évesque.
— d'Aulnac.	A la présentation de l'archidiacre.
— du Maine de Boixe.	A la collation de l'évesque.
— de Saint-Sulpice.	Id.
— de Fontclaireau.	A la collation du Chapitre d'Angoulesme.
— de Bierges (Biarge).	A la présentation de l'abbé de Saint-Martial de Limoges.

Bénéfices de l'Archiprestré de Pérignac.

A la collation de l'évesque.

Cure de Saint-Arthémy de Blanzac.	A la présentation du Chapitre d'Angoulesme.
— de Saint-André de Blanzac.	A la présentation de l'abbé de Baigne.
— de Saint-Cybard, près Montmoreau.	A la présentation de l'abbé de Saint-Jean-d'Angély.
— de Moutiers.	A la présentation de l'abbé de Saint-Martial de Limoges.
— de Saint-Denys de Montmoreau.	A la présentation de l'abbé de Nanteuil, diocèse de Poitiers.
— de Fouquebrune et Houlme son annexe.	A la collation de l'évesque.
— de Courgeac.	Id.
— de Torsac.	Id.
— de Voulgesac.	A la présentation de l'archidiacre.
— de Chavenat.	A la présentation de l'abbé de Saint-Cybard.
— de Saint-Laurens de Belzegol.	A la présentation de l'abbé de Cluny.
— de Saint-Léger.	A la collation de l'évesque.
— de Saint-Eutrope de la Lande.	Id.
— de Rouffiac.	Id.
— de Chadurie.	Id.
— de Champagne.	Id.
— de Charmans.	A la collation du Chapitre d'Angoulesme.
— de Piperoux (Puypéroux).	A la collation de l'évesque.
— de Marsaguet.	A la présentation de l'abbé de Cluny.

Bénéfices.	Patron.
Cure de Juillaguet.	A la collation du Chapitre d'Angoulesme.
— de Vœuil.	A la collation de l'évesque.
— de Bécheresse.	A la collation du Chapitre d'Angoulesme.
Vicairie perpétuelle de Maignac.	A la collation de l'évesque.
Cure de Porcheresse.	Id.
— de Puy-Moyen.	A la collation du Chapitre d'Angoulesme.
Bénéfices de l'Archiprestré de Saint-Project.	A la collation de l'évesque.
Les doyen, chanoines et chapitre de la Rochefoucault.	Le Doyen est à l'élection et provision du Chapitre.
Cure dudit lieu.	A la collation de l'évesque.
— d'Olerac.	Id.
— de Saint-Florent.	A la présentation du Prieur de Saint-Florent.
— de Rivières.	A la collation de l'évesque.
— de Marillac.	Id.
— des Pins.	Id.
— d'Yvrat.	Id.
— de Bunzac.	Id.
— de Rancongne.	Id.
— d'Agris.	Id.
— de Saint-Constant.	A la collation de l'évesque.
— de Montambœuf.	Id.
Bénéfices de l'Archiprestré de Grassac.	A la présentation de l'abbé de Bourgueil.
Gure de Saint-Martin de Marthon.	A la présentation du Chapitre de Tulle.
— de Feuillade.	A la collation de l'évesque.
— de Saint-Martin de Chazelles.	Id.
— de Pranzac.	Id.
— de Saint-Paul.	Id.
— de Saint-Germain.	Id.
— de Souffreignat.	A la présentation de l'abbé de Grosbos.
— de Minzac.	A la présentation du chapelain de Saint-Robert.

Bénéfices.	Patron.
Cure de Charras.	A la présentation de l'abbé de Figeac.
— de Saint-Sauveur.	A la collation de l'évesque.
— de Vouzans.	A la collation du Chapitre d'Angoulesme.
Bénéfices de l'Archiprestré de Jurignac.	A la collation de l'évesque.
Cure de Chasteauneuf.	A la présentation de l'abbé de Balsac (Bassac).
— d'Angeac.	A la collation de l'évesque.
— de Saint-Amant de Graves.	Id.
— de Saint-Estephe.	Id.
— de Mainfons.	A la présentation de l'abbé de Saint-Cybard.
— d'Estriac.	A la collation de l'évesque.
— de Birac.	Id.
— d'Éraville.	Id.
d'Aubeville.	A la présentation de l'abbé de Saint-Cybard.
— de Plassac.	A la collation de l'évesque.
— de Claix.	Id.
— de Péreuil.	Id.
— de Mosnat.	A la collation du Chapitre d'Angoulesme.
— de Roulet.	A la présentation de l'archidiacre.
Bénéfices de l'Archiprestré de Chasseneuil.	A la collation de l'évesque.
Cure de Saint-Mary.	Id.
— de Saint-Claud.	A la présentation de l'abbé de Charroux.
— de Taponnac.	A la présentation de l'abbé des Salles.
— de Saint-Adjutory.	A la collation de l'évesque.
— de Cherves.	Id.
— de Nieuil.	Id.
— de Saint-Laurens de Seris.	Id.
— du Vieil-Seris (Vieil-Cérier).	Id.
— de Florignac.	Id.
— de Saint-Vincent.	Id.

Bénéfices.	Patron.
Cure de Vitrac.	A la présentation de l'abbé de Saint-Maixant.
— de Lussac.	A la présentation du Prieur de Saint-Florent.
— de Chantrezac.	A la présentation de l'abbé de Saint-Martial de Limoges.
— de Negret.	A la présentation du Prieur de Saint-Florent.
— du Grand-Masdieu.	A la présentation de Malte.
— de Chastelards.	A la présentation de l'abbé de Cluny.
— de Suaux.	A la présentation de l'abbé de Baigne.
— de Mazières.	A la collation de l'évesque.
Bénéfices de l'Archiprestré d'Orgedeuil.	Id.
Cure de Saint-Maurice de Montbron.	A la présentation du Prieur du lieu.
— de Saint-Pierre de Montbron.	A la collation de l'abbé de Cluny.
— de Saint-Sornin.	A la présentation de l'abbé des Salles.
— de Vilhonneur.	A la collation de l'évesque.
— de Voulton.	A la présentation du commandeur.
— d'Escuras.	A la collation de l'évesque.
— de Mazerolles.	Id.
— de Peyroux.	Id.
Bénéfices de l'Archiprestré de Rouillac.	Id.
Cure de Saint-Cybardeaux.	A la présentation de l'abbé de Saint-Cybard.
— d'Hyersac.	A la collation de l'évesque.
— de Saint-Simeux.	Id.
— de Moulidars.	A la collation du Doyen d'Angoulesme.
— de Genac.	A la collation du Chapitre d'Angoulesme.
— de Merignac.	Id.

Bénéfices.	Patron.
Cure de Bonneville.	A la présentation de l'abbé de Saint-Cybard.
— de St-Sigismond (St-Simon).	A la collation de l'évesque.
— de Vibrac.	Id.

Abbayes au diocèse d'Angoulême.

Abbaye de Saint-Cybard-lez-Angoulesme, ordre de Saint-Benoist.	Le Roy nomme et présente ; le Pape confère.
— de Notre-Dame de la Couronne, ordre de Saint-Augustin; est unie au collége de Clermont, qui est aux Jésuites.	Id.
— de Bournet, ordre de Saint-Benoist.	Id.
— séculière de Blanzac.	Id.
— aux Nonnains de Sainte-Onozine-lez-Angoulesme (Saint-Ausone), ordre de Saint-Benoist.	Id.
— de Gros-Bos, ordre de Saint-Benoist.	Id.
— de Cellefrouin, ordre de Saint-Augustin.	Id.

Prieurez.

Prieuré de Saint-Augustin.	
— cure de Cyreuil, ordre de Saint-Augustin.	L'abbé de la Couronne présente.
— de Saint-André, ordre de Saint-Benoist.	L'abbé de Saint-Amant de Boixe présente.
— cure de Bignac.	Le Prieur de Lanville présente.
— cure de Beaulieu, ordre de Saint-Augustin.	L'abbé de Cellefrouin présente.
— de Vouarte, ordre de Saint-Benoist.	L'abbé de Charroux présente.
— de Monts.	Le Prieur de Lanville confère.
— de Vindelle.	L'abbé de Saint-Amant de Boixe confère.
— conventuel de Lanville, ordre de Saint-Augustin.	Le Roy est patron.
— de la Tache, ordre de Saint-Augustin.	L'abbé de Cellefrouin.

Bénéfices.	Patron.
Prieuré de Couture, ordre de Saint-Benoist.	L'abbé de Nanteuil, diocèse de Poictiers, présente.
— cure de Vantouze, ordre de Saint-Augustin.	L'abbé de Cellefrouin présente.
— de Nanclars.	Le Prieur de Bussières présente.
— de Saint-Michel, près Marillac (Marcillac), ordre de Saint-Benoist.	L'abbé de Saint-Cybard présente.
— cure d'Oradour.	Le Prieur de Lanville présente.
— cure de Chenomet, de mesme ordre.	L'abbé de Cellefrouin.
— de la Terne, ordre de Saint-Benoist.	L'abbé de Saint-Amant confère.
— de Mouton.	L'abbé de Saint-Martial de Limoges confère.
— de Lasse (Luxé), ordre de Saint-Benoist.	L'abbé de Saint-Amant présente.
— de Saint-André de Blanzac.	L'abbé de Baigne, diocèse de Xaintes, présente.
— de Moutiers.	L'abbé de Saint-Martial de Limoges.
— de Montmoreau, ordre de Saint-Benoist.	L'abbé de Nanteuil, diocèse de Poictiers, présente.
— de Chavenat, ordre de Saint-Benoist.	L'abbé de Saint-Cybard confère.
— de Saint-Laurens de Belzegol (Saint-Laurent de Belzagot), ordre de Saint-Benoist.	L'abbé de Cluny confère.
— de Saint-Florent, ordre de Saint-Benoist.	L'abbé de Saint-Florent-lez-Saumur.
— de Charras.	L'abbé de Figeac, diocèse de Cahors, confère.
— de Saint-Sauveur.	Le Prieur de Saint-Florent.
— de Chasteauneuf.	L'abbé de Balsac (Bassac) confère.
— de Saint-Mary.	L'abbé de Nanteuil, diocèse de Poictiers, confère.
— de Saint-Claud, ordre de Saint-Benoist.	L'abbé de Charroux.
— de Lespinasouze, ordre de Saint-Benoist.	L'abbé d'Uzerche, diocèse de Limoges.

Bénéfices.	Patron.
Prieuré de Chastelars.	L'abbé de Baigne, diocèse de Xaintes, présente.
— de Saint-Maurice de Montbron, ordre de Saint-Benoist.	L'abbé de Cluny confère.
— de Saint-Cybardeaux, ordre de Saint-Benoist.	L'abbé de Saint-Cybard présente.
— de Saint-Romain.	L'abbé de Baigne, diocèse de Xaintes, confère.
— cure de Saint-Séverin.	Le Prieur de Saint-Florent présente.
— de Haveaux (Ravaud), ordre de Grammont.	L'abbé de Grammont confère.
— de Botte-Ville (Bouteville).	
— de Broglet, *alias* Bregis (Breuillaud).	
— de la Rochefoucault.	
— de Saint-Laurens de Médulle.	
— de Ligné-lez-Bois.	
Chapitre de Saint-Arthémy de Blansac.	
— de Saint-Pierre d'Angoulesme.	
— de Notre-Dame de la Rochefoucault.	

Maladreries au diocèse d'Angoulesme.

Maladrerie d'Angoulesme, de fondation royale.	Le grand-aumosnier.
— de la Rochefoucault, de pareille fondation.	Id.
— de Saint-Genis, de pareille fondation.	Id.
— de Blansac, de pareille fondation.	Id.
— de Saint-Aulais, de fondation commune.	L'évesque.
— de Moutignac, de pareille fondation.	Id.
— de Beaulieu, de pareille fondation.	Id.

Bénéfices.	Patron.
Maladrerie de Lanville, de fondation royale.	Le grand-aumosnier.
— de Saint-Ciers, de pareille fondation.	Id.
— de Cellefrouin, de pareille fondation.	Id.
— de Pérignac, de pareille fondation.	Id.
— de Chazelles, de fondation commune.	L'évesque.
— de Chasteauneuf, de pareille fondation.	Id.
— de Montbron, de pareille fondation.	Id.
— du Grand-Masdieu, de pareille fondation.	Id.

    182 cures.
      8 abbayes.
     43 prieurez.
      4 chapitres.
     ·· maladreries.

IX (page 295).

onation faite en faveur des saints Ausone, Aptone et Césaire, par Guillaume II, comte d'Angoulême, Girberge sa femme et ses trois enfants, Audouin, Geoffroy et Guillaume (1).

(Avant 1028.)

Sanctorumque patris conjectum est ut qualiscumque personæ pro salute animæ suæ ad æcclesiam Dei aliquid ferri voluerit licentiam

---

(1) Cet acte ne nous est point parvenu en original; la transcription que nous en donnons a été faite sur une copie du XIIe siècle. Nous avons pris soin de conserver scrupuleusement toutes les étrangetés orthographiques et grammaticales qu'on remarque dans le texte, afin de fournir un spécimen exact du latin barbare que les clercs de l'Angoumois ont écrit jusqu'à la fin du XIIe siècle, et dont les cartulaires de Saint-Cybard, du chapitre cathédral et de Saint-Amant-de-Boixe offrent de si nombreux exemples.

habeat adimplendi. Igitur ergo in dei nomine ego Willelmus comes et uxor sua Girberia cum infantibus nostris nomine Aldoino vel Gaufrido et Willelmo, una pro Dei amore et æternæ retributione, cedavimus atque donavimus ad basilicam sanctorum Ausonii, Abtonii, Cesarii, ubi sanctorum corpora requiescunt sub ipsius urbis Equalissima civitate super flumen Enguine, donavimus massum nostrum indominicatum qui est in villa quæ dicitur Alamans, et insuper donavimus vobis Giraldum cum infantibus suis, ut post hunc diem faciatis quicquid volueritis, neminem contradicentem. De repetitione vero, si nos ipse aut ullus de heredibus nostris vel proheredibus seu quislibet ulla persona qui contra donationem istam aliquid inquietare voluerit, in primis iram Dei omnipotentis incurrat et a liminibus sanctorum Dei sit extorris, et eleemosina illius non sit accepta ante Deum et oratio illius fiat in peccatum; et contra cui litem pulsaverit auri libras tres, argentum pondera quinque coactus exsolvat et sua repetitio nichil obtineat firmitatem. Et hæc cessio ista omnique tempore firma et stabilis valeat perdurare cum stipulatione adnexa, ego Willelmus subterfirmavi manu mea propria et a bonis hominibus ad roborandum decrevi. Facta est cessio ista mense septembri, XI kal. octobris, regnante Robberto rege.

X (page 297).

En présence de la divergence d'opinions des auteurs et en l'absence de documents précis, il nous semble impossible de déterminer par qui et en quelle année fut établi le couvent des Cordeliers d'Angoulême. André Duchesne, dont l'assertion a été reproduite par le P. Anselme et par Moréri, s'appuie sur le témoignage de Corlieu pour avancer que Guy V de La Rochefoucauld en fut le fondateur; mais Gervais, renouvelant à ce sujet l'observation déjà faite par La Charlonye dans ses *Annotations*, remarque judicieusement qu'aucun passage de notre chroniqueur ne justifie l'affirmation du généalogiste de la maison de La Rochefoucauld. Corlieu, en effet, s'était borné à dire au chapitre XVIII de son *Recueil en forme d'histoire*, chapitre consacré à Hugue de Lezignan, seigneur de Fougères, que « du vivant de ce comte (1260-1282), il y eut trois évêques à Angoulême : Pierre III, Raymond et Guillaume III, et que les couvents des Cordeliers et des Jacobins furent bâtis des aumônes du peuple. » D'un autre côté, Denis de Sainte-Marthe, dans le *Gallia christiana*, et Vigier de La Pile, dans son *Histoire de l'Angoumois*, placent l'établissement des Jacobins et des Cordeliers au temps de l'évêque Pierre III, c'est-à-dire, suivant le premier, de 1260 à 1265, et, suivant le second, de 1258 à 1263.

Or, quelle confiance devons-nous accorder à ces diverses indications, et laquelle choisir pour point de départ d'une détermination quelconque ? Il nous est bien facile d'en peser la valeur : Duchesne, nous l'avons vu, sans preuve et sans même fournir une date, met en avant un fait duquel il prend pour garant un auteur qui n'en a jamais parlé ; — Corlieu, qui n'entend rien à la chronologie des Lusignans, confond, notamment dans le passage cité plus haut, Hugue, seigneur de Fougères (Hugue XII, mort en 1270), avec Hugue le Brun, son fils (Hugue XIII, mort en 1302) ; — quant à l'évêque Pierre III et à ses deux successeurs, nous avons la certitude qu'ils n'ont jamais existé. Donc, sans nous préoccuper davantage des assertions de nos devanciers, nous allons faire connaître deux chartes inédites, conservées aux archives du département de la Charente (série H, fonds de l'abbaye de Saint-Ausone), dont l'une nous fournira la preuve que les Cordeliers (Frères mineurs ou Franciscains) étaient établis à Angoulême avant l'année 1253 (V. S.).

Vidimus du testament par lequel, entre autres dispositions, Itier d'Andoville, chevalier, lègue en 1253 (V. S.) diverses sommes aux Frères Mineurs d'Angoulême.

(8 avril 1266.)

Universis presentes litteras inspecturis, Guillelmus humilis archipresbiter Sancti Johannis Angolisme, salutem in Domino sempiternam. Noveritis nos vidisse et diligenter inspexisse testamentum domini Iterii Dandovilla, militis defuncti, non abolitum nec in aliqua sui parte viciatum, ab hac forma :

« In nomine patris et filii et spiritus sancti, amen. Ego Iterius Dandovilla, miles, sanus mente et corpore, meum testamentum deliberacione previa condidi in hunc modum : in primis lego. . . .
. . . .
Item volo et precipio ut Fratribus Minoribus Engolisme detur annis singulis procreacio (pour *procuratio*) X solidorum in die anniversarii

mei percipiendorum a Guillelmo David de Lunessa qui in die anniversarii mei dictos X solidos deferat apud Engolismam ad voluntatem dictorum Fratrum Minorum persolvendos, quos mihi tenebatur solvere in festo Beati Luce annuatim, et C solidos semel ad unitatem dictorum Fratrum persolvendos ab uxore mea vel ab illis qui post mortem meam hereditatem meam possidebunt, et XX solidos semel ad procreationem dictorum Fratrum in die sepulture mee. . . . .
. . . .
Et ut presens testamentum robur obtineat perpetue firmitatis, sigillo domini Robberti, venerabilis abbatis ecclesie sancti Eparchii Engolisme una cum sigillo meo dictum testamentum feci communiri. Actum apud Engolismam anno domini M°CC°LIII°. »

Nos autem presenti transcripto ad instanciam Fratrum Minorum Engolisme predictorum, quorum interest, sigillum nostrum duximus apponendum in memoriam rei geste. Datum apud Sanctum Johannem Angolisme, feria quarta post octabas Pasche, anno domini M°CC°LXVI°.

(Vidimus autrefois scellé sur double queue de parchemin.)

Acte par lequel les Frères Mineurs d'Angoulême cèdent à la dame Gaillard, religieuse de l'abbaye de Saint-Ausone, la rente annuelle de dix sous qui leur avait été léguée par Itier d'Andoville, reconnaissant qu'en récompense de cet abandon et pour venir en aide à leur pauvreté, ladite dame leur a fait payer la somme de six livres, monnaie courante.

(10 novembre 1267.)

Universis presentes litteras inspecturis, frater Johannes, gardianus Fratrum Minorum Engolisme ceterique fratres ejusdem loci salutem et veritati testimonium perhibere. Noverint universi quod cum dominus Iterius Dandovilla, miles bone memorie, legasset nobis X solidos pro anniversario suo faciendo annuatim reddendos a Guillelmo Davit de Lunessa, prout in testamento dicti domini Iterii defuncti continetur, et nos tales redditus juxta paupertatem et puritatem religionis nostre non possimus aliquatenus retinere, nos quicquid juris habemus in dictis decem solidis racione hujus legati dedimus et concessimus et adhuc damus, concedimus et quiptamus domine Galharde, moniali sancti Ausonii, cum assensu et voluntate abbatisse dicti loci habendos perpetuo et pacifice possidendos. Ipsa vero domina Galharda attendens et considerans graciam sibi in prefata donacione et quiptacione a nobis sibi factam, dedit sex libras currentis monete ad supplendam paupertatis nostre indigentiam, quas fecit juxta voluntatem nostram solvi et liberaliter expediri. In cujus rei testimonium presentem litteram sibi dedimus sigillo domini P. Reymundi, venerabilis decani Engolismensis, una cum nostro munimine roboratam. Datum apud Engolismam, in vigilia beati Martini Yemalis, anno domini M°CC°LX° septimo.

(Original autrefois scellé sur double queue de parchemin.)

XI (page 298).

Il nous est aussi difficile de fixer l'époque précise de l'établissement des Jacobins à Angoulême que celle de l'établissement des Cordeliers. Voici comment s'exprime Vigier de la Pile au sujet de ces religieux : « Ils commencèrent à s'établir dans cette ville, peu de temps après la mort de leur fondateur, décédé à Boulogne le 6 août 1221. Ils eurent d'abord la maison d'un séculier, où ils firent bâtir une petite chapelle, vers le milieu du XIIIe siècle, du temps de l'évêque Pierre III. Quelques années après, les aumônes du peuple et les libéralités de nos comtes les mirent en état d'acquérir, auprès de leur chapelle, différentes maisons, pour lesquelles ils obtinrent de Hugue le Brun des lettres d'amortissement, datées de Lusignan, le mardi avant la Saint-Vincent, l'an 1299 (V. S.). Ce fut en vertu de cette permission qu'ils bâtirent une belle et grande église, des cloîtres et les autres édifices qui leur étaient nécessaires. »

Nous ne connaissons pas sur les Jacobins d'Angoulême (Frères Prêcheurs ou Dominicains) de document plus ancien que les lettres d'amortissement dont parle Vigier de La Pile, données en faveur de ces religieux par Hugues XIII de Lusignan, comte de la Marche et d'Angoulême, le mardi 18 janvier 1300 (N. S.), et rapportées en entier dans l'acte de confirmation ci-après, conservé aux archives de la Charente (série H, fonds des Dominicains d'Angoulême) :

Confirmation par Charles d'Espagne, comte d'Angoulême, des lettres d'amortissement accordées en faveur des Frères Prêcheurs de cette ville, le mardi 18 janvier 1300, par Hugues XIII de Lusignan.

(20 avril 1352.)

Charle Despaigne conte Dengolesme conestable de France, a touz ceuls qui ces lettres verront, salut. Savoir faisons, nous avoir veu les lettres de Hugue le Brun, conte de la Marche et de Engolesme contenans ceste forme :

« Ge Hugue le Brun, conte de la Marche et de Engolesme, fois assavoir à touz, que comme je aie donné et octroié dautres foiz purement et perpétuelment pour le salu de mame et de mes parens au couvent des Freres Prescheurs Dengolesme que il peussent acquerre en nostre cité Dengolesme pleydures et maisons ou les cens de quarante braces de loncg et de vint en travers contiguës et attenans à la chappelle que lesdiz Freres ont Engolesme et que les seingneurs des quiex les maisons et édifices qui sont dedans lesdictes braces meuvent les puissent vestir, senz riens mesprandre vers moy, je veulans faire ausdiz Freres plus large grace leur donne et leur octroie pour le salu de mame et de mes parens en pure et perpétuelle aumosne quil puissent avoir et conquerre par titre de donacion ou de vendicion ou dautre droicturere cause outre lesdictes braces a édifier et bastir leurs maisons Dengolesme leur iglise, leurs cloistres et leurs officines et leurs autres chouses qui leur sont nécessaires, la maison Ytier du Sousterrain et la maison qui fu des ça en arriere monseigneur Rampno Charance prestre mort et la maison qui fu Aymeri Pesel prestre mort et la partie de un verger qui est a monseigneur Renaut Gondi prestre, sur les quiex maisons et verger lesdiz Freres avoient acquis vint et un souls et six deners de cens de Amerua femme jadis de Helies de Cerdain, valet mort, pour nom du bail des enffans dudit Helies qui movent de mon fie et de ma seignorie. Et vuil et octroy pour moy et pour les miens quil puissent avoir et acquerre les maisons et vergers dessusdiz, et avoir et demander lesdiz cens qui sont deuz pour lesdictes maisons et verger. Et toutes cestes chouses je leur conferme et amortis a faire les chouses dessus dictes. En tesmoing desquelles chouses je leur ay donné ces presentes lettres scellées de mon scel. Donné à Lezignen, le mardi avant la feste saint Vincent, lan de grace mil deux cens quatre vins diz et neuf. »

Et nous les chouses contenues es lettres dessus transcriptes aians fermes et agreables, icelles louons, greons, ratifions et approuvons et de noz povoir et auctorité confermons. Si donnons en mandement a tous nos justiciers, officiers et subgiez que des chouses contenues es dictes lettres facent et lessent joir et user paisiblement lesdicts Freres dudit couvent et contre la teneur dicelles ne les molestent ou empoichent en aucune maniere. En tesmoing de ce, nous avons fait mettre nostre scel a ces lettres. Donné Engolesme, le XXe jour davril l'an de grace mil CCC cinquante et deux.

Et sur le repli est écrit : Par monseigneur le conte, J. Locu. — Collation est faite à l'original.

(Acte autrefois scellé sur double queue de parchemin. — Le sceau manque.)

XII (page 444).

Hommage rendu par le collége d'Angoulême au maire de la ville.

(25 août 1762.)

Nous Nouel Limouzin d'Auteville, escuyer, conseiller du Roi en la sénéchaussée et siége présidial d'Angoumois, maire et capitaine de la ville, faubourgs et banlieue d'Angoulesme, ayant invité Messieurs de l'Hôtel-de-Ville par nos sergents, serions à la tête dudit Corps-de-Ville allé ce jourd'hui vingt-cinq août mil sept cent soixante deux, jour et fête de Saint-Louis au collége de cette ville précédé de notre compagnie de grenadiers et de nos sergents de maire, où etant arrivé environ les dix heures du matin, nous aurions été reçu à la principale porte dudit collége par le sieur Odonovan, préfet, et faisant les fonctions de principal dudit collége ; lequel, après nous avoir fait le compliment ordinaire et présenté un bouquet, il nous auroit conduit dans le sanctuaire de l église dudit collége, accompagné des professeurs et régents, où nous aurions trouvé un fauteuil au-devant d'un prie-dieu et un cierge allumé attaché à l'écusson des armes de la ville et décoré d'une couronne de laurier, le tout assis sur un piédestal. Et à l'instant, le sieur Braud, aumônier actuel du collége, ayant commencé la messe, ayant deux accolites en surplis, le célébrant, immédiatement avant le *lavabo*, auroit pris des mains dudit sieur Odonovan le cierge ci-dessus et nous l'auroit présenté en signe de l'hommage qui est dû annuellement à pareil jour par le collége au maire en place ou autres représentant le Corps-de-Ville, fondateur dudit collége; et l'ayant remis audit sieur Odonovan, il l'auroit reposé sur son même piédestal, lequel seroit demeuré allumé pendant le reste de la messe; laquelle étant finie, ledit sieur Odonovan nous auroit accompagné dans le même ordre. jusqu'à la principale porte dudit collége.

Et à l'effet de rendre ledit hommage plus authentique, nous avons mandé et requis les notaires royaux de la ville d'Angoulesme sous-signés pour nous en donner acte, ce qu'ils nous ont accordé pour valoir et servir ce que de raison, lequel acte a été dressé dans l'une des salles dudit collége où nous sommes rentrés à l'effet d'icelui les jour et an susdits; et ont signé avec nous et ledit sieur Odonovan.

La minute est signée : d'Hauteville, maire. — Du Tillet. — La Cossonnière. — de Lessat. — Joubert. — Cousturier. — Thinon. — Thinon. — De Lessat. — De Bresme. — Marchadier — Robin. — Perier. — Civadier. — La Cossoniere fils. — Brun fils. — Boissard. — Odonovan. — Forès. — Lavalette, professeur de philosophie. — Létourneau. — Mallat et Caillaud, notaires royaux.

Controllé à Angoulesme, le 1er septembre l'an mil sept cent soixante deux par Ardillier qui a reçu trois livres quinze sols.

Pour expédition. Signé : CAILLAUD.

XIII (page 488).

Voici, d'après une nomenclature imprimée au XVIIIe siècle et conservée aux archives départementales de la Charente (série C, fonds de l'intendance de Limoges); l'état des paroisses et châtellenies comprises dans l'Election d'Angoulême :

Châtellenie d'Angoulême.

1. Angoulême, ville.
2. Asnière.
3. Balzac.
4. Bessé et Gragonne.
5. Brie.
6. Champniers.
7. Claix.
8. Coulgens.
9. Douzac.
10. Ébréon.

11. Fléac.
12. Garat.
13. Hiersac.
14. Juillé et Villesorbier.
15. La Couronne.
16. La Roche-Andry.
17. La Rochette.
18. L'Houmeau.
19. Linards.
20. L'Isle-d'Espagnat.
21. Magnat-sur-Touvre.
22. Mongoumard.
23. Mornac.
24. Nersat.
25. Puymoyen.
26. Roulet et Rocheraud.
27. Ruelle.
28. Saint-Michel d'Entraigues.
29. Saint-Saturnin.
30. Sireuil.
31. Soyaux.
32. Saint-Yrieix.
33. Touvre.
34. Trois-Pallis.
35. Vœuil et Giget.
36. Vindelle.
37. Urtebize et Combe-de-Loup.

Châtellenie de Montauzier.

38. Bran.
39. Chantillac.
40. Le Tastre.
41. Merignat.
42. Mortiers et Puyrigaud.
43. Puychebrun.
44. Sainte-Radegonde.
45. Touverac.
46. Vanzac.

Châtellenies de terres à part.

47. Chadurie.
48. Chaux.
49. Montmoreau, ville.
50. Palluau.
51. Saint-Amant de Montmoreau.
52. Saint-Aulaye.
53. Saint-Cybart de Montmoreau.
54. Saint-Eutrope.
55. Saint-Nicolas de Peudry.
56. Saint-Séverin.

Châtellenie d'Aubeterre.

57. Aubeterre, ville.
58. Bellon.
59. Bonnes.
60. Bors.
61. Chenaux.
62. Corlac.
63. Essards.
64. Juignat.
65. La Menescle.
66. Laprade.
67. Mirand Saint-Antoine.
68. Montignac le Coq.
69. Nabinaux.
70. Orival.
71. Pillac.
72. Rouffiat.
73. Saint-Christophe d'Aubeterre.
74. Saint-Martial.
75. Saint-Quentin d'Aubeterre.
76. Saint-Romain d'Aubeterre.
77. Saint-Vincent d'Aubeterre.

Châtellenie de La Valette.

78. Blanzaguet.
79. Champagne de La Valette.
80. Chavenat.
81. Combiers.
82. Dignat.
83. Esdon.

84. Fouquebrune.
85. Gardes.
86. Gurat.
87. Haute-Faye.
88. La Valette, ville.
89. Magnat et Rhodas.
90. Rougnat.
91. Ronsenac.
92. Saint-Cybart le Peyrat.
93. Salles de La Valette.
94. Torsac.
95. Vaux.
96. Villars.

Châtellenie de La Tour-Blanche.

97. Cercle et Montabourlet.
98. La Tour-Blanche.

Châtellenie de Marthon.

99. Bouex.
100. Charras.
101. Chazelles.
102. Feuillade.
103. Grassat.
104. Marthon, ville.
105. Mainzac.
106. Saint-Germain.
107. Saint-Paul.
108. Saint-Sauveur.
109. Sers.
110. Souffrignac.
111. Vouzan.

Châtellenie de Montbron.

112. Bossac et Cussac.
113. Chatelars.
114. Cherves.
115. Escuras.
116. Les Bouchelots.
117. Le Lindois.
118. Marillac.
119. Mazerolles.
120. Mazières.
121. Montbron, ville.
122. Orgedeuil.
123. Rencogne.
124. Roussines.
125. Rouzede.
126. Saint-Estaury.
127. Saint-Sornin.
128. Suaux.
129. Vilhonneur.
130. Vouthon.
131. Yvrat et Mallerant.

Châtellenie de Blanzac.

132. Aigne.
133. Angeduc.
134. Aubeville.
135. Bécheresse.
136. Bessac.
137. Blanzac, ville.
138. Champagne de Blanzac.
139. Conzac.
140. Courgeat.
141. Cressat.
142. Deviat.
143. Estriat.
144. Jurignat.
145. La Diville.
146. Mainfons.
147. Nonac.
148. Pereuil.
149. Perignat.
150. Plassac.
151. Porcheresse.
152. Puypéroux.
153. Saint-André.
154. Saint-Genis.
155. Saint-Laurent.
156. Saint-Léger.
157. Voulgezat.

Châtellenie de La Rochefoucault.

158. Agris.
159. Bunzac.
160. Chasseneuil.
161. Florignat.
162. La Rochefoucault, ville.
163. Lavaure.
164. Lussac.
165. Negret.
166. Pranzac.
167. Rivieres.
168. Saint-Amant de Bonnieure.
169. Saint-Angeau.
170. Saint-Claud.
171. Sainte-Colombe.
172. Saint-Cyers.
173. Saint-Mary.
174. Saint-Projet.
175. Saint-Vincent de la Rochefoucault.
176. Taponnat.

Châtellenie de Chabanois.

177. Chabrat.
178. Chassenon.
179. Estagnat.
180. Exideuil.
181. Grenort-l'eau.

Ville de Chabanois.
{ 182. Grenort Saint-Sébastien.
183. Saint-Pierre et Saint-Michel.

184. Lezignat-Durand.
185. Mauzon.
186. Massignat.
187. Pressignat.
188. Saint-Quentin de Chabanois.
189. Verneuil.

Châtellenie de Confolant.

190. Ansat.
191. Chambon.
192. Chirac.
193. Épenede.
194. Esse.
195. Hiesse.
196. Lezignat sur Goire.
197. Les Vetizons.
198. Leyterpt.
199. Saint-Christophe de Confolant.
200. Saint-Martin de Bourianne.
201. Saint-Maurice des Lyons.
202. Saulgond.

Châtellenie de Loubert.

203. Ambernac.
204. Chantrezac.
205. Genouillac.
206. La Pereuse.
207. Loubert.
208. Laplaud.
209. Manot.
210. Roumazieres.
211. Suris.

Châtellenie de Nanteuil.

212. Ligné.
213. Lonne.
214. Messuc.
215. Moutardon.
216. Nanteuil, ville.
217. Pougné et Celette.
218. Salles et Touchimbert.
219. Vieux-Ruffec.

Châtellenie de Verteuil.

220. Aulnac.
221. Barro les Touches.
222. Bayers.
223. Chateaurenaud.
224. Chenaumet.
225. Chenon.
226. Coutures.
227. Fonclaireau.
228. Fontenilles.
229. Lichieres.
230. Le Vivier Joussaud.
231. Montonneau.
232. Porsac.
233. Saint-Front.
234. Saint-Georges.
235. Saint-Sulpice et Saint-Gourçon.
236. Valence.
237. Verteuil, ville.

Châtellenie de Ruffec.

238. Aiguependant.
239. Ambourie.
240. Ampuré.
241. Bernac.
242. Bioussac.
243. Bouin.
244. Brettes.
245. Chermé.
246. Condac.
247. Hanc.
248. La Chevrerie.
249. La Faye.
250. La Magdelaine.
251. Le Breuil-Coiffaud.
252. Les Ajots.
253. Londigné.
254. Longré.
255. Montalambert.
256. Monjean.
257. Nersay.
258. Paysay Naudouin.
259. Pioussay.
260. Raix.
261. Ruffec, ville.
262. Saint-Gervais.
263. Saint-Germain du Clocher.
264. Saveilles.
265. Souvigné.
266. Taizé-Aizie.
267. Teil-Rabier.
268. Tessé la Forest.
269. Tuzic et la Croix-Geoffroy.
270. Villefaignant.
271. Villegast.
272. Villiers.

XIV (page 543).

La généralité de Limoges, créée en 1577, comprenait 5 élections : Limoges, Tulle, Brive, en Limousin ; Bourganeuf, dans la Marche ; Angoulême en Angoumios. — L'élection d'Angoulême était divisée en 6 subdélégations : Angoulême, La Rochefoucauld, Blanzac, Baigne, Ruffec, Chabanais et Montmoreau. Ces subdélégations étaient administrées par des préposés placés sous les ordres de l'intendant et nommés par lui.

Les intendants, choisis ordinairement parmi les maîtres des

requêtes, étaient des *commissaires départis* dans les provinces pour y avoir l'inspection et la direction de la justice, de la police et des finances. Ils recevaient et faisaient exécuter les ordres du roi. C'est seulement sous Richelieu que ces magistrats furent établis dans toutes les généralités du royaume; mais antérieurement, et dès le XVIe siècle, des maîtres des requêtes étaient chargés de faire dans les provinces des inspections appelées *chevauchées*. Les auteurs s'accordent à considérer les fonctions attribuées à cette époque aux maîtres des requêtes comme l'origine de celles des intendants.

La liste chronologique des intendants de la généralité de Limoges, telle que la donne Gervais, est inexacte et incomplète. — M. le baron Gay de Vernon en a publié une dans le *Bulletin de la Société arch. et hist. du Limousin* (année 1860, t. I), qui nous a paru consciencieuse Nous la reproduisons ici avec quelques additions et corrections, en faisant observer toutefois que nous n'avons pas eu sous la main des documents suffisants pour la contrôler.

Liste des intendants de Limoges.

Devic de Sarreds	1589
De Turquant (Charles)	1592
Depuis cette époque, il n'y eut point d'intendants sous le règne de Henri IV ni sous celui de Louis XIII, jusqu'au ministère du cardinal de Richelieu (1).	
Bazin de Bezons	1629
De Voyer d'Argenson (René, Ier du nom), nommé, selon Moréri, le 12 août	1633
De Conti	1638
Mort à Limoges en avril de la même année.	
Fremin des Couronnes	1639
De Corberon (Nicolas)	1644
Bochart de Champigny	1655
Pellot (Claude), chevalier, seigneur de Port-David et de Sandars, intendant des généralités de Limoges et de Poitiers .	1659
Le Jay	1664

(1) Nous ferons cependant remarquer que Moréri, dans son *Dictionnaire historique* (édit. de 1759), à l'art. *Amelot*, dit que Denis Amelot fut envoyé intendant à Limoges en 1616.

Barentin (Jacques-Honoré), chevalier, seigneur d'Hardivilliers, Maisoncelles, les Belles-Ruries, etc..., président au grand conseil, intendant des généralités de Poitiers et de Limoges 1665
D'Aguesseau (Henri), père de l'illustre chancelier 1667
Dorien (Nicolas) 1669
Ribeyre (Antoine) 1671
De Nesmond de Saint-Disan, mort à Limoges le 3 avril 1672
De Gourgues, marquis d'Aulnay 1672
Bidé de La Granville (Joseph) 1673
Jubert de Bouville (André) 1677
Bazin de Bezons 1677
Le Bret 1681
Poncet de La Rivière 1684
De Barberie de Saint-Contest 1686
Jubert de Bouville (André) 1690
De Bernage (Louis) 1694
Rouillé de Fontaine 1705
Bosc du Bouchet 1707
Carré de Mongeron 1708
Boucher d'Orsay 1712
Le Clerc de Lesseville 1718
Letonnelier de Breteuil 1719
Pajot (Pierre) 1724
Aubert de Tourny (Louis-Urbain), chevalier, marquis de Tourny, baron de Nully, seigneur de Pressaigny, Laqueudaix, Thil et autres lieux 1735
De Barberie de Saint-Contest (Henri-Louis), chevalier, seigneur de La Châtaigneraie 1743
De Chaumont de La Millière (Jacques-Louis) 1751
Mort à Limoges le 14 décembre 1756.
Pajot de Marcheval (Crhistophe) 1757
Turgot (Anne-Robert-Jacques), chevalier, baron de Laune, seigneur de Lastelle, Gerville, Vesly, Le Plessis, etc 1761
D'Aine (Marius-Jean-Baptiste-Nicolas), chevalier 1774
Meulan d'Ablois (Marie-Pierre-Charles), chevalier, dernier intendant 1783

XV (page 543).

La généralité de La Rochelle fut établie non en 1689, comme le croit Gervais, mais par édit du mois d'avril 1694; elle fut formée alors de parties de provinces qui dépendaient des généralités de

Poitiers, de Limoges et de Bordeaux. Elle comprenait 6 élections : La Rochelle en Aunis; Saint-Jean-d'Angély, Barbezieux, Saintes, Marennes, en Saintonge ; Cognac, en Angoumois.

Le département actuel de la Charente embrasse toute l'ancienne circonscription de l'élection de Cognac, plus les deux tiers environ de l'élection de Barbezieux, et quelques paroisses de l'élection de Saint-Jean-d'Angély. — L'intendance de La Rochelle était divisée en 12 subdélégations, dont trois appartiennent à notre département : Cognac, Barbezieux et Mansle.

La liste des intendants de cette généralité, fournie par Gervais, est aussi fautive et aussi incomplète que celle des intendants de Limoges ; mais les recherches que nous avons faites, et surtout les obligeantes communications qui nous ont été adressées par notre collègue de la Charente-Inférieure M. Fauvelle, nous permettront d'en donner une qui se rapprochera de très-près d'une complète exactitude.

Antérieurement à l'érection de la généralité de La Rochelle, les provinces de Saintonge et d'Aunis et la partie saintongeaise de l'Angoumois furent placées sous l'autorité administrative des intendants de Bordeaux, de Poitiers ou de Limoges. Depuis 1661 jusqu'en 1694, les intendants de la marine et du port de Rochefort eurent dans leurs attributions l'administration souveraine de la Rochelle et du pays d'Aunis. C'est seulement en 1694 que commencèrent les intendants particuliers de la généralité de la Rochelle, en la personne de Michel Bégon.

Liste des intendants de La Rochelle.

Amelot (Denis), intendant de Saintonge, Aunis, Poitou et La Rochelle 1623
Coignet de La Tuilerie (Gaspard), intendant de Poitou, Saintonge et pays d'Aunis 1628
De Villemontée (François), conseiller d'État, intendant de Poitou, Angoumois, Saintonge, Aunis, ville et gouvernement de La Rochelle, Brouage et îles d'entre Loire et Garonne . . . . . . 1634 ou 1635
De Corberon (Nicolas), intendant des provinces de Limousin, Saintonge, la Marche, Angoumois et pays d'Aunis 1644

De Voyer d'Argenson (René), Ier du nom, conseiller d'État.
L'intendance des provinces de Poitou, Saintonge et Angoumois, pays d'Aunis et îles adjacentes, même en ce qui était des élections de Saintes et de Cognac, quoique de la généralité de Bordeaux, lui fut donnée par lettres du 1er avril 1644
De Voyer de Paulmy, seigneur d'Argenson (René), IIe du nom, fils du précédent, eut commission (d'après Moréri) d'intendant subdélégué de son père, dans les élections de Saintes et de Cognac, le 1er novembre 1644
et fut fait intendant des mêmes élections, en l'absence de son père, par commission du 4 avril 1646
Colbert du Terron (Charles, intendant de la marine à Rochefort . 1661
De Demuin (Honoré-Lucas), id. 1674
Arnou de Vaucresson (Pierre), seigneur de Vaucresson et de La Tour, id. 1682
Bégon (Michel), intendant de la marine à Rochefort en 1688
posséda aussi l'intendance de La Rochelle dès son érection en 1694
et la conserva jusqu'à sa mort, arrivée à Rochefort le 14 mars 1710.
De Beauharnais (François) 1710
De Creil (Jean-François), chevalier, marquis de Creil, baron de Brilliet, seigneur de Bournezeau et autres lieux 1716
Amelot de Chaillou (Jean-Jacques), chevalier 1720
Bignon de Blanzy (Jérôme 1726
Barentin (Charles-Amable-Honoré), chevalier, seigneur d'Hardivilliers, les Belles-Ruries et autres lieux 1737
De Pleure (Gabriel-Jean) 1747
De Blair de Boisemont (Louis-Guillaume) 1749
Baillon (Jean) 1755
Rouillé d'Orfeuille (Gaspard-Louis) 1762
Le Pelletier de Morfontaine 1764
Dupleix de Bacquencourt 1765
Sénac de Meilhan (Gabriel), chevalier 1766
Auget de Montyon (Antoine-Jean-Baptiste-Robert, chevalier, baron de Montyon 1773
Meulan d'Ablois (Marie-Pierre-Charles), chevalier 1776
Gueau de Gravelle de Reverseaux (Jacques-Philippe-Isaac), chevalier, marquis de Reverseaux, comte de Miermaigne, seigneur châtelain de Theuville, Allonne, Beaumont, Argenvilliers et autres lieux, dernier intendant 1781

N. B. Aux deux listes qui précèdent nous croyons utile de joindre celle des intendants de la généralité de Poitiers. — Cette généralité, créée en 1577, comprenait en effet l'élection de Niort, dont quelques paroisses appartenaient à la sénéchaussée d'Angoumois avant 1790 ou dépendent actuellement de notre circonscription politique, et celle de Confolens, dont une partie considérable a été réunie à l'arrondissement de ce nom, département de la Charente. Il y avait à Confolens un subdélégué placé sous les ordres de l'intendant de Poitiers.

Sauf quelques additions ou corrections jugées indispensables, la liste qui suit a été empruntée aux notes qui accompagnent le tome III de l'*Histoire du Poitou* par Thibaudeau, continuée jusqu'en 1789 par H. de Sainte-Hermine (Niort, Robin éditeur, 1840, in-8°).

Liste des intendants de Poitiers.

Mangot, conseiller d'État	1615
Bochart de Champigny (Jean), conseiller d'État	1616
De Montholon, conseiller d'État	1617
Amelot (Denis), intendant des provinces de Poitou, Saintonge, Aunis et La Rochelle	1623
Coignet de La Tuilerie (Gaspard), intendant de Poitou, Saintonge et Aunis	1628
De Villemontée (François), conseiller d'État, intendant de Poitou, Angoumois, Saintonge, Aunis, ville et gouvernement de La Rochelle, Brouage et îles d'entre Loire et Garonne	27 mars 1635
De Voyer d'Argenson (René), Ier du nom, intendant des provinces de Poitou, Saintonge et Angoumois, pays d'Aunis et îles adjacentes, par lettres du 1er avril	1644
De Fortia (Bernard), chevalier, seigneur du Plessis et de Cléreau,	1657
Pellot (Claude), chevalier, seigneur de Port-David et de Sandars, intendant des généralités de Poitiers et de Limoges	1659
Colbert (Claude), intendant des généralités de Poitiers et Tours	1663
Barentin (Jacques-Honoré), chevalier, seigneur d'Hardivilliers, Maisoncelles, les Belles-Ruries, etc..., président au grand conseil, intendant des généralités de Poitiers et Limoges	1665
Rouillé (Pierre), chevalier, seigneur du Coudray du Plessis, conseiller au grand conseil	1669
Hue de Miroménil (Thomas), chevalier, seigneur de Miroménil, Laroque, Laringy, président au grand conseil	1672

De Marcillac (René), chevalier, seigneur d'Olinville, Attichy, etc . 1673
De Lamoignon (Nicolas, chevalier, comte de Launay-Courson,
    seigneur de Bris, Vaugrigneuse, Chavagné 1682
Foucault (Nicolas-Joseph), chevalier 1685
Ribeyre (Antoine), chevalier, seigneur d'Ormes, conseiller d'État
    ordinaire et conseiller d'honneur au parlement 1689
De La Bourdonnaye (Yves-Marie), chevalier, seigneur de Couction 1690
De Maupeou (Gilles), chevalier, comte d'Ableige 1695
Pinon (Anne), chevalier, vicomte de Quincy 1703
Doujat (Jean-Charles), chevalier 1705
Roujaut (Nicolas-Étienne), chevalier 1708
Quentin (Charles-Bonaventure, chevalier, seigneur de Riche-
    bourg 1713
Des Gallois (Jean-Baptiste), chevalier, seigneur de La Tour . . 1716
De Baussan (François), chevalier, seigneur de Blanville, La
    Motte, La Picotière, etc 1728
Le Nain (Jean), chevalier, baron d'Asfeld 1732
Berryer (Nicolas), chevalier 1743
Moreau (Jean-Louis), chevalier, seigneur de Beaumont 1748
De La Bourdonnaye (Paul-Esprit-Marie), chevalier, comte de
    Blossac, marquis du Tymeur 1751
De La Bourdonnaye de Blossac fils (Paul-Esprit-Marie) 1782
Boula de Nanteuil (Antoine-François-Alexandre), chevalier, sei-
    gneur de Mareuil, Saint-Clair, Lignères, Saint-Denis, La
    Grange-du-Mont, Nanteuil-lez-Meaux, Truet, Clermont,
    conseiller honoraire au parlement de Paris, dernier intendant . 1784

TABLE.

	Pages.
Introduction.	173 à 177
Lettre dédicatoire de l'auteur au Comte de Saint-Florentin	179
Situation, limites et étendue de l'Angoumois.	181 à 182
Rivières	182
Chemins publics	185
Bois et forêts.	186
Mines.	191
Forges.	192
Fers	193
Papeteries	193
Verreries.	198
Manufactures.	201
Climat	205
Grains	205
Vignobles.	208
Bestiaux	215
Safrans.	216
Commerce du sel.	216
Navigation de la Charente	220
Suppression de la gabelle en Angoumois	223
Abonnement des nouveaux droits en Angoumois.	226
Réflexions sur la proposition d'une nouvelle ligne des traites	229
Changement de la route de la poste.	236

	Pages.
Foires d'Augoumois : — Angoulême, Aubeterre, Beaulieu, Blanzac, Bouteville, Cellefrouin, Chabanais, Chadurie, Châteauneuf, Chevanceau, Confolens, Couronne (La), Jarnac, Manle, Manot, Marthon, Montauzier, Montbron, Montignac, Montmoreau, Rochefoucauld (La), Ruffec, Suris, Sainte-Aulaye, Saint-Claud, Saint-Cybard-de-Montmoreau, Sant-Eutrope-de-Montmoreau, Verteuil, Vallette (La)............	238
Mœurs des habitants........................	248
Noblesse d'Angoumois.......................	251
Seigneurs de terres d'Angoumois : — MM. de Bruzac-Hautefort, à Bouteville ; — l'abbé de Cellefrouin et le comte de Sansac, à Cellefrouin ; — Chabot, comte de Jarnac, à Jarnac ; — le chapitre cathédral de Saint-Pierre d'Angoulême, à Manle ; — MM. Cherade fils, à Montbron et à La Rochandry ; — le marquis de Colbert-Saint-Pouange, à Chabanais ; — la princesse d'Épinoy, à Sainte-Aulaye ; — MM. d'Esparbès de Lussan, à Aubeterre et à Bonnes ; — l'évêque d'Angoulême, à Vars et à Marsac ; — le marquis de Fénelon, à Loubert ; — de Galard de Béarn, comte de Brassac, à La Rochebeaucourt ; — l'abbé de Nanteuil-en-Vallée, en ce bourg ; — le marquis de Pompadour-Laurière, à Châteauneuf, La Vallette et Vibrac ; — De Pons, à Ambleville ; — De Pressignac de La Chauffie, à Montmoreau ; — Prévost de Sansac, à Sansac ; — de La Rochefoucauld, à La Terne, Marcillac, Montignac-Charente, La Rochefoucauld, Saint-Claud et Verteuil ; portraits des seigneurs de cette maison placés dans le salon et la galerie du château de Verteuil ; — MM. de Saint-Martin, à Blanzac et à Marthon ; — de Sainte-Maure, à La Tour-Blanche et à Chaux ; — le duc de Saint-Simon, à Ruffec ; — de Talleyrand-Grignols, à Saint-Séverin-de-Pavancelle ; — le comte d'Uzez, à Montauzier ; — le comte de Vienne, à Confolens et à La Villatte................	253
Diocèse d'Angoulême........................	275
Évêché....................................	276
Abbayes. — D'hommes : Saint-Cybard, Saint-Amant-de-Boixe, N.-D. de Bournet, N.-D. de Grosbost, Saint-Pierre de Cellefrouin, N.-D. de La Couronne. — De femmes : Saint-Ausone.............	283
Couvents. — D'hommes : Cordeliers, Jacobins, Minimes, Capucins, Carmes réformés de Sainte-Thérèse, collège des Jésuites, séminaire des Prêtres de la Mission, à Angoulême ; — Minimes, à Châteauneuf ; — Carmes non réformés, à La Rochefoucauld ; — Augustins, à La Vallette ; — Cordeliers, à Verteuil ; — Capucins, à Ruffec ; — Minimes et Cordeliers, à Aubeterre. - De femmes : Carmélites, religieuses du tiers-ordre de Saint-François, de Sainte-Ursule et de l'Union chrétienne, à Angoulême ; — Dames hospitalières et de la Visitation de N.-D., à La Rochefoucauld ; — Ursulines, à La Vallette ; — Filles de Sainte-Claire, à Aubeterre............	296
Hôpitaux...................................	308

	Pages.
Chapitres.	310
Décimes	314
Religion	315
Gouvernement	334
Histoire du pays	338
Histoire particulière de la ville d'Angoulême.	339
Histoire de l'Aquitaine.	342
Comtes d'Angoulême	358
Domaine royal d'Angoumois	376
Château d'Angoulême	385
Commandant du château d'Angoulême.	391
Citadelle d'Angoulême.	402
Casernes	403
Maisons servant de casernes	408
Logement des troupes	409
Lieux de passage des troupes en Angoumois.	412
Milices d'Angoumois.	418
Milice bourgeoise d'Angoulême	422
Mairie et priviléges de la ville d'Angoulême.	422
Concernant la prétention du gouverneur à l'élection du maire	433
Dettes du corps-de-ville d'Angoulême.	444
Octrois d'Angoulême.	445
Constestations entre le gouverneur et le sénéchal d'Angoumois pour la nomination du maire d'Angoulême.	451
Justice	459
Du parlement de Bordeaux	461
Etat des tribunaux de justice établis en la ville d'Angoulême : Présidial, — justice criminelle, — prévôté royale, — police, — maîtrise des eaux et forêts, — maréchaussée, — juridiction consulaire, — élection	466
Finances	492
Extrait d'un mémoire concernant la taille.	494
Observations particulières sur le contenu de la lettre de S. A. R. le duc d'Orléans	506
Observations sur l'établissement de la taille proportionnelle dans les dix-sept généralités, et en particulier dans celle de Limoges	513
Établissement et suppression de la dîme royale dans la généralité de	

	Pages.
La Rochelle	530
Observations sur le cinquantième	533
Affaire de Mestric	536
Aides de l'élection d'Angoulême ; droits et revenus divers du roi	540
Intendants de Limoges et de La Rochelle	542

NOTES. — I. Navigation de la Charente 547

II. État des routes exécutées sous les ordres des intendants de Limoges et de La Rochelle dans le territoire actuellement compris dans le département de la Charente. 548

III. Époque de l'introduction du maïs en Angoumois ; — état actuel de la culture de cette céréale dans le département de la Charente . . 551

IV. Vignes, vins et eaux-de-vie 553

V. Rectification de la date attribuée par Corlieu et Gervais aux lettres-patentes du roi Louis XII, en vertu desquelles furent établies les quatre foires anciennes d'Angoulême. — Lettres-patentes de Louis XV portant création en cette ville de douze foires annuelles (octobre 1754) 558

VI. Lettres-patentes de Louis XIV portant établissement de foires et marchés au bourg de La Couronne (septembre 1651). — Supplément à la liste des foires de l'Angoumois fournie par Gervais . . 561

VII. Origine et solution des procès dont fut agitée la maison de Bourdeille au XVIIe siècle 565

VIII. Bibliographie des pouillés du diocèse d'Angoulême. — Pouillé de 1648 568

IX. Donation faite en faveur des saints Ausone, Aptone et Césaire, par Guillaume II, comte d'Angoulême, Girberge, sa femme, et ses trois enfants, Audouin, Geoffroy et Guillaume (avant 1028) . . 580

X. Incertitude des auteurs au sujet de l'époque précise de la fondation, à Angoulême, du couvent des Cordeliers. — Preuve qu'il existait avant l'an 1253 581

XI. Confirmation par Charles d'Espagne, comte d'Angoulême, des lettres d'amortissement accordées en faveur des Jacobins de cette ville le mardi 18 janvier 1300 (N. S.), par Hugue XIII de Lusignan (20 avril 1352) 585

XII. Hommage rendu par le collége d'Angoulême au maire de la ville (25 août 1752) 586

	Pages.
XIII. Nomenclature officielle des paroisses et châtellenies de l'élection d'Angoulême au XVIIIe siècle.	587
XIV. Liste rectifiée des intendants de Limoges.	591
XV. Liste rectifiée des intendants de La Rochelle. — Liste des intendants de Poitiers.	593

TABLE GÉNÉRALE.

 |Pages.
---|---
Avertissement. . . . . | 1 à 11
Chronique latine de l'Abbaye de la Couronne (Diocèse d'Angoulême), accompagnée de nombreux éclaircissements, publiée pour la première fois d'après un manuscrit du XIIIe siècle, par J.-F. Eusèbe Castaigne, bibliothécaire de la ville d'Angoulême. |
Avertissement. . . . . | 3 à 9
Fac-simile du manuscrit original en face de la page . . . . . | 11
Anciens préliminaires de la chronique latine . . . . | 11 à 13
Chapitres de la chronique latine. . . . . | 19 à 103
Additamenta. . . . . | 105 à 145
Plan de l'église abbatiale de la Couronne en face de la page. | 147
Table générale et synchronique, ou résumé, suivant l'ordre des temps, de tous les renseignements contenus dans le texte latin de la chronique de la Couronne, dans les notes et les additamenta. . . . . | 147 à 165
Explication des planches. . . . . | 166 à 168
Table. . . . . | 169 à 170

Pages.

MÉMOIRE SUR L'ANGOUMOIS, par JEAN GERVAIS, lieutenant au présidial d'Angoulême, publié pour la première fois, d'après le manuscrit de la Bibliothèque impériale, par G. BABINET DE RENCOGNE, archiviste de la Charente.

Introduction.	173 à 178
Lettre dédicatoire de l'auteur au comte de Saint-Florentin.	179
Mémoire sur l'Angoumois.	181 à 544
Notes.	545 à 597
Table.	599 à 603

CORRECTIONS ET ADDITIONS.

— Page 19, ligne 16, au lieu de : *incorrupta*, lisez : *incompta*.

— Page 70, ligne 15, au lieu de : *finire*, lisez : *finiri*.

— Page 78, ligne 12, au lieu de : *cunctis*, lisez : *curis*.

— Page 80, ligne 2, au lieu de : *ope*, etc.., lisez : *opere peracta sunt, ut magis etiam fide oculata quam scripto valeant commendari.*

— Page 95, ligne 23, au lieu de : *caret*, lisez : *facit*, et supprimez a virgule après *est*.

— Page 126, à la dernière ligne, au lieu de : *concedi*, lisez : *concessi*.

— A la dernière ligne de la page 288, au lieu de : 5,260 livres, lisez : 4,260 livres.

— Page 405, ligne 25, après LVDOVICO XV REGNANTE, PHILIPPO AVREL., ajoutez : IMPERII MODERATORE. Cette fin d'inscription, omise dans le manuscrit de Paris, se trouve mentionnée au folio 183 du registre des délibérations du corps-de-ville d'Angoulême, coté C (Arch. de l'Hôtel-de-Ville).

— Page 476, lignes 3 et 4, au lieu de : Un procureur du Roi de police de même création fut lors acheté par le présent titulaire 2,500 livres ; il jouit, etc. ., lisez : *Une charge de procureur du Roi de police de même création fut lors achetée par le présent titulaire 2,500 livres; cet officier jouit, etc...*

— Page 542, ligne 5, au lieu de : est de plus 30,000 livres, lisez : *est de plus de 30,000 livres.*

— Page 594, ligne 35, au lieu de : 1634 ou 1635, lisez : 27 mars 1635.